Was blüht im Garten?

Rose 'Centenaire de Lourdes'

Was blüht im Garten?

Angelika Throll

KOSMOS

Impressum

Mit Farbfotos von:
David Austin Roses, Wolverhampton: 111 ure; Andreas Bärtels, Waake: 24 o; Ernst Benary Samenzucht GmbH, Hann. Münden: 174 ure, 354 ore, 354 ure, 367 ure, 371 ure; Peter Beck, Stuttgart: 416 u, 419, 420 u, 421, 422 u, 429 u, 432 u; BKN-Strobel, Holm-Kreis Pinneberg: 103 ure, 104 ure, 105 Mire, 106 ure, 109 oli (beide), 110 oli, 113 oli, 114 o; Florensis Deutschland GmbH, Stuttgart: 406; W. Kordes' Söhne, Klein Offenseth Sparrieshoop: 7 ore, 104 li, 104 ore, 105 uli, 105 ure, 107 oli, 107 ure, 108 ore, 109 Mili, 109 ure, 110 ore, 111 Mili, 111 Mimi, 111 Mire, 112 li, 113 uli, 114 uli; Kosmos Verlag/Ralf Roppelt, Stuttgart: 328 u, 348; Hans E. Laux: 425 o; Lens-Rosen, Oudenburg: 111 l. v. ore; Dirk Mann, Lawalde: 330 u; Noack Rosen, Gütersloh: 3 ure, 103 Mi, 105 oli, 105 Mili, 106 li, 106 ore, 107 Mili, 108 li, 109 Mire, 111 oli, 112 ure, 113 Mire; Reinhard Tierfoto/Hans Reinhard, Heiligkreuzsteinach-Eiterbach: 5, 18 ore, 26 o, 28 li, 29 li, 34, 35 o, 36 u, 37 ore, 38 li, 40 li, 42 o, 43 o, 44 o, 45 ure, 47 o, 64 li, 69 li, 75 o, 76 li, 78 o, 91 u, 94 li, 94 ure, 98 u, 113 ure, 124 o, 134 o, 136, 148 o, 149 ore, 149 oli, 165, 199, 209 li, 213 o, 219 ore, 232 o, 280 o, 280 u, 282, 289 o, 290 o, 295 o, 298, 305, 307 o, 307 u, 309, 311 u, 313 beide, 315 u, 318, 322 u, 325 u, 354 li, 360 o, 371 li, 371 ore, 376 li, 388 o, 397 o, 400 o, 405 u, 411 o, 416 o, 417, 420 o, 424, 426 beide, 432 o; Reinhard Tierfoto/ Nils Reinhard, Heiligkreuzsteinach-Eiterbach: 47 li, 118 o, 189 li, 270 o, 316 o, 343 u, 422 o; Rosen-Union, Bad Nauheim-Steinfurth: 105 ll. v. ore, 107 ll. v. ore, 109 Mimi, 110 ure; Christian Schultheis, Bad Nauheim-Steinfurth: 109 ll. v. ore, 112 ore; Alice Thinschmidt, Daniel Böswirth, A-Wien: 300; Rosen Tantau, Uetersen: 103 o, 105 ore, 107 ore, 107 ll. v. ure, 107 uli, 108 ure, 109 ore, 113 ll. v. ure, 114 ure; Antje Verstl, Berlin: 23, 50 o, 63 li, 69 ure, 75 u, 89 u, 90 u, 99 li, 131 li; Eilike Vemmer, Vechelde-Wedtlenstedt: 111 oli; alle anderen Bilder von Gartenschatz, Stuttgart.

Umschlaggestaltung von eStudio Calamar, Spanien, unter Verwendung eines Farbfotos von Flora Press/Visions, Hamburg.

2., überarbeitete Auflage
© 2005, 2008 Franckh-Kosmos Verlags-GmbH & Co. KG, Stuttgart
Alle Rechte vorbehalten
ISBN 978-3-440-11331-8
Lektorat: Angelika Throll, Birgit Grimm, Dr. Henrike Lotz
Grundlayout: eStudio Calamar, Pau
Produktion: Ralf Paucke
Printed in Slovak Republic/Imprimé en République Slovaquie

Alle Angaben in diesem Buch sind sorgfältig geprüft und geben den neuesten Wissensstand bei der Veröffentlichung wieder. Da sich das Wissen aber laufend in rascher Folge weiterentwickelt und vergrößert, muss jeder Anwender prüfen, ob die Angaben nicht durch neuere Erkenntnisse überholt sind. Dazu muss er zum Beispiel Beipackzettel zu Dünge-, Pflanzenschutz- bzw. Pflanzenpflegemitteln lesen und genau befolgen sowie Gebrauchsanweisungen und Gesetze beachten.

In diesem Buch werden Hinweise zur Naturheilkunde gegeben. Nur auf die beschriebenen Arten trifft die angegebene Verwendung zu, ihr Gebrauch setzt daher die sichere Kenntnis voraus. Verschiedene Kräuter, wie z. B. Rosmarin und Salbei, dürfen nicht während der Schwangerschaft eingenommen werden.

Inhalt

Lilienblütige Tulpen und blaue Vergissmeinnicht

Das Expertenteam

Peter Beck, fachliche Beratung des Kapitels „Wasserpflanzen". Er war Fachautor und Sachverständiger für Gartenteiche sowie Leiter der Fachgruppe Steingarten und alpine Stauden, Gruppe München, in der Gesellschaft der Staudenfreunde e.V., deren Vizepräsident er war.

Dipl.-Ing. Eva-Maria Geiger, fachliche Beratung der beiden Kapitel „Balkonblumen" und „Kübelpflanzen". Sie ist Landwirtschaftsoberrätin und leitet das Sachgebiet Zierpflanzenbau an der Bayerischen Landesanstalt für Wein- und Gartenbau in Veitshöchheim.

Federbusch-Celosie

Sibirische Schwertlilie

Dipl.-Ing. (FH) Hans Peter Haas, fachliche Beratung des Kapitels „Sommerblumen". Er ist Betriebsleiter am Institut für Gartenbau der Forschungsanstalt Weihenstephan.

Dr. Heidi Heuberger, fachliche Beratung des Kapitels „Kräuter". Sie arbeitet an der Bayerischen Landesanstalt für Landwirtschaft, Freising, in der Arbeitsgruppe Heil- und Gewürzpflanzen.

Rosa Petunien-Sorte

Königs-Lilie

Dipl.-Ing. (FH) Claus Heuvemann, fachliche Beratung bei den Kapiteln „Stauden", „Zwiebel- und Knollenpflanzen" sowie „Farne und Gräser". Er arbeitete bis vor kurzen beim Stauden-Sichtungsgarten der Fachhochschule Weihenstephan. Er ist freiberuflich als Berater im Bereich Pflanzplanungen tätig.

Dipl.-Ing. Thomas Proll, fachliche Beratung des Kapitels „Rosen". Er ist seit vielen Jahren bei der weltberühmten Firma W. Kordes' Söhne als Züchtungsleiter für die Entwicklung neuer Gartenrosen-Sorten verantwortlich.

Dipl.-Ing. Angelika Throll, die Autorin ist Diplom-Agraringenieurin, arbeitete fast 20 Jahre als Gartenredakteurin und war bis vor kurzem als Redaktionsleiterin Garten im KOSMOS Verlag tätig. Sie hat mehrere erfolgreiche Bücher herausgegeben, unter anderem die Handbücher „Rosen", „Mein schöner Garten" sowie „Die Mein schöner Garten-Enzyklopädie".

Antje Verstl, Firma DENDRON Akademie, Berlin, fachliche Beratung der Kapitel „Bäume und Sträucher" und „Kletterpflanzen". Sie leitet Fachseminare rund um den Garten.

Strauchrose Caramella®

Ginkgo

Großblättrige Pfeifenwinde

Borretsch

Zum Gebrauch dieses Buches

Das Buch ist nach Pflanzengruppen gegliedert (siehe Inhalt Seite 5). Innerhalb einer Gruppe sind die Pflanzen nach botanischen Namen geordnet.
Die Rechtschreibung der deutschen Pflanzennamen ist nicht eindeutig geregelt. Auch eine andere Art der Schreibung kann möglich sein, die Sie sowohl in Fach- als auch in populärwissenschaftlichen Büchern finden werden.
Manche Gartenpflanzen sind giftig. Das ist in diesem Buch teilweise, aber nicht immer (!) erwähnt.

Buchsbaum mit roter Berberitze

Deutscher Name

Botanischer Name

Name der Gattung

Name der Art
Achtung: Manchmal befindet sich ein × zwischen dem Gattungs- und dem Artnamen. Dann handelt es sich hier um eine Hybride.

Gewöhnlicher Buch

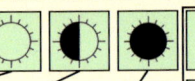

Buxus *sempervirens*

Standort sonnig | halbschattig | schattig

wenig | mittel | hoch

Aussehen Die beliebte Blattschmuckpflanze wächst buschig, breit aufrecht und langsam.
Pflege Der Gewöhnliche Buchsbaum bevorzugt durchlässige, mäßig trockene bis frische Gartenböden mit mittlerem Nährstoffgehalt. Er schnittverträglich und eignet sich für alle Formschnitte. Geeignete Schnittmonate sind von Juni bis August. Am besten wird nicht später geschnitten, weil das zu Winterschäden und unschönem Aussehen führen kann.
Gestaltung Die einheimische, immergrüne Pflanze eignet sich sowohl für Einzel- als auch

Blütenfarbe der hauptbesprochenen Art: Farbvariation in Weiß, Gelb, Orange, Rosa, Rot, Violett, Blau, Grün, Braun, Schwarz.

Blütezeit: Im farblich hervorgehobenen Feld ist die durchschnittliche Blütezeit angegeben. Es kann regional oder auch durch besonders warme (kalte) Jahre bedingt zu Abweichungen kommen. Die Angebotszeit blühender Pflanzen kann von der hier angegebenen Blütezeit auch deshalb abweichen, weil die Gärtnereien die Gewächse vorkultivieren, um früher blühende Pflanzen verkaufen zu können.

BLÜTENFARBE

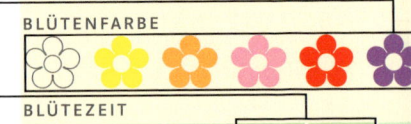

BLÜTEZEIT

Jan | Feb | März | **April** | **Mai** | Ju

Buchs-Blüte

Früchte des Buchsbaums

Fremdworte und Abkürzungen
Cultivar/Cultivars: internationale Bezeichnung für den Begriff Hybride, kann auch Sorte bedeuten.
Hybride: Kreuzung zwischen Arten einer Gattung.
syn.: Synonym. Name, unter dem die Pflanze ebenfalls bekannt ist und gehandelt wird.
var.: Varietät; eine abweichende Form der Pflanzenart.
Einhäusig: Es gibt „männliche Blüten" und „weibliche Blüten", die auf einer Pflanze, aber dort von einander getrennt sitzen. Die meisten unserer Gartenpflanzen haben weibliche und männliche „Geschlechtsorgane", die gemeinsam in jeder einzelnen Blüte sitzen.
Zweihäusig: Männliche und weibliche Blüten sitzen auf getrennten Pflanzen. Es gibt also männliche Pflanzen und weibliche.

baum

Wasserbedarf (wenig, mittel, hoch)**:** Bitte beachten Sie, dass hier nicht die Gießmenge gemeint ist. Eingewurzelte Bäume müssen zum Beispiel erst gewässert werden, wenn der Sommer besonders heiß und trocken ist.

Höhe 10–15 m
Fortgeschrittene

Pflanzenhöhe: Hier ist die durchschnittliche Höhe angegeben. Durch hohes oder niedriges Nährstoffangebot kann es zu Abweichungen kommen. Bitte beachten Sie außerdem, dass die Sorten eine andere Höhe haben können als die Art.

Weitere wichtige Infos

für Heckenpflanzungen. Außerdem fühlt sie sich im Kübel wohl. Man findet das Gehölz in kleinen und großen Gärten. Es wird auch zur Grabbepflanzung, im Japangarten oder als Einfassung verwendet.

Sorten und Art Die Sorte 'Blauer Heinz' ist kleinwüchsig mit bläulichem Laub und extrem frosthart. 'Rotundifolia' ist kräftig wachsend, das Laub größer. Zur Beeteinfassung eignet sich der Heckenbuchs 'Suffruticosa'. Auch die Art *B. microphylla* wird ausgesprochen gerne verwendet.

Andere deutsche Namen Buchs, Buchsbaum

Sorten: Hier kann nur eine Auswahl genannt werden. In Ihrem Gartenfachhandel können Sie sich über das aktuelle Angebot informieren.
Arten: Bitte beachten Sie, dass die anderen Arten oft etwas abweichend von der ausführlich beschriebenen Art gepflegt werden müssen.

Name der Sorte ist immer in einfache Anführungszeichen gestellt.

Die deutschen Namen können regional sehr unterschiedlich sein. Es kann sogar vorkommen, dass zwei verschiedene Pflanzen denselben deutschen Namen in der Umgangssprache haben. Eindeutig ist der botanische Name, allerdings kommt es auch hier immer wieder zu Umbenennungen.

Zusätzliche Infos zur Blüte

Juli *Aug* *Sept* *Okt* *Nov* *Dez*

Buchsbaum

Bäume und Sträucher

Gehölze bilden das Grundgerüst des Gartens. Vielgestaltige Blattformen, schöne Blüten, die leuchtende Herbstfärbung und interessante Rindenstrukturen sorgen zudem für ein ständig wechselndes Gartengeschehen. Gehölze werden im Laufe der Jahre immer wertvoller. Und mit einem gewissen Alter lassen sie sich nur noch schwer umpflanzen.

Die Gruppe der Laubbäume und Sträucher ist außerordentlich vielgestaltig. Es gibt Zwerge, wie die flach bodendeckende Fächer-Zwergmispel, und Riesen, wie Eichen und Linden, die nur in großen Gärten und Parks verwendet werden können. Viele Sträucher bestechen durch ein einzigartiges Blütenmeer in ein oder zwei Monaten im Jahr. Andere schmücken sich sowohl mit Blüten als auch mit Früchten in der zweiten Jahreshälfte. Die Mehrzahl wirft im Herbst ihre Blätter ab, man nennt diese Pflanzen Laub abwerfende Gehölze. Einige sind allerdings immergrün wie die Stechpalme, die das Auge auch im Winter mit ihrem Grün verwöhnt.

Nadelgehölze, die auch Koniferen genannt werden, sind mit wenigen Ausnahmen, wie zum Beispiel Lärchen, immergrün und daher auch im Winter attraktiv. Ein weiteres gemeinsames Merkmal sind die zu „Nadeln" umgewandelten Blätter. Viele schmücken sich zudem mit hübschen Zapfen oder Beeren, die viele Monate am Gehölz bleiben können. Und nicht zuletzt sind die immergrünen Hecken aus Nadelgehölzen sehr schön und bieten auch im Winter einen guten Sichtschutz.

Laubgehölze

Tulpen-Magnolie

Japanischer Feuer-Ahorn mit Früchten

Acer campestre 'Carnival'

Acer shirasawanum 'Aureum'

Japanischer Feuer-Ahorn
Acer japonicum 'Aconitifolium'

☀ ◐ ◖◗ | Höhe 3–5 m

Aussehen Das Ziergehölz wächst langsam als baumartiger Strauch bis kleiner Baum.
Pflege Die Pflanze bevorzugt schwach saure, durchlässige, humose, nahrhafte, frische bis feuchte Gartenböden. Sie verträgt kein nasses, schweres, verdichtetes sowie kalkhaltiges Erdreich. Ein geschützter Standort ist vorteilhaft.
Gestaltung Geben Sie dieser Pflanze einen Einzelplatz im Garten. Die wunderschönen Blätter verfärben sich im Herbst auffällig leuchtend orangerot bis feurig weinrot. Das Gehölz eignet sich für Steingärten, Rasenflächen, große Rabatten und Pflanzkübel.

Arten und Sorte Die Blätter der Sorte 'Vitifolium' sind breit fächerförmig, ihre Herbstfärbung ist karmin. Arten-Beispiele sind der Feld-Ahorn (*A. campestre*), der auch als Hecke gezogen wird und der Eschen-Ahorn (*A. negundo*), der zwischen 10 und 15 m hoch wird. Der Spitz-Ahorn (*A. platanoides*) ist ein einheimischer, auch wild vorkommender Baum. Ferner findet man den Rot-Ahorn (*A. rubrum*), den Rostbart-Ahorn (*A. rufinerve*) und den Gold-Ahorn (*A. shirasawanum*). Der Feuer-Ahorn (*A. ginnala*) wird etwa 6 m hoch und breit.
And. Name Eisenhutblättriger Japan-Ahorn

BLÜTENFARBE

 blüht vor dem Blattaustrieb

BLÜTEZEIT

Jan	Feb	März	April	Mai	Juni	Juli	Aug	Sept	Okt	Nov	Dez

Roter Blattschmuck der Sorte 'Atropurpureum'

Fächer-Ahorn

'Dissectum'

Fächer-Ahorn
Acer palmatum

    Höhe 5–7 m

'Osakazuki'

Aussehen Der baumartige Großstrauch hat eine rundliche bis schirmartig übergeneigte Krone.

Pflege Schwach saure, durchlässige, humose, sandig-lehmige, frische bis feuchte Gartenböden mit niedrigem Nährstoffgehalt sind der richtige Platz für den Fächer-Ahorn. Das Gehölz verträgt keine schweren, nassen Böden und ist schnittverträglich. Ein windgeschützter Standort ist vorteilhaft. Geben Sie jungen Pflanzen Winterschutz.

Gestaltung Der Fächer-Ahorn sollte einen Einzelstand bekommen. Er passt in Gärten im japanischen Stil und ist schön in Teichnähe. Kübelkultur ist möglich. Besonders auffällig ist die orangefarbene bis rote Herbstfärbung.

Sorten Der Rotblättrige Fächer-Ahorn 'Atropurpureum' wird 3 bis 4 m hoch. Seine Blätter sind im Sommer dunkelrot, im Herbst leuchtend rot. Der Grüne Schlitz-Ahorn 'Dissectum' mit hellgrünen Blättern erreicht eine Höhe von bis zu 2 m und eine Breite von bis zu 3 m. Die Herbstfärbung ist leuchtend gelb bis orange. 'Osakazuki' mit kräftig grünen Blättern und dunkelorangefarbener bis karminroter Herbstfärbung wird 4 bis 6 m hoch und breit.

BLÜTENFARBE

 Blüten- und Fruchtschmuck

BLÜTEZEIT

| Jan | Feb | März | April | Mai | Juni | Juli | Aug | Sept | Okt | Nov | Dez |

Strauch-Rosskastanie

Rosskastanie

Rotblühende Rosskastanie

Rosskastanie
Aesculus hippocastanum

Höhe
20–25 m

Aussehen Der bekannte Baum wächst ausladend rundkronig und schnell.

Pflege Rosskastanien bevorzugen nährstoffreiche, frische bis feuchte Gartenböden. Sie werden leider zunehmend von der Kastanien-Miniermotte befallen. Von kranken Bäumen müssen Sie im Herbst und Winter alle Blätter aufsammeln und vernichten. Damit lässt sich der Befall im nächsten Jahr reduzieren.

Gestaltung Rosskastanien sind mächtige Bäume für einen Einzelplatz in Parks und großen Gärten. Sie lassen wegen der flachstreichenden Wurzeln fast keine Unterpflanzung zu.

Sorten und Arten Die Gefülltblühende Rosskastanie 'Baumannii' wird 20 bis 25 m hoch und hat hübsche, weiße, meist gefüllte Blüten. 'Pyramidalis' wird bis 8 m hoch und wächst breit pyramidal. 'Globosum' erreicht eine Höhe von 8 m.

Die Rotblühende Rosskastanie (*A.* × *carnea* 'Briotii') ist weit verbreitet. Sie wird 10 bis 15 m hoch, blüht etwa ab dem 10. Jahr und ist für Stadtpflanzungen gut geeignet, da sie kaum Früchte entwickelt. Die Strauch-Rosskastanie (*A. parviflora*) wächst strauchartig und wird 3 bis 4 m hoch.

BLÜTENFARBE

 Blüten- und Fruchtschmuck (bei den einfach blühenden Typen)

BLÜTEZEIT

Jan	Feb	März	April	**Mai**	**Juni**	Juli	Aug	Sept	Okt	Nov	Dez

Roter Blattschmuck der Sorte 'Atropurpurea'

Grüne Hecken-Berberitze

Fruchtschmuck von 'Kobold'

Grüne Hecken-Berberitze
Berberis thunbergii

   Höhe 1,5–3 m

Aussehen Das dankbare Ziergehölz wächst aufrecht trichterförmig und mittelschnell.
Pflege Durchlässige, mäßig trockene bis frische Gartenböden mit mittlerem Nährstoffgehalt sind der richtige Platz. Berberitzen kommen mit Hitze, Wind und Stadtklima bestens zu Recht und vertragen einen Schnitt gut.
Gestaltung Die Pflanzen können einzeln oder als Gruppe und Hecke verwendet werden. Sie sind Bienenweide und Vogelnährgehölz. Die Blätter färben sich im Herbst orangegelb bis rot. Schmückend sind auch die korallenroten Früchte. Die Pflanzen sind giftig.

Sorten und Arten Es gibt sehr viele *Berberis*-Sorten und -Arten. Das Laub von 'Atropurpurea' ist rotbraun bis purpurrot, im Herbst karminrot. Bei der Gold-Berberitze 'Bonanza Gold' sind die Blätter goldgelb. 'Kobold' besticht durch eine gelbe bis scharlachrote Herbstfärbung.
Artenbeispiele sind die Grüne Polster-Berberitze (*B. buxifolia* 'Nana'), die Schneeige Kissen-Berberitze (*B. candidula*) und die Warzen-Berberitze (*B. verruculosa*). Die Arten unterscheiden sich in Wuchshöhe, Form, Blüten- und Fruchtfarbe sowie der Belaubung.

BLÜTENFARBE

 korallenroter Fruchtschmuck von September bis Winter

BLÜTEZEIT

Jan	Feb	März	April	Mai	Juni	Juli	Aug	Sept	Okt	Nov	Dez

Strauch-Birke, *B. humilis*

Rindenschmuck der Trauer-Birke 'Youngii'

Sand-Birke

Sand-Birke
Betula pendula

| ☀ | ◆ | ◆◆ | ◆◆◆ | Höhe 20–30 m |

Aussehen Das bekannte Laubgehölz ist ein gewölbter bis überhängender, hoch wachsender Baum.

Pflege Diese bekannten Bäume sind anpassungsfähig, bevorzugen aber sandige, trockene bis feuchte Gartenböden mit niedrigem Nährstoffgehalt. Nötige Schnittmaßnahmen sollten nur während der Vegetationsruhe vorgenommen werden.

Gestaltung Die Sand-Birke ist Vogelschutzgehölz und Bienenweide. Sie kann einzeln oder in Gruppen wachsen. Schön sind die attraktive, grauweiße Rinde und die gelbe Herbstfärbung.

Sorten und Arten Die Trauer-Birke 'Youngii' mit hängenden Ästen und gelber Herbstfärbung erreicht eine Höhe von 6 m und wächst langsam. Die Blut-Birke 'Purpurea' wird bis 10 m hoch und bis 5 m breit. Ihre Blätter sind dunkelrot bis rot. Die Gold-Birke, *Betula ermanii*, erreicht eine Höhe von 15 bis 20 m. Ihre Rinde ist gelbweiß. Weitere bekannte Arten sind die Strauch-Birke (*B. humilis*), die Papier-Birke (*B. papyrifera*) sowie die Moor-Birke (*B. pubescens*), die auch Staunässe verträgt.

Andere deutsche Namen Weiß-Birke, Warzen-Birke

BLÜTENFARBE

✿ ✿ Kätzchen

BLÜTEZEIT

| Jan | Feb | März | **April** | **Mai** | Juni | Juli | Aug | Sept | Okt | Nov | Dez |

Der Chinesische Sommerflieder,
Buddleja alternifolia

Sorte 'Nanho Blue'

Buddleja-Davidii-Hybride in Dunkelrosa

Schmetterlingsstrauch
Buddleja-Davidii-Hybriden

Höhe
2–3 m

Aussehen Das bekannte Ziergehölz wächst trichterförmig aufrecht bis überhängend.

Pflege Der hübsche Blütenstrauch liebt durchlässige, kalkhaltige, mäßig trockene bis frische Gartenböden mit niedrigem bis mittlerem Nährstoffgehalt. Diese Art blüht an den einjährigen Trieben. Daher werden sie im Frühjahr auf einige kräftige Knospen zurückgeschnitten (auf 30 bis 40 cm zurücknehmen).

Gestaltung Schmetterlingssträucher ziehen Schmetterlinge magisch an. Sie sind für kleine und große Gärten geeignet und können auch in Kübeln gepflegt werden.

Sorten und Art 'Black Knight' blüht in Violett und 'Nanho Blue' in Blauviolett und großen Mengen. 'Pink Delight' entwickelt rosa Blüten in besonders großen Rispen, 'White Bouquet' weiße und 'Burgundy' leuchtend purpurrote in bis zu 20 cm langen Rispen. Der Chinesische Sommerflieder (*Buddleja alternifolia*) zeigt seine duftenden, purpurlila Blüten im Juni. Diese Art blüht am zweijährigen Holz und darf daher nicht jährlich zurückgeschnitten werden. Man nimmt alle paar Jahre einige ältere Äste heraus, um die Pflanze zu verjüngen.

Anderer deutscher Name Sommerflieder

BLÜTENFARBE

   herber Duft

BLÜTEZEIT

| Jan | Feb | März | April | Mai | Juni | Juli | Aug | Sept | Okt | Nov | Dez |

Buchs-Blüte

B. microphylla mit roter Berberitze

Früchte des Buchsbaums

Gewöhnlicher Buchsbaum
Buxus sempervirens var. *arborescens*

Höhe 2–4 m

Aussehen Die beliebte Blattschmuckpflanze wächst buschig, breit aufrecht und langsam.
Pflege Der Gewöhnliche Buchsbaum bevorzugt durchlässige, mäßig trockene bis frische Gartenböden mit mittlerem Nährstoffgehalt. Er ist schnittverträglich und eignet sich für alle Formschnitte. Geeignete Schnittmonate sind von Juni bis August. Am besten wird nicht später geschnitten, weil das zu Winterschäden und unschönem Aussehen führen kann.
Gestaltung Die einheimische, immergrüne Pflanze eignet sich sowohl für Einzel- als auch für Heckenpflanzungen. Außerdem fühlt sie sich im Kübel wohl. Man findet das Gehölz in kleinen und großen Gärten. Es wird auch zur Grabbepflanzung, im Japangarten oder als Einfassung verwendet.
Sorten und Art Die Sorte 'Blauer Heinz' ist kleinwüchsig mit bläulichem Laub und extrem frosthart. 'Rotundifolia' ist kräftig wachsend, das Laub größer. Zur Beeteinfassung eignet sich der Heckenbuchs 'Suffruticosa'. Auch die Art *B. microphylla* wird gerne verwendet. Sie ist der beschriebenen Art in Pflege und Ansprüchen ähnlich, die Frosthärte ist geringer.
Andere Namen Buchs, Buchsbaum

BLÜTENFARBE

unscheinbar

BLÜTEZEIT

Jan Feb März **April** **Mai** Juni Juli Aug Sept Okt Nov Dez

Die Besenheide sorgt auch im November noch für farbige Ecken.

Sorte 'Annemarie'

Weißer Knospenblüher

Besenheide, Heidekraut
Calluna vulgaris

Höhe
20–80 cm

Aussehen Das niedrige Ziergehölz wächst niederliegend bis aufrecht und dicht buschig.
Pflege Heidekraut liebt saure, durchlässige, mäßig trockene bis feuchte Gartenböden mit niedrigem Nährstoffgehalt wachsen. Am besten ist es, keine mineralischen Dünger zu verwenden. Geschnitten wird im März/April auf etwa die Hälfte des letztjährigen Jahrestriebes. Das fördert die Blühwilligkeit.
Gestaltung Mit dem Heidekraut kann man Flächen begrünen oder Beete hübsch einfassen. Es ist eine pflegeleichte Gruppenpflanze und wird auch in Töpfen und Kübeln gepflegt.

Sorten 'Allegro' wird 40 bis 60 cm hoch und entwickelt karminrote Blüten von August bis September. 'Annemarie' blüht dunkelrosa von September bis Oktober. 'Gold Haze' erreicht eine Höhe von 30 bis 40 cm. Die Blätter sind leuchtend gelb und die Blüten weiß. 'H. E. Beale' blüht gefüllt und hellrosa von September bis Oktober. Es gibt Knospenblüher, das sind Sorten, deren Blüten sich nicht öffnen, daher nicht bestäubt werden können und so auch nicht welken. Sie bleiben oft bis zum Dezember farbig und werden zum Beispiel als „Gardengirls®" vermarktet.

BLÜTENFARBE

BLÜTEZEIT

Jan	Feb	März	April	Mai	Juni	Juli	Aug	Sept	Okt	Nov	Dez

Blüten der Hainbuche

Die Hainbuche als Heckenpflanze

Früchte der Hainbuche

Hainbuche
Carpinus betulus

     Höhe 10–20 m

Aussehen Das dankbare Laubgehölz wächst kegelförmig bis rundlich.

Pflege Das Gehölz ist anpassungsfähig, bevorzugt aber durchlässige, tiefgründige, mäßig trockene bis feuchte Gartenböden mit mittlerem Nährstoffgehalt. Staunässe ist zu vermeiden. Die Hainbuche ist schnittverträglich, eignet sich für Formschnitte und kann auch als Schnitthecke gezogen werden. Für eine Hecke pflanzt man je nach Ausgangsmaterial zwei bis drei Pflanzen pro laufendem Meter.

Gestaltung Hainbuchen werden einzeln oder in Gruppen beziehungsweise als Schnitthecke verwendet. Die pflegeleichten und unkomplizierten Pflanzen kommen auch an schattigen Plätzen zu Recht.

Sorten Für den Garten sind unter anderem folgende Sorten geeignet: Die Pyramiden-Hainbuche 'Fastigiata' mit aufrechtem Wuchs erreicht eine Höhe von 10 bis 15 m. 'Frans Fontaine' ist eine 8 bis 10 m hohe Form mit pyramidalem Wuchs. Bei der Eichenblättrigen Hainbuche 'Quercifolia' sind die Blätter kleiner, unregelmäßig gelappt und gebuchtet.

Anderer deutscher Name Weißbuche

BLÜTENFARBE

 männliche Kätzchen weibliche Kätzchen, einhäusig

BLÜTEZEIT

| Jan | Feb | März | April | Mai | Juni | Juli | Aug | Sept | Okt | Nov | Dez |

Blüten der Bartblume

Bartblume
Caryopteris × *clandonensis* 'Heavenly Blue'

   Höhe bis 1 m
Fortgeschrittene

Aussehen Das hübsche Blüten- und Ziergehölz ist ein straff aufrecht wachsender, eher niedriger Strauch.

Pflege Bartblumen bevorzugen sandig-lehmige, trockene bis frische Gartenböden mit mittlerem Nährstoffgehalt. Wählen Sie keine zu schweren, sondern gut durchlässige Böden. Und geben Sie dem hübschen Blüher einen geschützten Platz. Ein regelmäßiger (jährlicher) Schnitt ist empfehlenswert und fördert die Blütenfülle. Die Pflanze blüht am einjährigen Holz und wird daher im zeitigen Frühjahr geschnitten.

Gestaltung Der niedrige Blütenstrauch kann in Staudenrabatten und gemischten Beeten sowie in Töpfen und Kübeln gepflanzt werden. Auch in Steingärten fühlt er sich wohl. Die Pflanze wird außerdem gerne als Rosenbegleiter verwendet. Geben Sie diesem Gehölz, das von August bis Oktober wunderschön tiefblau blüht, genügend Freiraum, weil es konkurrenzschwach ist und leicht verdrängt werden kann.

Sorten Bei 'Kew Blue' sind die Blüten dunkler und tiefblau. Die hellblaue 'Arthur Simmonds' ist eine weitere Sorte, die man in unseren Gärten und Parks antrifft.

BLÜTENFARBE

BLÜTEZEIT

| Jan | Feb | März | April | Mai | Juni | Juli | **Aug** | **Sept** | **Okt** | Nov | Dez |

Gold-Trompetenbaum 'Aurea'

Trompetenbaum
Catalpa bignonioides

Höhe 10–15 m

Blütenschmuck

Aussehen Das Ziergehölz mit Blüten- und Fruchtschmuck wächst breit gewölbt bis rundlich und schnell.

Pflege Dieser schöne und hohe Baum wächst auf sandig-lehmigen, tiefgründigen, mäßig trockenen bis frischen Gartenböden, die einen mittleren bis hohen Nährstoffgehalt aufweisen. Ein windgeschützter Standort ist vorteilhaft. Der Trompetenbaum ist stadtklimaverträglich.

Gestaltung Der mittelhohe Baum wird gerne als Parkgehölz verwendet. Er wirkt schön an einem Einzelplatz im Garten, ist aber nicht für kleine Gärten geeignet. Besonders auffällig ist der Trompetenbaum zur Blütezeit, die im Juni und Juli liegt.

Sorte und Art Der Gold-Trompetenbaum 'Aurea' ist schwach wachsend und wird 8 bis 10 m hoch. Sein Laub ist leuchtend goldgelb. Der Kugel-Trompetenbaum 'Nana' (auch unter *Catalpa bignonioides* 'Globosa' bekannt), bleibt mit einer Höhe von 4 bis 7 m (je nach Veredelungshöhe) etwas kleiner. Er wird genauso breit, blüht aber nicht und verträgt mehr Bodentrockenheit als die oben beschriebene Art.

BLÜTENFARBE

 mit gelbem Schlund, Blüten- und Fruchtschmuck

BLÜTEZEIT

Jan	Feb	März	April	Mai	Juni	Juli	Aug	Sept	Okt	Nov	Dez

Ceanothus × delilanus 'Gloire de Versailles'

Blaue Säckelblume

Ceanothus × delilanus
'Gloire de Versailles'

    Höhe bis 1,5 m

Blaue Säckelblume

Aussehen Das hübsche, eher klein bleibende Ziergehölz ist ein kleiner Strauch und wächst locker aufrecht.

Pflege Der Strauch bevorzugt durchlässige, mäßig trockene bis frische Gartenböden, die einen niedrigen bis mittleren Nährstoffgehalt aufweisen. Wählen Sie einen warmen, geschützten Platz. Hitze- und Trockenperioden werden im Sommer gut vertragen. Ein jährlicher starker Schnitt im März fördert dichten Wuchs und Blütenreichtum. Die Pflanzen blühen am einjährigen Holz. Die Blaue Säckelblume kann im Winter zurückfrieren. Ein Winterschutz ist aus diesem Grund empfehlenswert.

Gestaltung Die Blaue Säckelblume besitzt hübsche Blüten, die von Juli bis Oktober erscheinen, und passt schön in Gärten, die im Bauerngartenstil gestaltet sind. Außerdem wird sie gerne in Stein- und Heidegärten verwendet. Das Gehölz kann auch gut in kleinen Gärten gepflanzt werden.

Sorten und Art 'Topaze' blüht indigoblau von Juli bis Oktober. 'Marie Simon', eine Sorte von *C.× pallidus*, entwickelt seine rosa Blüten von Juli bis September.

BLÜTENFARBE

BLÜTEZEIT

| Jan | Feb | März | April | Mai | Juni | Juli | Aug | Sept | Okt | Nov | Dez |

Blütenschmuck des Gewöhnlichen Judasbaumes

Gewöhnlicher Judasbaum
Cercis siliquastrum

  Höhe 4–6 m

Blätter und Früchte des Gewöhnlichen Judasbaumes

Aussehen Das Blüten- und Ziergehölz wächst straff aufrecht bis breit ausladend.

Pflege Der Gewöhnliche Judasbaum liebt durchlässige, kalkhaltige, kiesig-lehmige, mäßig trockene bis trockene Gartenböden mit niedrigem bis mittlerem Nährstoffgehalt. Geben Sie besonders jungen Pflanzen einen Winterschutz. Und wählen Sie einen warmen und geschützten Standort.

Gestaltung Dieser große Strauch ist ein schöner Frühlingsblüher, der zahlreiche Bienen anlockt. Die Blüten erscheinen auch direkt an alten Ästen und am Stamm. Im Herbst verfärbt sich das Laub gelb bis orangefarben. Wegen der Frostempfindlichkeit ist der Baum für Gegenden mit Weinbauklima empfehlenswert.

Sorte Eine Sorte mit anderer Blütenfarbe ist 'Alba', die weiß blüht.

BLÜTENFARBE

BLÜTEZEIT

| Jan | Feb | März | **April** | Mai | Juni | Juli | Aug | Sept | Okt | Nov | Dez |

Früchte der Zierquitte

Japanische Zierquitte, *C. japonica*

Blüten der Zierquitte

Zierquitte
Chaenomeles-Hybriden

    Höhe 0,5–2 m

Aussehen Das vielseitige Ziergehölz wächst sortenabhängig niedrig gedrungen bis locker aufrecht.

Pflege Durchlässige, humose, mäßig trockene bis frische Gartenböden mit hohem Nährstoffgehalt sind der richtige Platz für Zierquitten. Sie blühen am mehrjährigen Holz. Frei stehende Exemplare werden daher nur ausgelichtet.

Gestaltung Zierquitten können einzeln oder in Gruppen beziehungsweise Hecken angepflanzt werden. Sie passen in kleine und große Gärten sowie Parks. Sie schmücken sich mit sehr hübschen Blüten und schönen Früchten.

Sorten und Arten 'Andenken an Carl Ramcke' besitzt zinnoberrote Blüten. Die Früchte sind leuchtend gelb. Die Blüte der 'Crimson and Gold' ist dunkelrot, die Früchte sind gelb. 'Fusion' blüht ebenfalls rot. Dagegen ist die Blüte von 'Jet Trail' silberweiß, die Früchte sind gelb. 'Nicoline' blüht scharlachrot und 'Pink Lady' dunkelrosa. Reinweiße Blüten und gelbe Früchte zeigt 'Nivalis', eine Sorte der Hohen Scheinquitte, *C. speciosa*. Diese Art erreicht eine Höhe von 2 bis 3 m. Die Japanische Scheinquitte (*C. japonica*) erreicht nur eine Höhe von 1,5 m.

BLÜTENFARBE

   Blüten- und Fruchtschmuck

BLÜTEZEIT

| Jan | Feb | März | **April** | Mai | Juni | Juli | Aug | Sept | Okt | Nov | Dez |

C. kousa var. chinensis

Blumen-Hartriegel, Sorte 'Rubra'

Blumen-Hartriegel

Blumen-Hartriegel
Cornus florida var. *chinensis*

   Höhe 4–6 m
Fortgeschrittene

Aussehen Das zur Blütezeit wirklich wunderschöne Ziergehölz wächst breit ausladend, langsam und verzweigt sich schön.

Pflege Der Blumen-Hartriegel liebt durchlässige, humose, frische Gartenböden mit mittlerem bis hohem Nährstoffgehalt. Schneiden Sie ihn möglichst nicht, das ist in der Regel auch nicht nötig. Der Blumen-Hartriegel ist empfindlich gegenüber Staunässe und Kalk.

Gestaltung Der anspruchsvolle Großstrauch, oder auch Kleinbaum braucht eine Einzelstellung und kann in großen und kleinen Gärten, aber auch Parks gepflanzt werden. Im Herbst

Früchte des Japanischen Blumen-Hartriegels

verfärben sich die Blätter scharlachrot bis violett.

Sorte und Arten Eine andere Farbe haben die Hochblätter der Sorte 'Rubra'. Sie sind rosarot. Schön sind auch der Japanische Blumen-Hartriegel (*C. kousa*) und der Chinesische Blumen-Hartriegel (*C. kousa* var. *chinensis*), die beide ihre Blüten mit den strahlend weißen Hochblättern im Juni zeigen. Der Teppich-Hartriegel ist ein hübscher Bodendecker, der etwa 20 cm hoch wächst und von Juni bis Juli blüht.

BLÜTENFARBE

 sind von weißen bis zartrosa oder rosa überlaufenen Hochblättern umgeben; scharlachroter Fruchtschmuck ab August

BLÜTEZEIT

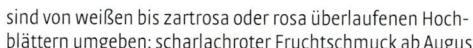

| Jan | Feb | März | April | **Mai** | **Juni** | Juli | Aug | Sept | Okt | Nov | Dez |

Filigrane Blüten der Kornelkirsche

Früchte der Kornelkirsche

Etagen-Hartriegel, *C. alternifolia*

Kornelkirsche
Cornus mas

    Höhe 4–7 m

Weißer Hartriegel

Aussehen Das beliebte Ziergehölz wächst aufrecht, breit ausladend bis rundlich und langsam.

Pflege Kornelkirschen sind anspruchslos, bevorzugen aber durchlässige, mäßig trockene bis frische Gartenböden mit mittlerem bis hohem Nährstoffgehalt. Die Kornelkirsche ist schnittverträglich und wird gerne in frei wachsenden Hecken verwendet.

Gestaltung Dieser beliebte Frühlingsblüher passt in kleine und große Gärten. Er wird in Gruppen oder einzeln gepflanzt. Der einheimische Strauch ist ein Vogelschutzgehölz.

Sorten und Arten 'Sibirica', 'Elegantissima' und 'Spaethii' sind Sorten des Weißen Hartriegels, *C. alba*, der eine wunderschöne und auffällige Rinde besitzt. Das Gehölz blüht weiß von Mai bis Juni. Der Etagen-Hartriegel (*C. alternifolia*) blüht weiß von Mai bis Juni und möchte halbschattig bis schattig stehen. Der Rote Hartriegel (*C. sanguinea*) ist ein Wildgehölz mit weißen Blüten im Mai/Juni und schwarzblauen Früchten im Herbst. Der Gelbrindige Hartriegel (*C. stolonifera* 'Flaviramea') besitzt eine grüngelbe Rinde und verlangt einen sonnigen bis halbschattigen Platz.

BLÜTENFARBE

 Blüten- und Fruchtschmuck

BLÜTEZEIT

| Jan | Feb | **März** | **April** | Mai | Juni | Juli | Aug | Sept | Okt | Nov | Dez |

Blut-Hasel, *C. maxima* 'Purpurea'

Gewöhnliche Haselnuss
zur Blütezeit im Frühjahr

Korkenzieher-Hasel 'Contorta'

Gewöhnliche Haselnuss, Haselnuss
Corylus avellana

     Höhe bis 8 m, auch höher

Aussehen Das bekannte Nutz- und Ziergehölz wächst breit aufrecht, strauchförmig und kann im Alter ausladend werden.

Pflege Durchlässige, trockene bis feuchte Gartenböden mit hohem Nährstoffgehalt sind der richtige Standort für die Haselnuss. Gegebenenfalls müssen Verjüngungsschnitte durchgeführt werden. Dazu werden starke, alte Triebe entfernt. Das einheimische Gehölz verträgt Wind und Schatten.

Gestaltung Das Vogelschutzgehölz wird einzeln oder in Gruppen angepflanzt und auch in frei wachsenden Hecken verwendet.

Sorten und Arten Es gibt einige Kultursorten wie 'Hallesche Riesennuss', 'Webbs Preisnuss' und 'Daviana'. Gruppenpflanzungen erhöhen den Nuss-Ertrag. Eine beliebte Ziersorte ist die Korkenzieher-Hasel 'Contorta' mit gedrehten Zweigen. Die 'Rotblättrige Zellernuss' treibt rötlich aus, später vergrünen die Zweige jedoch. Die Baum-Hasel (*C. colurna*) ist ein kleinkroniger Straßenbaum, der bis zu 20 m hoch werden kann und einen Einzelstand braucht. Die Blut-Hasel (*C. maxima* 'Purpurea') ist eine auffällige Pflanze mit schwarzrotem Laub.

BLÜTENFARBE

 männliche Kätzchen, weibliche Blüten verborgen, einhäusig, braune Nüsse ab September

BLÜTEZEIT

| Jan | Feb | **März** | **April** | Mai | Juni | Juli | Aug | Sept | Okt | Nov | Dez |

Der Perückenstrauch, geschmückt mit seinen Fruchtständen

Perückenstrauch
Cotinus coggygria

   Höhe
3–5 m

Sorte 'Royal Purple' zur Blütezeit

Aussehen Dieses Ziergehölz wächst aufrecht bis breit ausladend und ist ein Großstrauch. Er kann genauso breit wie hoch werden.

Pflege Der Perückenstrauch ist anpassungsfähig, bevorzugt aber nahrhafte, durchlässige, trockene bis frische Gartenböden. Er kann erfolgreich auch von Anfängern gepflegt werden, da er unkompliziert und pflegeleicht ist.

Gestaltung Den Namen hat diese Pflanze von ihren auffälligen Fruchtständen, die sich wie eine Perücke über den Strauch legen. Im Herbst verfärben sich die Blätter orangerot. Der Perückenstrauch bekommt einen Einzelplatz im Garten oder Park. Er kann auch in Kübeln gepflegt werden.

Sorten 'Royal Purple', der Rote Perückenstrauch, hat auffälliges, metallisch dunkelrotes Laub, das sich im Herbst orange bis rot verfärbt. Die rosa Blütenstände erscheinen von Juni bis Juli, die Fruchtstände von August bis September. Diese Sorte wird 2 bis 3 m hoch und breit. 'Golden Spirit' (syn. 'Ancot') erreicht eine Höhe und Breite von 2 m und besitzt grünlich gelbes Laub.

BLÜTENFARBE

Fruchtschmuck durch perückenartig wirkende Fruchtstände

BLÜTEZEIT

| Jan | Feb | März | April | Mai | **Juni** | *Juli* | Aug | Sept | Okt | Nov | Dez |

Runzelige Strauchmispel,
C. bullatus

C. horizontalis 'Variegatus'
mit weißgrünen Blättern

Früchte der Fächer-Zwergmispel

Fächer-Zwergmispel
Cotoneaster horizontalis

Höhe
1–1,5 m

Aussehen Das unverwüstliche Ziergehölz wächst flach bis bogig aufstrebend und langsam.

Pflege Fächer-Zwergmispeln bevorzugen durchlässige, sandig-lehmige, mäßig trockene bis frische Gartenböden mit mittlerem bis hohem Nährstoffgehalt. Sie sind pflegeleicht und unkompliziert.

Gestaltung Das Gehölz wird zur Bodenbegrünung und als Heckenpflanze verwendet. Es passt auch in Steingärten und auf Gräber. Die leuchtend roten Früchte und die orangefarbene bis rote Herbstfärbung sind dekorativ.

Weitere Arten Es gibt viele *Cotoneaster*-Arten und -Sorten. Die Teppich-Zwergmispel (*C. dammeri*) ist eine bodendeckende Art mit immergrünen Blättern. Die Niedrige Zwergmispel (*C. adpressus*), ein Zwergstrauch und Bodendecker, erreicht eine Höhe von 30 cm. Das Laub verfärbt sich im Herbst weinrot. Die Runzelige Strauchmispel (*C. bullatus*) kann eine Höhe von 4 m erreichen. Die Kriechmispel (*C. dammeri* 'Major') wird 0,3 m hoch und blüht von Mai bis Juni in Weiß in großer Fülle. Die Felsenmispel (*C. praecox*) wird zur Flächenbegrünung verwendet.

BLÜTENFARBE

 Blüten- und Fruchtschmuck

BLÜTEZEIT

| Jan | Feb | März | April | **Mai** | **Juni** | Juli | Aug | Sept | Okt | Nov | Dez |

Eingriffliger Weißdorn, *C. monogyna*

Echter Rotdorn

Rinde des Echten Rotdorns

Echter Rotdorn
Crataegus laevigata 'Paul's Scarlet'

Höhe
5–7 m

Aussehen Das bekannte Ziergehölz wächst breit kegelförmig bis rundlich und mittelstark.

Pflege Der Echte Rotdorn möchte auf durchlässigen, sandig-lehmigen, frischen bis feuchten Gartenböden mit hohem Nährstoffgehalt wachsen. Er verträgt das Stadtklima und man sieht die Bäume immer wieder einmal entlang von breiten Stadtstraßen.

Gestaltung Der große Strauch oder kleine Baum eignet sich für kleinere und große Gärten sowie Parkanlagen. Er ist ein attraktiver Hausbaum, der auch von Anfängern gut gepflegt werden kann.

Weitere Arten Der Eingrifflige Weißdorn (*C. monogyna*) ist Vogelschutzgehölz und Bienenweide. Das Wildgehölz erreicht eine Höhe von 2 bis 5 m. Die weißen Blüten erscheinen von Mai bis Juni. Die Früchte sind hellrot. Der Zweigrifflige Weißdorn (*C. laevigata*) blüht weiß im Mai und Juni. Auch diese Art ist ein windfestes Wildgehölz. Der Scharlach-Dorn (*C. coccinea*) verfärbt sich im Herbst gelborange. Der Strauch oder Baum kann bis zu 7 m Höhe erreichen. Der Apfeldorn (*Crataegus × lavallei* 'Carrierei') blüht rosaweiß im Mai. Die orangeroten Früchte sind dekorativ.

BLÜTENFARBE

 gefüllt

BLÜTEZEIT

Jan	Feb	März	April	Mai	Juni	Juli	Aug	Sept	Okt	Nov	Dez

Gelbe Sorte des Edel-Ginsters

Rosen-Ginster, *C. purpureus*

Kriech-Ginster, *C. decumbens*

Edel-Ginster; Besen-Ginster
Cytisus-Scoparius-Gartenformen; *C. scoparius*

  Höhe 0,7–1,5 m

Aussehen Der beliebte, aber giftige Zierstrauch wächst aufrecht strauchförmig und besenartig. Im Alter ist er genauso breit wie hoch.

Pflege Dieses dankbare Ziergehölz bevorzugt saure bis schwach saure, durchlässige, sandighumose, mäßig trockene bis frische Gartenböden mit niedrigem bis mittlerem Nährstoffgehalt. Es ist nässeempfindlich. Man schneidet bei Bedarf nach der Blüte, das führt zu einer verstärkten Blüte im nächsten Jahr. Wegen der Frostempfindlichkeit sollte die Wurzelscheibe im Winter abgedeckt werden.

Gestaltung Der Edel-Ginster passt in Staudenrabatten, Stein- sowie Heidegärten und kann in Kübeln gepflegt werden.

Sorten und Arten 'Burkwoodii' ist eine karminrote Sorte, 'Luna' eine goldgelbe. 'Roter Favorit' blüht hell- bis dunkelrot. Der Elfenbein-Ginster (*C. × praecox*) entwickelt hellgelbe Blüten von April bis Mai mit durchdringendem Duft. Der Rosen-Ginster ist ein Bodendecker in Rosa. Bodendeckende Eigenschaften haben auch der Duftende Kriech-Ginster (*C. × beanii*), der Kriech-Ginster (*C. decumbens*) und der Zwerg-Elfenbein-Ginster (*C. kewensis*).

BLÜTENFARBE

 auch zweifarbig

BLÜTEZEIT

| Jan | Feb | März | April | **Mai** | **Juni** | Juli | Aug | Sept | Okt | Nov | Dez |

Die hübschen Blüten des Seidelbastes

Seidelbast
Daphne mezereum

    Höhe bis 1,2 m
Fortgeschrittene

Aussehen Der kleine Strauch wächst aufrecht und langsam. Er verzweigt sich viel und blüht früh im Jahr.

Pflege Dieses anspruchsvolle Gehölz möchte auf durchlässigen, sandig-lehmigen, kalkhaltigen, frischen bis feuchten Gartenböden mit hohem Nährstoffgehalt wachsen. Wählen Sie einen geschützten Platz. Die Pflanze ist empfindlich gegenüber Schnittmaßnahmen, daher sind sie zu vermeiden.

Gestaltung Der Seidelbast ist ein schönes Blüten- und Ziergehölz für kleine und große Gärten sowie Parks. Er zeigt seine hübschen Blütchen schon sehr früh im Jahr von März bis April. Der Seidelbast ist eine Giftpflanze! Er wird in Staudenanlagen und niedrigen Gehölzpflanzungen verwendet und kommt auch mit schattigen Plätzen gut zu Recht.

Sorten und Art Der Weiße Seidelbast 'Album' besitzt weiße bis cremeweiße Blüten. Die Früchte sind gelb. Die Blüten der Sorte 'Rubrum Select' sind rosarot und duften stark. Der Rosmarin-Seidelbast (*D. cneorum*) ist ein Zwergstrauch für Stein- und Heidegärten. Er blüht rosa von April bis Mai und duftet.

Anderer deutscher Name Kellerhals

BLÜTENFARBE

  stark duftend

BLÜTEZEIT

Jan	Feb	März	April	Mai	Juni	Juli	Aug	Sept	Okt	Nov	Dez

Deutzien sind pflegeleichte Ziersträucher.

Zierliche Deutzie
Deutzia gracilis

    Höhe 50–80 cm

Zierliche Deutzie

Aussehen Der Strauch wächst buschig aufrecht und wird im Alter etwas breiter als hoch.
Pflege Die Pflanze ist anpassungsfähig, bevorzugt aber sandig-lehmige, durchlässige, mäßig trockene bis frische Gartenböden mit hohem Nährstoffgehalt. Ein Rückschnitt im Frühjahr fördert die Buschigkeit.
Gestaltung Maiblumensträucher können einzeln oder in Gruppen beziehungsweise in frei wachsenden Hecken gepflanzt werden. Sie passen in kleine und große Gärten.
Arten und Sorten Die Rosen-Deutzie (*D.* × *hybrida* 'Mont Rose') wird bis zu 2 m hoch und ist eine großblütige rosa Form, die gerne in frei wachsenden Hecken, aber auch einzeln oder in Gruppen gepflanzt wird. Die Pracht-Deutzie (*D.* × *magnifica*) mit 3 bis 4 m Höhe blüht reinweiß gefüllt von Juni bis Juli und wird ähnlich verwendet. Die Art *D. scabra* mit Sorten wie 'Candidissima', 'Plena' und 'Pride of Rochester' gefällt durch ihre gefüllten, weißen und rosa Blüten und dem dicht buschigen, 3 bis 4 m hohen Wuchs. Die Niedrige Glöckchen-Deutzie (*D. rosea*) wird bis 1,5 m hoch und blüht von Juni bis Juli in Rosaweiß.
Anderer Name Maiblumenstrauch

BLÜTENFARBE

BLÜTEZEIT

| Jan | Feb | März | April | **Mai** | **Juni** | Juli | Aug | Sept | Okt | Nov | Dez |

Lila und weiße Sorte des Schnee-Heide

Schnee-Heide
Erica carnea

Höhe
15–35 cm

Graue Glocken-Heide, *E. cinerea*

Aussehen Das bekannte Ziergehölz wächst dicht teppichartig mit kriechenden, aufstrebenden Trieben.

Pflege Schneeheiden lieben durchlässige, sandig-lehmige, mäßig trockene bis frische Gartenböden mit niedrigem bis mittlerem Nährstoffgehalt. Staunässe und verdichtete Böden sind zu vermeiden. Ein regelmäßiger, leichter Schnitt nach der Blüte fördert Buschigkeit und Blütenreichtum. Die Pflanzen sind sehr frosthart, vertragen aber Hitze, Trockenheit und Wind nur schlecht.

Gestaltung Dieser immergrüne Zwergstrauch eignet sich zur Bodenbegrünung, als Einfassungspflanze, im Heidegarten und zur Gestaltung von Gräbern. Auch eine Kübel- und Topfkultur ist möglich.

Sorten und Arten Sortenbeispiele sind 'Challenger' in Rot, 'Isabell' in Weiß, 'Rubinteppich' in Hellrosa und 'Springwood White' in Weiß. Die Graue Glocken-Heide (*E. cinerea*) blüht von Juni bis August und sollte im Winter einen Schutz bekommen. Sorten sind die weiße 'Alba Major', die rosarote 'Discovery' und die rosa 'Pink Ice'. Die frostempfindliche Glocken-Heide (*E. tetralix*) zeigt Blüten von Juni bis September.

BLÜTENFARBE

BLÜTEZEIT

| *Jan* | *Feb* | *März* | *April* | *Mai* | *Juni* | *Juli* | *Aug* | *Sept* | *Okt* | *Nov* | *Dez* |

Kork-Spindel

Die „Pfaffenhütchen" vom Großfrüchtigen Pfaffenhütchen

Sorte 'Emerald'n' Gold'

Kork-Spindel
Euonymus alatus

     Höhe 2–3 m

Euopäisches Pfaffenhütchen

Aussehen Das hübsche Ziergehölz wächst sparrig und breit ausladend und verzweigt sich dicht. Im Alter wird es oft breiter als hoch.

Pflege Die Pflanze liebt durchlässige, mäßig trockene bis frische Gartenböden mit mittlerem bis hohem Nährstoffgehalt. Es verträgt auch einen stärkeren Rückschnitt gut.

Gestaltung Die Kork-Spindel besitzt schöne Triebe mit attraktiven Korkleisten und besticht im Herbst durch ihre karmin- bis lilarote Herbstfärbung. Sie kann einzeln oder in Gruppen gepflanzt werden und wird auch in Kübeln gepflegt. Sie ist giftig.

Sorten und Arten *E. europaeus*, das Europäische Pfaffenhütchen, ist ein giftiges Wild- und Vogelnährgehölz. *Euonymus fortunei*, die Kriechspindel, mit den bekannten Sorten 'Emerald'n' Gold' (grünblättrig mit gelbem Rand) und 'Emerald Gaiety' (grünblättrig mit weißem Rand) trifft man häufig in Hausgärten und Parks als immergrüner Bodendecker oder im Kübel. Das Großfrüchtige Pfaffenhütchen (*E. planipes*) schmückt sich im Herbst mit großen karminroten Früchten (Pfaffenhütchen, sind giftig).

Anderer Name Geflügeltes Pfaffenhütchen

BLÜTENFARBE

 Blütenschmuck, roter Fruchtschmuck, Rindenschmuck (Korkleisten)

BLÜTEZEIT

| Jan | Feb | März | April | **Mai** | **Juni** | Juli | Aug | Sept | Okt | Nov | Dez |

Früchte der Rot-Buche

Rot-Buche

F. sylvatica 'Atropunicea',

Rot-Buche
Fagus sylvatica

    Höhe 30–40 m

Aussehen Der einheimische und sehr bekannte Baum wächst breit- bis rundkronig und schnell. Im Freistand kann er im Alter genauso breit wie hoch werden.

Pflege Durchlässige, nährstoffreiche, frische bis feuchte Gartenböden sind der richtige Platz für diesen bekannten Baum. Die etwas hitzeempfindliche Rot-Buche ist schnittverträglich und eignet sich auch als Schnitthecke. Für eine Hecke werden je nach Ausgangsgröße etwa drei Pflanzen pro laufenden Meter gesetzt.

Gestaltung Rot-Buchen sind Großbäume, die viel Platz brauchen, und daher nur in großen Gärten und Parks angepflanzt werden können. Besonders schön ist die gelbe bis rotbraune Herbstfärbung.

Sorten Schöne Sorten sind die Veredelte Blut-Buche 'Atropunicea', deren Laub im Austrieb dunkelrot, später schwarzrot glänzt und die Schottische Säulen-Buche 'Dawyck' mit säulenförmigem Wuchs. Die Grünblättrige Hänge-Buche 'Pendula' wächst weit ausladend und hängend. Die Hänge-Blutbuche 'Purpurea Pendula' ist ähnlich, besitzt aber im Austrieb tiefrotes Laub, das sich später schwarzrot verfärbt.

BLÜTENFARBE

 männliche Blüten in kugeligen Büscheln, zweiblütige weibliche Blütenstände, erste Blüten nach etwa 15 bis 20 Jahren, Fruchtschmuck (Bucheckern)

BLÜTEZEIT

| Jan | Feb | **März** | **April** | **Mai** | Juni | Juli | Aug | Sept | Okt | Nov | Dez |

Forsythie als Hecke

Forsythie, Goldglöckchen
Forsythia-Hybriden

 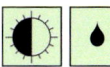

Höhe
1,5–3 m

Blüten der Forsythie

Aussehen Dieser Zierstrauch wächst schlank aufrecht, buschig kompakt bis breit ausladend.
Pflege Forsythien bevorzugen sandig-lehmige, durchlässige, mäßig trockene bis frische Gartenböden mit mittlerem Nährstoffgehalt. Schneiden Sie die Pflanzen nach der Blüte im Frühjahr zurück. Am besten entfernt man immer die ältesten Zweige.
Gestaltung Die zur Blütezeit weithin sichtbaren Goldglöckchen sind aus dem Frühlingsgarten fast nicht wegzudenken. Sie können einzeln, in Gruppen oder für frei wachsende Hecken verwendet werden. Die Pflanze passt in kleine und große Gärten sowie in Parkanlagen. Sie kann am Gehölzrand, in Staudenrabatten, in Steingärten und auch in Kübeln gepflanzt werden. Außerdem eignet sie sich für Wandspaliere, Formhecken und Formschnittfiguren wie Kugeln und Kegel. Die hübschen Blüten locken Bienen in den Garten.
Sorten Bekannt sind 'Goldzauber' mit goldgelben Blüten und einer Höhe von bis zu 2 m. 'Lynwood' besitzt leuchtend gelbe Blüten und wird bis zu 3 m hoch. 'Week End' mit leuchtend gelben Blüten schon ab März.

BLÜTENFARBE

BLÜTEZEIT

Jan	Feb	**März**	**April**	Mai	Juni	Juli	Aug	Sept	Okt	Nov	Dez

Die Blüten von *F. major* duften nach Honig.

Erlenblättriger Federbuschstrauch

Blüte von *F. major*

Erlenblättriger Federbuschstrauch
Fothergilla gardenii

   Höhe 80–150 cm

Aussehen Das bekannte Ziergehölz ist ein buschiger Kleinstrauch, der im Alter ausladend wird.

Pflege Dieser kleine Strauch mit den auffälligen Blüten möchte auf sauren bis neutralen (kalkmeidend), sandig-humosen, frischen bis feuchten Gartenböden wachsen. Sie sollten einen mittleren bis hohen Nährstoffgehalt aufweisen.

Gestaltung Der Erlenblättrige Federbuschstrauch mit den ungewöhnlichen, flauschig aussehenden Blüten, die im Mai ausgesprochen zieren, wird gerne von Bienen und anderen Insekten besucht. Er passt gut in Gehölzpflanzungen oder auch in Staudenrabatten und kann in kleinen und großen Gärten gepflanzt werden.

Im Herbst verfärben sich die Blätter goldgelb bis scharlachrot.

Weitere Art Der Federbuschstrauch (*Fothergilla major*) zeigt seine nach Honig duftenden, in langen Ähren erscheinenden Blüten im Monat Mai.

Das Ziergehölz erreicht eine Höhe von bis zu 2 m. Ansprüche, Pflege und Verwendung sind der beschriebenen Art ähnlich.

BLÜTENFARBE

vor Laubaustrieb in aufrechten Ähren, außergewöhnliche Staubgefäße, mit Honigduft

BLÜTEZEIT

| Jan | Feb | März | April | Mai | Juni | Juli | Aug | Sept | Okt | Nov | Dez |

Blumen-Esche

Blumen-Esche
Fraxinus ornus

    Höhe 8–10 m

F. excelsior 'Crispa'

Aussehen Das schöne Ziergehölz wächst rundkronig bis breit pyramidal, und kann eine Höhe von 10 m erreichen.

Pflege Dieser „Blütenbaum" bevorzugt neutrale bis alkalische, durchlässige, sandig-lehmige, trockene bis frische Gartenböden, die einen mittleren bis hohen Nährstoffgehalt aufweisen. Hitze, Trockenheit und auch das Stadtklima werden vertragen.

Gestaltung Blumen-Eschen werden meistens einzeln in große Gärten oder Parkanlagen gepflanzt. Die Blüten, die im Mai erscheinen und duften, werden gerne von Bienen besucht.

Die Blätter verfärben sich im Herbst orangebraun.

Sorten und Art Die Kugel-Blumen-Esche 'Globosa' ist eine Zwergform mit einer Höhe von bis zu 2 m. 'Meczek' wird bis zu 4 m hoch. Die Gemeine Esche, *F. excelsior*, ist ein sehr bekannter Baum, der mit eine Höhe von bis 40 m zu den höchsten unserer einheimischen Bäume zählt. Er ist für unsere Hausgärten schon allein wegen seiner Größe ungeeignet. Es gibt aber auch kleiner bleibende Sorten, wie zum Beispiel 'Nana'.

Anderer deutscher Name Manna-Esche

BLÜTENFARBE

 duftend

BLÜTEZEIT

| Jan | Feb | März | April | **Mai** | Juni | Juli | Aug | Sept | Okt | Nov | Dez |

Goldland-Ginster, auch Stein-Ginster genannt

Goldland-Ginster
Genista lydia

Höhe
bis 50 cm

Sand-Ginster, *G. pilosa*

Aussehen Der kleine Strauch wächst breit mit bogig überhängenden Trieben.

Pflege Sandig-humose, durchlässige, mäßig trockene bis frische Gartenböden, die einen niedrigen Nährstoffgehalt aufweisen, sind der richtige Platz für diese Ginster-Art. Wählen Sie einen warmen und eher trockenen Platz.

Gestaltung Goldland-Ginster sind kompakt wachsende Blütengehölze, die zur Bodenbegrünung verwendet werden können. Sie passen in Staudenrabatten, Japan-, Stein- und Heidegärten und können auch in Kübeln und Töpfen gepflegt werden. Die goldgelben Blüten sind zur Blütezeit von Mai bis Juni weithin sichtbar.

Sorten und Arten Der Färber-Ginster (*G. tinctoria*), eine einheimische Art, blüht goldgelb im Juni/August. Die Sorte 'Plena' hat gefüllte Blüten. 'Royal Gold' wird bis 80 cm hoch und blüht in Gelb von Juli bis August. Der Sand-Ginster (*G. pilosa*) bevorzugt trockene und warme Plätze in der vollen Sonne. Er wird gerne in Steingärten, als Einfassung oder im Kübel verwendet. Der Strahlen-Ginster (*G. radiata*) ist ein Zwergstrauch mit 40 bis 80 cm Höhe und eine Bienenweide.

BLÜTENFARBE

BLÜTEZEIT

Jan	Feb	März	April	Mai	Juni	Juli	Aug	Sept	Okt	Nov	Dez

Die auffälligen Früchte

Dreidorniger Lederhülsenbaum
Gleditsia triacanthos

Höhe
10–25 m

Sorte 'Sunburst'

Aussehen Dieser eindrucksvolle Blütenbaum wächst unregelmäßig locker und bildet eine „Schirmkrone".

Pflege Der Dreidornige Lederhülsenbaum bevorzugt sandig-kiesige bis sandig-lehmige, mäßig trockene bis frische, kalkhaltige Gartenböden mit hohem Nährstoffgehalt. Er verträgt Trockenheit und Hitze und ist außerdem für eine Pflanzung in der Stadt geeignet.

Gestaltung Gleditschien verlangen als Großbaum einen Einzelplatz in großen Gärten oder Parkanlagen. Die auffallenden Blätter, die interessante Rinde, die großen Dornen und die ungewöhnlichen Früchte machen diesen Baum sehr interessant. Die Blüten werden gerne von Bienen besucht.

Sorten Schöne dornenlose Sorten sind die Gold-Gleditschie 'Sunburst', deren Laub im Austrieb goldgelb, später aber grüngelb ist. 'Skyline', die Schmalkronige Gleditschie, mit kegel- bis eiförmigem Wuchs wird bis 15 m hoch. 'Shademaster' mit dunkelgrünen Blättern und 'Rubylace' mit im Austrieb glänzend braunrotem, später bronzegrünem Laub, sind zwei frostharte Sorten.

Anderer deutscher Name Gleditschie

BLÜTENFARBE

 duftend, Blüten- und Fruchtschmuck

BLÜTEZEIT

Jan	Feb	März	April	Mai	**Juni**	**Juli**	Aug	Sept	Okt	Nov	Dez

Großblütige Zaubernuss

Großblütige Zaubernuss

Hamamelis × intermedia

   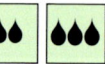 Höhe 2–4 m

Aussehen Der Strauch wächst trichterförmig bis breit ausladend. Im Alter ist er oft breiter als hoch.

Pflege Geben Sie diesem wichtigen Winterblüher einen Platz in schwach saurer bis neutraler, durchlässiger, sandig-humoser, frischer bis feuchter Gartenerde mit mittlerem Nährstoffgehalt. Geschnitten wird die Zaubernuss nur in Ausnahmefällen. Die Pflanze kann ungeschnitten ihren natürlich schönen Wuchs entfalten. Der Großstrauch ist in seiner Jugend langsam wüchsig und frostempfindlich.

Gestaltung Die Großblütige Zaubernuss ist ein Großstrauch, der in kleinen und großen Gärten gepflanzt wird. Meist gibt man den schönen Gehölzen einen Einzelplatz. Im Herbst verfärben sich die Blätter je nach Sorte gelb bis orangerot. Passende Nachbarn sind immergrüne Gehölze wie Rhododendron, Ilex und Eiben.

Sorten und Arten 'Diane' hat rote Blüten, später bronzerote von Februar bis März. 'Feuerzauber' blüht weinrot von Januar bis März. 'Westerstede' entwickelt hellgelbe Blüten. Die Japanische Zaubernuss (*H. japonica*) blüht gelb von Januar bis März, die Chinesische Zaubernuss (*H. mollis*) goldgelb von Feb. bis März.

BLÜTENFARBE

BLÜTEZEIT

| Jan | Feb | März | April | Mai | Juni | Juli | Aug | Sept | Okt | Nov | Dez |

Weiße Sorte

Rosa Sorte des Strauch-Eibisch

Strauch-Eibisch

Strauch-Eibisch
Hibiscus syriacus

   Höhe 1,5–2 m

Aussehen Dieser wunderschöne Blütenstrauch wächst breit trichterförmig.

Pflege Der Strauch-Eibisch bevorzugt durchlässige, sandig-lehmige, mäßig trockene bis frische Gartenböden mit mittlerem bis hohem Nährstoffgehalt. Wählen Sie einen warmen Platz. Das Gehölz kann in sehr kalten Wintern zurückfrieren. Man schneidet es dann kräftig zurück und der Strauch treibt wieder willig aus. Jungen Pflanzen sollte man einen Winterschutz geben.

Gestaltung Der Garten-Eibisch wird meist einzeln gesetzt, kann aber auch in Gruppen oder in frei wachsenden Hecken gepflanzt werden. Er passt in kleine und große Gärten und kann außerdem in Kübeln und Töpfen gepflegt werden.

Sorten 'Blue Bird' entwickelt blauviolette Blüten mit magentarotem Mittelfleck. 'Pink Gigant' besitzt reinrosa Blüten mit einem dunkelroten Mittelfleck und 'Red Heart' weiße mit kleinem, dunkel- bis weinrotem Mittelfleck. 'William R. Smith' blüht reinweiß. Und 'Woodbridge' ist blaurot bis malvenfarben mit kleinem, dunkelrotem Mittelfleck.

Anderer deutscher Name Garten-Eibisch

BLÜTENFARBE

 ungefüllt und gefüllt

BLÜTEZEIT

| Jan | Feb | März | April | Mai | Juni | Juli | Aug | Sept | Okt | Nov | Dez |

Prächtige Bauern-Hortensien

Bauern-Hortensien lassen sich im Topf pflegen.

Bauern-Hortensie, Ball-Hortensie
*Hydrangea-Macrophylla-*Sorten

    Höhe 0,6–1,5 m

Samt-Hortensie

Aussehen Das beliebte Blütengehölz wächst dicht buschig, breit kugelig oder trichterförmig.
Pflege Diese Blütensträucher möchten gerne in sauren bis neutralen (kalkmeidend), durchlässigen, humosen, frischen bis feuchten Gartenböden mit mittlerem Nährstoffgehalt wachsen. Frostschäden werden zurückgeschnitten. Man kann die Pflanze sogar bis zum Boden zurücknehmen, dann blüht sie allerdings erst wieder im späten Folgejahr. Die Pflanzung und Düngung ist mit Rhododendron-Erde und -Dünger ratsam. Die Farbskala der Blüten wird stark vom pH-Wert des Erdreichs beeinflusst. Vor allen Dingen die blaublütigen Sorten verlangen für ihre Farbbrillanz einen gleichmäßig sauren Boden.
Gestaltung Hortensien sind in ihrer Sommerblüte fast nicht zu schlagen. Sie können einzeln oder in Gruppen in Gehölzpflanzungen oder Staudenrabatten gesetzt werden.
Sorten und Arten Die Samt-Hortensie (*H. aspera* 'Macrophylla') entwickelt große, flache Trugdolden und weiße Randblüten und bevorzugt saure Standorte. Auch die Rispen-Hortensie (*H. paniculata*) mit Sorten wie 'Grandiflora' und 'Kyushu' wird gerne verwendet.

BLÜTENFARBE

BLÜTEZEIT

| Jan | Feb | März | April | Mai | Juni | Juli | Aug | Sept | Okt | Nov | Dez |

Großblumiges Johanniskraut 'Hidcote'

Großblumiges Johanniskraut
Hypericum 'Hidcote'

   Höhe 0,8–1,5 m

Aussehen Der kleine Zierstrauch wächst aufrecht bis leicht übergeneigt.

Pflege Das Großblumige Johanniskraut bevorzugt mäßig trockene bis frische Gartenböden mit niedrigem bis mittlerem Nährstoffgehalt. Die Pflanze ist hitze- und stadtklimaverträglich.

Gestaltung Dieses niedrige Blütengehölz ist wintergrün und passt in Gehölzpflanzungen oder in Staudenrabatten. Es kann in kleinen und großen Gärten gepflanzt werden.

Weitere Arten Das Niedrige Johanniskraut (*H. calycinum*) ist ein kleiner Bodendecker, der

Hypericum calycinum

etwas frostempfindlich ist. Ein sehr bekannter Vertreter dieser Art ist das Tüpfel-Johanniskraut (*H. perforatum*), ein Heilkraut, das seit Jahren für medizinische Zwecke genutzt wird.

BLÜTENFARBE

BLÜTEZEIT

Jan	Feb	März	April	Mai	Juni	Juli	Aug	Sept	Okt	Nov	Dez

Fruchtschmuck der Sorte
'Golden van Tol'

Ilex aquifolium 'Ferox Argentea'

Ilex aquifolium 'White Cream'

Stechpalme, Gemeine Hülse
Ilex aquifolium

Höhe
3–6 m

Aussehen Das Gehölz wächst kegelförmig bis pyramidal oder mit breit eiförmiger Krone.
Pflege Geben Sie der Stechpalme einen Platz in saurer bis neutraler, durchlässiger, sandig-lehmiger, mäßig trockener bis feuchter Gartenerde. Der Ilex verträgt jeden Schnitt. In der Jugend kann er etwas frostempfindlich sein.
Gestaltung Stechpalmen sind einheimische Großsträucher oder kleine Bäume, die einzeln, in Gruppen oder als Hecke gepflanzt werden können. Das immergrüne Gehölz entwickelt schmückende, aber giftige Früchte und auch die „stacheligen" Blätter haben ihren Reiz.

Früchte gibt es nur, wenn weibliche und männliche Pflanzen zusammengesetzt werden.
Sorten und Arten Die Weißbunte Garten-Hülse 'Argentea Marginata' besitzt schöne weißrandige Blätter. 'J.C. van Tol' entwickelt viele Früchte (da einhäusig) und ist frosthärter als die Art. Die Japanische Hülse (*I. crenata*) blüht weiß im Mai/Juni. *I. verticillata* schmückt sich mit vielen roten Früchten ab August bis zum Winter. Die amerikanischen Sorten 'Blue Prince', 'Blue Angel' und 'Blue Princess' gefallen durch ihren kompakten Wuchs bis 2 m Höhe und eine große Frosthärte.

BLÜTENFARBE

zweihäusig, für Früchte braucht man männliche und weibliche Pflanzen, Fruchtschmuck

BLÜTEZEIT

| Jan | Feb | März | April | Mai | Juni | Juli | Aug | Sept | Okt | Nov | Dez |

Blüten vom Gefüllten Ranunkelstrauch

Kerrie
Kerria japonica

    Höhe 1,5–2 m

Aussehen Der hübsche Zierstrauch wächst buschig aufrecht bis überhängend und verzweigt sich eher wenig.

Pflege Die Kerrie ist anpassungsfähig, bevorzugt aber durchlässige, sandig-lehmige, frische bis feuchte Gartenböden mit mittlerem Nährstoffgehalt. Das Gehölz ist pflegeleicht und unkompliziert und auch für Anfänger geeignet.

Gestaltung Ranunkelsträucher können einzeln, in Gruppen oder Hecken angepflanzt werden. Sie passen in Gehölzpflanzungen und Staudenrabatten. Auch eine Kübel- oder Topf-

Ungefüllte Blüte der Kerrie

kultur ist möglich. Sie eignen sich für kleine und große Gärten.

Sorten Der Gefüllte Ranunkelstrauch 'Pleniflora' hat goldgelbe Blüten, die dicht gefüllt sind. 'Golden Guinea' blüht ungefüllt und gelb von April bis Mai.

Anderer deutscher Name Ranunkelstrauch

BLÜTENFARBE

 ungefüllt und gefüllt

BLÜTEZEIT

| Jan | Feb | März | April | Mai | Juni | Juli | Aug | Sept | Okt | Nov | Dez |

Kolkwitzien sind unkomplizierte Blütensträucher.

Kolkwitzie
Kolkwitzia amabilis

     Höhe 2–3 m

Kolkwitzie

Aussehen Der bekannte Zierstrauch wächst aufrecht strauchförmig bis bogig überhängend.

Pflege Sandig-lehmige, durchlässige, mäßig trockene bis feuchte Gartenböden, die einen mittleren Nährstoffgehalt aufweisen, sind der richtige Platz für diesen dankbaren Strauch. Alle zwei bis drei Jahre sollte die Pflanze leicht ausgelichtet werden. Sie verträgt sommerliche Trockenperioden und ist sehr gesund sowie insgesamt pflegeleicht.

Gestaltung Kolkwitzien sind dankbare Blüten- und Ziergehölze, die einzeln oder in Gruppen angepflanzt werden können. Sie wirken auch schön in frei wachsenden Hecken. Die Pflanzen eignen sich für kleine und große Gärten sowie für Parkanlagen. Und die hübschen, hellrosa Blüten werden von Mai bis Juni gerne von Bienen besucht.

BLÜTENFARBE

 duftend

BLÜTEZEIT

| Jan | Feb | März | April | Mai | Juni | Juli | Aug | Sept | Okt | Nov | Dez |

Goldregen ist giftig.

Edel-Goldregen
Laburnum × watereri 'Vossii'

    Höhe 5–6 m

Edel-Goldregen 'Vossii'

Aussehen Das zur Blütezeit sehr auffällige Ziergehölz wächst straff aufrecht bis trichterförmig.

Pflege Der Edel-Goldregen bevorzugt sandig-lehmige, durchlässige, trockene bis frische Gartenböden mit mittlerem bis hohem Nährstoffgehalt. Er verträgt keinen Schnitt, baut sich aber von alleine formschön auf.

Gestaltung Dieses schöne Blütengehölz wird einzeln oder in Gruppen angepflanzt. Es passt auch gut in frei wachsende Hecken. Edel-Goldregen kann in großen und kleinen Gärten sowie Parkanlagen wachsen. Zur Blütezeit verzaubern die Pflanzen durch wunderschöne „Blütentrauben". Wegen der Giftigkeit sollte man jedoch auf dieses Ziergehölz verzichten, wenn Kinder im Garten spielen.

Weitere Arten Der Gemeine Goldregen (*L. anagyroides*) besitzt etwa 30 cm lange Blütentrauben von Mai bis Juni. Der Alpen-Goldregen (*L. alpinum*) wird 5 bis 7 m hoch und entwickelt 20 bis 30 cm lange Blütentrauben.

BLÜTENFARBE

BLÜTEZEIT

| Jan | Feb | März | April | **Mai** | **Juni** | Juli | Aug | Sept | Okt | Nov | Dez |

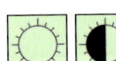

Die Früchte des Gewöhnlichen Ligusters

Gewöhnlicher Liguster
Ligustrum vulgare

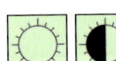

Höhe
2–5 m

Aussehen Das Ziergehölz wächst locker aufrecht, breit buschig, in schattigen Lagen häufig niederliegend. Es bildet Ausläufer.

Pflege Geben Sie dem Gewöhnlichen Liguster durchlässige, mäßig trockene bis feuchte Gartenböden mit hohem Nährstoffgehalt. Das Laubgehölz verträgt Schnittmaßnahmen gut. Bei einer Heckenpflanzung braucht man je nach Ausgangsware zwei bis drei Pflanzen pro laufenden Meter. Das Gehölz liebt einen warmen Platz und verträgt Hitze sowie Schatten.

Gestaltung Der Gewöhnliche Liguster kann einzeln oder als Heckenpflanze verwendet werden. Er ist wintergrün und bietet daher auch in der kalten Jahreszeit Sichtschutz. Das Vogelschutzgehölz wird zur Blütezeit gerne von Bienen besucht. Die Pflanze ist giftig.

Sorten und Art Zwei Sorten für den Garten sind 'Atrovirens', die aufrecht und dicht verzweigt, und 'Lodense', ein Zwergstrauch, der bis 0,7 m hoch und breit wird. Der Ovalblättrige Liguster (*L. ovalifolium*) wird 3 bis 5 m hoch und blüht cremeweiß von Juni bis Juli. Die Sorte 'Argenteum' hat weiß gerandete Blätter, 'Aureum' gelb gerandete.

Andere Namen Rainweide, Zaunriegel

BLÜTENFARBE

angenehm duftend, Blüten- und Fruchtschmuck

BLÜTEZEIT

| Jan | Feb | März | April | Mai | **Juni** | **Juli** | Aug | Sept | Okt | Nov | Dez |

Amberbaum mit Fruchtschmuck

Amberbaum
Liquidambar styraciflua

   Höhe 15–20 m
Fortgeschrittene

Aussehen Dieser mittelhohe bis hohe Baum wächst in der Jugend kegelförmig, im Alter rundlich bis ausgebreitet.

Pflege Das anspruchsvolle Gehölz bevorzugt saure bis neutrale (kalkmeidend), nahrhafte, durchlässige, frische bis feuchte Gartenböden. Der Platz darf nicht zu feucht sein. Wegen der Frostempfindlichkeit der jungen Bäume wird im Frühjahr gepflanzt. In der Jugend muss Winterschutz gegeben werden.

Gestaltung Der Amberbaum braucht einen Einzelplatz. Wegen seiner Höhe eignet er sich nur für große Gärten und Parkanlagen. Milde

Herbstfärbung und Korkleisten des Amberbaumes

Gegenden sind sicherer für dieses Gehölz. Die dunkelgrünen Blätter verfärben sich im Herbst sehr auffällig in gelborange- bis tief purpurfarben.

Hübsch sind auch die Rinde mit den Korkleisten und die kugeligen Früchte.

BLÜTENFARBE

 unscheinbar, einhäusig, Fruchtschmuck (kugelige Kapseln), Rindenschmuck durch Korkleisten

BLÜTEZEIT

| Jan | Feb | März | April | **Mai** | Juni | Juli | Aug | Sept | Okt | Nov | Dez |

Weithin sichtbarer Frühlingsblüher
Stern-Magnolie

Blüten der Stern-Magnolie

Sommer-Magnolie, *M. sieboldii*

Stern-Magnolie
Magnolia stellata

   Höhe bis 2 m
Fortgeschrittene

Aussehen Dieser schmückende Zierstrauch wächst breit buschig und langsam und verzweigt sich dicht.

Pflege Der wunderschöne Blüher bevorzugt saure bis neutrale, durchlässige, humose, frische bis feuchte Gartenböden. Er hat einen mittleren bis hohen Nährstoff- und Wasserbedarf. Der beliebte Gartenstrauch ist bei uns recht gesund. Schnittmaßnahmen sind zu vermeiden. Eine Frühjahrspflanzung wird angeraten.

Gestaltung Stern-Magnolien bestechen durch ihre frühe und auffällige Blüte. Die „Sternblüten" tauchen den Strauch von März bis April in ein schönes, weißes Gewand und man kann ihn schon von weitem sehen. Meist bekommen die auffälligen Pflanzen einen Einzelplatz, aber in großen Anlagen sieht man auch schon einmal mehrere Exemplare zusammenstehen.

Sorte und Art 'Royal Star' blüht etwa 10 Tage später als die Art. Die Sommer-Magnolie, *Magnolia sieboldii*, entwickelt schöne, weiße Blüten mit roten Staubgefäßen von Juni bis Juli. Sie braucht eine Einzelstellung und erreicht eine Höhe von bis zu 4 m.

BLÜTENFARBE

bis rosa überhaucht, sternförmig, duftend

BLÜTEZEIT

Jan	Feb	März	April	Mai	Juni	Juli	Aug	Sept	Okt	Nov	Dez

Blüten der Tulpen-Magnolie

Purpur-Magnolie,
M. liliifolia 'Nigra'

Magnolia Greshem-Hybride
'Heaven Scent'

Sorte
'Ricki'

Tulpen-Magnolie
Magnolia × *soulangiana*

Höhe
4–8 m

Aussehen Der beliebte Blütenbaum wächst trichterförmig bis rundlich und langsam.
Pflege Die traumhaften Blütengehölze bevorzugen saure bis neutrale, durchlässige, humose, frische bis feuchte Gartenböden mit mittlerem bis hohem Nährstoffgehalt. Kalkhaltige Böden sind zu vermeiden. Eine Frühjahrspflanzung ist anzuraten. Schnittmaßnahmen sollte man vermeiden. Die frühe Blüte ist leider spätfrostgefährdet und nur zu oft erfrieren die tollen Blüten im Frühjahr.
Gestaltung Tulpen-Magnolien verlangen einen Einzelplatz. Wegen der Größe und Breite

eignen sie sich nur für große Gärten und Parks. Die Tulpen-Magnolie besticht durch wunderschöne Blüten, die zur Blütezeit weithin sichtbar sind und die Blicke fast magisch anziehen.
Arten und Sorten Die Baum- oder Kobushi-Magnolie (*M. kobus*) wird 8 bis 10 m hoch und blüht weiß von April bis Mai. Die Früchte sind rot und haben die Form einer Walze. Die Purpur-Magnolie (*M. liliifolia* 'Nigra') blüht dunkelpurpurn und innen hellpurpurn von April bis Mai. *Magnolia* 'Susan' ist eine kompakte Sorte von 2 bis 4 m Höhe mit dunkelrosa Blüten, die bereits von jungen Pflanzen gebildet werden.

BLÜTENFARBE

 tulpenähnlich, vor dem Laub

BLÜTEZEIT

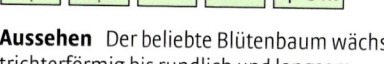

Jan	Feb	März	April	Mai	Juni	Juli	Aug	Sept	Okt	Nov	Dez

Beerenschmuck der
Gewöhnlichen Mahonie

Leuchtende Blüte der Gewöhnlichen Mahonie

Schmuck-Mahonie, *M. bealei*

Gewöhnliche Mahonie
Mahonia aquifolium

       Höhe bis 1 m

Aussehen Der bekannte Zierstrauch wächst aufrecht, breit buschig und langsam mit vielen Trieben.

Pflege Gewöhnliche Mahonien bevorzugen durchlässige, humose, mäßig trockene bis feuchte Gartenböden mit mittlerem Nährstoffgehalt. Sie vertragen auch einen starken Rückschnitt gut. Geschnitten wird nach der Blüte. Das Gehölz ist stadtklimatauglich.

Gestaltung Die immergrünen Gehölze können einzeln oder in Gruppen beziehungsweise in Hecken verwendet werden. Sie eignen sich sowohl für kleine als auch für große Gärten.

Mahonien sind Vogelschutzgehölze und Bienenweiden und kommen auch oft wild wachsend in der freien Natur vor. Die goldgelben Blüten im Frühling leuchten weithin. Schön ist außerdem der blauschwarze Beerenschmuck ab August.

Sorte und Art Die Sorte 'Apollo' ist ein Zwerggehölz mit 60 bis 80 cm Höhe. Die Schmuck-Mahonie (*M. bealei*) erreicht eine Höhe von 1,5 bis 2 m. Die immergrünen Blätter sind dekorativ, besonders wenn über ihnen die Blüten oder Früchte stehen. Diese Pflanzen lieben einen Einzelplatz.

BLÜTENFARBE

Blüten- und Fruchtschmuck

BLÜTEZEIT

| Jan | Feb | März | April | Mai | Juni | Juli | Aug | Sept | Okt | Nov | Dez |

Apfel-Blüte

Fruchtschmuck

Blütenpracht einer Zier-Apfel-Sorte

Zier-Äpfel
Malus-Sorten und Arten

    Höhe 4–8 m

Herbstfärbung der Kupfer-Felsenbirne

Aussehen Zier-Äpfel sind ausladend, breitkronig und auch als Hängeform erhältlich.
Pflege Die vielseitig einsetzbaren Blüten- und Fruchtgehölze lieben humose, tiefgründige, mäßig trockene bis feuchte Gartenböden, die einen hohen Nährstoffgehalt aufweisen.
Gestaltung Zier-Äpfel sind kleine bis mittelhohe Bäume, die einzeln oder in Gruppen gepflanzt werden können. Sie passen in kleine und große Gärten. Die verschiedenen Sorten bieten allerlei. Verschiedene Blütenfarben, schöne Fruchtformen und -farben sowie teilweise eine attraktive Herbstfärbung.

Sorten Hier werden nur einige Sorten genannt. Die Blüten von 'Evereste' sind weiß mit rosa, Früchte sind orangerot. 'Winter-Gold' ist eine wertvolle, gelbfruchtende Sorte. 'Van Eseltine' wächst säulenförmig und blüht rosa und halb gefüllt und besitzt gelbe bis orangerote Früchte. Zur Gattung *Malus* gehören auch unsere Apfelbäume.
Weitere Gattung Die Felsenbirnen (*Amelanchier*) gehören zur gleichen Familie wie die Zier-Äpfel. Sie sind beliebte, pflegeleichte Gehölze, die je nach Art zwischen 1 und 6 m hoch wachsen.

BLÜTENFARBE

 ungefüllt und gefüllt, Blüten- und Fruchtschmuck

BLÜTEZEIT

| Jan | Feb | März | April | Mai | Juni | Juli | Aug | Sept | Okt | Nov | Dez |

Schönes Laub der Scheinbuche

Scheinbuche
Nothofagus antarctica

    Höhe 5–7 m

Die Scheinbuche im Austrieb mit Blüten

Aussehen Dieses hübsche mittelhohe Laubgehölz wächst sparrig aufrecht und langsam.
Pflege Geben Sie der Scheinbuche einen Platz in saurer bis neutraler, sandig-lehmiger, durchlässiger, frischer bis feuchter Gartenerde mit mittlerem Nährstoffgehalt. Das Laubgehölz verträgt das Stadtklima.
Gestaltung Südbuchen sollten einen Einzelplatz bekommen. Für kleine Gärten sind sie wegen der Höhe nicht geeignet. Sie wachsen oft mehrstämmig als großer Strauch, können sich allerdings auch einstämmig als Baum ausbilden. Das Gehölz entwickelt oft einen fast malerischen Wuchs und besitzt interessantes Laub, das sich im Herbst gelb verfärbt.
Andere deutsche Namen Südbuche, Pfennigbuche

BLÜTENFARBE

  unscheinbar

BLÜTEZEIT

| Jan | Feb | März | April | Mai | Juni | Juli | Aug | Sept | Okt | Nov | Dez |

Dickmännchen, hier mit blauen Traubenhyazinthen

Dickmännchen
Pachysandra terminalis

    Höhe
20–30 cm

Aussehen Der Bodendecker wächst flach, mattenförmig und bildet Ausläufer.

Pflege Dickmännchen bevorzugen sandig-humose, mäßig trockene bis frische Gartenböden, die einen mittleren Nährstoffgehalt aufweisen. Sie sind stadtklimatauglich und kommen auch an schattigen Plätzen gut zu Recht.

Gestaltung Die dankbaren, kleinen Pflanzen, die von April bis Mai in Weiß blühen, werden gerne zur Bodenbegrünung oder als Einfassungspflanze verwendet. Man kann Bäume damit unterpflanzen oder sie zur Gestaltung von Gräbern einsetzen. Das Gehölz ist immer-

Blühendes Dickmännchen

grün und daher auch im Winter attraktiv. Das Dickmännchen wird sehr gerne in öffentlichen Anlagen oder in Pflanzungen neben der Straße verwendet.

Sorten 'Compact' bleibt ein wenig kleiner als die Art, 'Green Carpet' auch. Beide Sorten wachsen dichter und gedrungener und sind daher auch gut für kleine Flächen geeignet.

Anderer deutscher Name Ysander

BLÜTENFARBE

BLÜTEZEIT

| Jan | Feb | März | April | Mai | Juni | Juli | Aug | Sept | Okt | Nov | Dez |

Strauch-Pfingstrose

Paeonia-Suffruticosa-Hybride

Sorte 'High Noon'

Strauch-Pfingstrose
Paeonia suffruticosa

  Höhe 1–1,5 m
Fortgeschrittene

Aussehen Diese wunderschönen Blütengehölze wachsen aufrecht und langsam und verzweigen sich eher wenig.

Pflege Der anspruchsvolle Strauch möchte in durchlässiger, frischer bis feuchter Gartenerde mit hohem Nährstoffgehalt wachsen. Wählen Sie einen windgeschützten Platz und lassen Sie die Pflanzen ungestört von Hackarbeiten im Wurzelbereich wachsen. Strauch-Pfingstrosen sind wunderschöne Blüher, aber leider auch anspruchsvoll. Die Pflanze braucht einige Jahre, um sich einzuleben.

Gestaltung Diese zur Blütezeit weithin sichtbaren Ziergehölze können einzeln oder in Gruppen gepflanzt werden. Sie eignen sich auch für kleine Gärten und man kann die ganze Blütenpracht oft in unterschiedlichen Sorten in öffentlichen Parks bewundern. Viele Sorten haben zudem eine interessante Wuchsform.

Sorten In Spezialgärtnereien werden zahlreiche Sorten angeboten. Hier einige Beispiele 'Houki' blüht karminrot, 'Jeanne d'Arc' hellrosa, in der Mitte dunkler und dicht gefüllt. 'Renkaku' entwickelt reinweiße, gefüllte Blüten.

Anderer deutscher Name Strauch-Päonie

BLÜTENFARBE

     einige Sorten mit Duft

BLÜTEZEIT

| Jan | Feb | März | April | **Mai** | **Juni** | Juli | Aug | Sept | Okt | Nov | Dez |

Blüten des Europäischen Pfeifenstrauches

Europäischer Pfeifenstrauch

Philadelphus coronarius

     Höhe 2–3 m

Gefüllte Sorte des Europäischen Pfeifenstrauches

Aussehen Der viel verwendete Blütenstrauch wächst straff aufrecht bis leicht überhängend und schnell.

Pflege Dieses pflegeleichte Blütengehölz bevorzugt durchlässige, sandig-lehmige, mäßig trockene bis feuchte Gartenböden mit mittlerem Nährstoffgehalt. Ein regelmäßiger Verjüngungsschnitt fördert die Blüte. Die Pflanze wird im Turnus von drei bis vier Jahren ausgelichtet. Hierzu werden alte Blütenäste ebenerdig entfernt. Im Schatten blüht die Pflanze weniger. Sie ist stadtklimaverträglich.

Gestaltung Der Europäische Pfeifenstrauch ist ein unkompliziertes Blüten- und Ziergehölz, das in privaten Gärten und öffentlichen Parks viel verwendet wird. Er kann einzeln oder in Gruppen verwendet werden. Die Pflanze passt gut in frei wachsende Hecken.

Sorten 'Belle Etoile' ist eine Form mit großen Blüten, die 1,5 m hoch wird. 'Schneesturm' dagegen wird bis zu 3 m hoch und blüht weiß und gefüllt. 'Erectus' erreicht eine Höhe von 1 bis 1,5 m und blüht weiß und ungefüllt. 'Girandole' wiederum entwickelt gefüllte, weiße Blüten. 'Dame Blanche' duftet stark.

Anderer deutscher Name Bauernjasmin

BLÜTENFARBE

duftend, ungefüllt und gefüllt

BLÜTEZEIT

| Jan | Feb | März | April | **Mai** | **Juni** | Juli | Aug | Sept | Okt | Nov | Dez |

Nahaufnahme einer Blasenspieren-Blüte

Blasenspiere
Physocarpus opulifolius

     Höhe bis 3 m

Sorte 'Dart's Gold'

Aussehen Das pflegeleichte Ziergehölz wächst aufrecht bis überhängend.

Pflege Geben Sie diesem Strauch einen Platz in durchlässiger, mäßig trockener bis frischer Gartenerde, die einen hohen Nährstoffgehalt aufweist. Die Pflanze ist stadtklima- und windverträglich. Sie ist pflegeleicht und dankbar und kann auch von Anfängern gut gepflegt werden.

Gestaltung Blasenspieren sind hübsche Ziersträucher, die einzeln oder in Gruppen und Hecken gepflanzt werden können. Auch eine Kübel- und Topfkultur ist denkbar. Die Pflanze, die von Juni bis Juli in Weiß bis weißlichem Rosa blüht, kann in kleinen und großen Gärten sowie Parkanlagen wachsen. Und auch auf schattigen Plätzen kommt das unkomplizierte Gehölz gut zu Recht.

Sorten Die Blätter der Gold-Blasenspiere 'Dart's Gold' sind goldgelb. Die Rote Blasenspiere 'Diabolo' besitzt dunkelrote Blätter. 'Nanus' ist ein Sorte, die bis 1,5 m hoch wird und rundlich kompakt wächst. 'Luteus' erreicht eine Höhe von etwa 3 m und besitzt gelblich grüne Blätter.

Anderer deutscher Name Fasanenspiere

BLÜTENFARBE

BLÜTEZEIT

| Jan | Feb | März | April | Mai | **Juni** | **Juli** | Aug | Sept | Okt | Nov | Dez |

Sorte 'Variegata' mit weiß gerandetem Laub

Sorte 'Little Heath' mit weißgrünem Laub

Der leuchtend rote Austrieb der Sorte 'Forest Flame'

Japanische Lavendelheide
Pieris japonica

    Höhe 2–3 m

Blütenschmuck

Aussehen Das bekannte Ziergehölz wächst breit aufrecht bis leicht überhängend.

Pflege Die Japanische Lavendelheide bevorzugt saure bis neutrale, durchlässige, humose, frische bis feuchte Gartenböden mit mittlerem Nährstoffgehalt. Sie braucht keine Schnittpflege, da sie sich allein zu einer anmutigen Gestalt entwickelt.

Gestaltung Dieses beliebte, aber auch giftige Blüten- und Ziergehölz wird einzeln oder in Gruppen gepflanzt. Es eignet sich für große und kleine Gärten. Und oft findet man diese hübschen Gehölze in öffentlichen Parks. Die immergrünen Blätter sind auch im Winter attraktiv. Wunderschön ist der bei manchen Sorten leuchtend rote Austrieb im Frühjahr.

Sorten und Art Die Sorte 'Debutante' ist mit 1 m Höhe und Breite schwach wüchsiger als die Art. Bei 'Forest Flame' sind die Blätter im Austrieb leuchtend rot. Die Zwergform 'Purity' wird bis zu einem Meter hoch. Die Blütezeit ist etwa drei bis vier Wochen später als bei der Art. Die Blätter von 'Red Mill' sind im Austrieb lackrot bis glänzend granatbraun. Die Vielblütige Lavendelheide oder das Schattenglöckchen (*P. floribunda*) bleibt mit bis zu 2 m kleiner.

BLÜTENFARBE

BLÜTEZEIT

| Jan | Feb | März | **April** | **Mai** | Juni | Juli | Aug | Sept | Okt | Nov | Dez |

Rosa Sorte 'Princess'

Der Fünffingerstrauch als Hecke

Gelbe Sorte des Fünffingerstrauchs

Fünffingerstrauch
Potentilla fruticosa

			Höhe bis 1,5 m

Aussehen Das beliebte Blütengehölz wächst breit buschig.

Pflege Der Fünffingerstrauch liebt durchlässige, frische und mäßig feuchte Gartenböden mit hohem Nährstoffgehalt. Ein starker Rückschnitt im Frühjahr fördert Buschigkeit und Blühfreudigkeit.

Gestaltung Die eher klein bleibenden Zier- und Blütensträucher eignen sich für Gehölzpflanzungen und Staudenrabatten aller Art. Sie werden zur Flächenbegrünung und als Einfassungspflanze verwendet. Außerdem sind es attraktive Dauerblüher im Kübel. Man kann ihnen einen Einzelplatz geben oder sie in Gruppen und frei wachsende Hecken setzen.

Sorten 'Red Ace', eine Zwergform, wird bis 40 bis 60 cm hoch und etwa 1,2 m breit. Die Blüte ist orangerot, die Blütezeit von Juni bis Oktober. 'Goldteppich' wird bis zu 60 cm hoch und blüht leuchtend gelb von Mai bis Oktober. 'Goldfinger' ist ein Kleinstrauch, der bis zu 1,3 m hoch wird. Seine Blüten sind dunkelgelb, seine Blütezeit ist von Juni bis Oktober. 'Kobold', auch eine goldgelbe Sorte, wird 60 bis 80 cm hoch. 'Abbotswood' blüht weiß und 'Princess' gefällt durch rosa Blütchen.

BLÜTENFARBE

BLÜTEZEIT

Jan	Feb	März	April	Mai	Juni	Juli	Aug	Sept	Okt	Nov	Dez

Blut-Pflaume

Blut-Pflaume
Prunus cerasifera 'Nigra'

     | Höhe 5–7 m

Auch Süßkirschen gehören zur Gattung *Prunus.*

Aussehen Dieses hübsche Blüten- und Ziergehölz wächst rundlich bis kegelförmig und langsam.

Pflege Neutrale bis alkalische, durchlässige, sandig-lehmige, mäßig trockene bis frische Gartenböden mit hohem Nährstoffgehalt sind der richtige Standort für Blut-Pflaumen. Wählen Sie einen warmen Platz aus.

Gestaltung Blut-Pflaumen werden einzeln oder in Gruppen gesetzt. Auch in frei wachsenden Hecken wird die Pflanze verwendet. Neben der Blüte besticht das schwarzrote Laub. Der Großstrauch oder kleine Baum passt in kleine und große Gärten und wird gerne in Parkanlagen verwendet.

Weitere Arten Auch die Myrobalane (*P. cerasifera*) finden wir immer wieder in Gärten und Parks. Verwandt sind außerdem unsere Süßkirschen (*P. avium*), die Sauerkirschen (*P. cerasus*), die Pflaumen (*P. domestica*), Pfirsiche (*P. persica*) und Aprikosen (*P. armenica*). Die Schlehe (*P. spinosa*) kommt wild vor, wird aber in Gärten und Parks auch gezielt angepflanzt. Die Trauben-Kirsche (*P. padus*) ist ein einheimisches Vogelnährgehölz, das auch von Bienen zur Blütezeit gerne angeflogen wird.

BLÜTENFARBE

BLÜTEZEIT

| Jan | Feb | **März** | **April** | Mai | Juni | Juli | Aug | Sept | Okt | Nov | Dez |

Auch im Winter attraktiv

Immergrüne Lorbeer-Kirsche als Hecke

Blüte

Immergrüne Lorbeer-Kirsche
Prunus laurocerasus

    Höhe 2–4 m

Aussehen Das vielseitige Ziergehölz wächst rundlich, strauchförmig und schnell. Die Früchte sind giftig.

Pflege Dieser Strauch bevorzugt durchlässige, mäßig trockene bis feuchte Gartenböden mit mittlerem bis hohem Nährstoffgehalt. Er ist schnittverträglich (im Frühjahr bis Herbst). Für eine Schnitthecke pflanzt man zwei bis drei Pflanzen pro laufenden Meter. Schützen Sie die Pflanze vor Wintersonne und austrocknenden Winden, da sie je nach Sorte etwas frostempfindlich ist. Im Winter darf man das Wässern in frostfreien Perioden nicht vergessen.

Gestaltung Der Kirschlorbeer ist ein Großstrauch, der einzeln oder in Gruppen gepflanzt wird. Er wird auch als Schnitthecke verwendet. Da die Blätter immergrün sind, ist das Gehölz auch im Winter attraktiv und bietet Sichtschutz. Kübel- und Topfkultur ist möglich.

Sorten 'Herbergii' entwickelt einen breit aufrechten bis kegelförmigen Wuchs und 'Mont Vernon' einen flachen bis kriechenden. 'Otto Luyken' ist eine sehr frostharte Form. 'Rotundifolia' entwickelt große Blätter und 'Schipkaensis Macrophylla' große Blütenrispen.

Anderer deutscher Name Kirschlorbeer

BLÜTENFARBE

Blüten- und Fruchtschmuck

BLÜTEZEIT

| Jan | Feb | März | April | **Mai** | **Juni** | Juli | Aug | Sept | Okt | Nov | Dez |

P. subhirtella 'Fukubana'

Mahagoni-Kirsche

Prunus 'Kanzan'

Mahagoni-Kirsche, Japan. Zier-Kirsche
Prunus serrulata und Sorten

Höhe
2–10 m

Aussehen Dieses schöne Blüten- und Ziergehölz wächst als kleiner Baum oder Großstrauch.

Pflege Das Blütengehölz ist anspruchslos, bevorzugt aber neutrale bis alkalische, durchlässige, sandig-lehmige, frische Gartenböden mit mittlerem bis hohem Nährstoffgehalt.

Gestaltung Die Mahagoni-Kirsche ist ein attraktiver Baum, wird aber nicht oft angeboten und nur selten gepflanzt. Meist bekommt er einen Einzelplatz. Wunderschön ist neben der Blüte der mahagonifarbene Rindenschmuck.

Sorten und Arten Die Nelkenkirsche 'Kanzan' ist eine Sorte, deren Wuchs mehr trichterförmig ist. Ihre Blüten sind rosa, gefüllt, die Blütezeit der Mai. Die Säulen-Kirsche 'Amanogawa' hat rosa Blüten und eine schlanke Krone. Andere Sorten sind 'Kiku-shidare-zakura' (Hängende Nelkenkirsche) und 'Pink Perfection' mit ungefüllten rosa Blüten.

Die Schneekirsche 'Autumnalis' (*P. subhirtella*) blüht schon ab November/Dezember mit rosa Blüten. Das Mandelbäumchen (*P. triloba*) schmückt sich im April mit rosa und dicht gefüllten Blüten.

BLÜTENFARBE

 ungefüllt und gefüllt

BLÜTEZEIT

Jan	Feb	März	April	Mai	Juni	Juli	Aug	Sept	Okt	Nov	Dez
			April	Mai							

Blüte des Feuerdorns

Prächtiger Feuerdorn

Fruchtschmuck des Feuerdorns

Feuerdorn
Pyracantha-Hybriden und Gartenformen

Höhe 2–3 m

Aussehen Die bekannten Blüten- und Fruchtschmuckgehölze wachsen schlank aufrecht und strauchförmig. Sie können eine Höhe von 3 m erreichen.

Pflege Der Feuerdorn liebt durchlässige, sandig-lehmige, trockene bis frische Gartenböden, die einen mittleren bis hohen Nährstoffgehalt aufweisen. Wenn man den Feuerdorn als Schnitthecke verwendet, ist ein jährlicher Formschnitt im Frühjahr und Sommer (Johanni) empfehlenswert. Insgesamt ist er pflegeleicht und dankbar.

Gestaltung Das beliebte Gehölz wird einzeln oder in Gruppen gesetzt. Der Feuerdorn steht gerne am Gehölzrand oder wird als Hecke verwendet. Er ist Vogelnährgehölz und Bienenweide. Das Schönste an diesem Zierstrauch ist sein Fruchtbehang, der schon von weitem leuchtet.

Aber auch die Blüte und die immergrünen Blätter machen die Pflanze zu einem attraktiven Gartengehölz.

Sorten 'Orange Charmer' besitzt schöne, orangefarbene Früchte, 'Red Column' leuchtend rote und die Sorte 'Soleil d'Or' leuchtend gelbe.

BLÜTENFARBE

 Blüten- und Fruchtschmuck

BLÜTEZEIT

| Jan | Feb | März | April | **Mai** | **Juni** | Juli | Aug | Sept | Okt | Nov | Dez |

Mächtige Trauben-Eiche

Stiel-Eiche

Q. cerris 'Variegata'

Trauben-Eiche
Quercus petraea

     Höhe
20–30 m

Aussehen Der mächtige Baum wächst breit und hochgewölbt und mittelstark.

Pflege Trauben-Eichen sind anpassungsfähig und anspruchslos, bevorzugen aber trockene bis feuchte Gartenböden mit mittlerem bis hohem Nährstoffgehalt.

Gestaltung Trauben-Eichen können ein Alter von 500 bis 800 Jahren erreichen. Einmal eingewachsen, beherrschen sie innerhalb von wenigen Jahren den Standort. Eichen sind nichts für kleine Gärten, da sie im Laufe der Jahre sehr hoch und breit werden. Wenn man richtig alte Bäume frei wachsend in Parkanla-

gen oder in der freien Natur antrifft, kann man sich der Ausstrahlung dieser kräftigen „Persönlichkeiten" kaum entziehen.

Weitere Arten Die Stiel-Eiche (*Q. robur*) hat ähnliche Ansprüche wie die beschriebene Art. Die Früchte (Eicheln) sitzen auf 5 bis 12 cm langen Stielen (deutscher Name). 'Fastigiata' wächst säulenförmig und erreicht eine Höhe von 15–20 m. Die Zerr-Eiche (*Q. cerris*) besitzt dekorative Blätter, die sich im Herbst hellbraun verfärben. 'Variegata' ist eine Sorte mit weißgrünen Blättern (Bild oben).

Anderer deutscher Name Winter-Eiche

BLÜTENFARBE

Fruchtschmuck

BLÜTEZEIT

| Jan | Feb | März | April | Mai | Juni | Juli | Aug | Sept | Okt | Nov | Dez |

Weiß blühende
Rhododendron-Hybride

Japanische Azaleen

Sorte 'Blattgold'

Rhododendron
Rhododendron-Hybriden

   Höhe
2–3 m

Aussehen Die äußerst beliebten Blütengehölze wachsen sortenabhängig breit buschig bis kugelförmig.

Pflege Rhododendren brauchen saure bis schwach saure, durchlässige, sandig-humose, frische bis feuchte Gartenböden mit mittlerem bis hohem Nährstoffgehalt. Nach der Blüte werden abgeblühte Triebspitzen vorsichtig zurückgeschnitten. Der Rhododendron darf im Winter nicht austrocknen und muss in frostfreien Perioden gegossen werden.

Gestaltung Die beliebten Klassiker können einzeln, werden aber meist in Gruppen gepflanzt. Sie passen in kleine und große Gärten sowie Parkanlagen. Auch eine Kübel- und Topfkultur ist möglich. Die tolle Blüte, aber auch die immergrünen Blätter machen diese Pflanze zu einem attraktiven Gartengehölz.

Sorten und Arten Viele Sorten werden mittlerweile auf kalktolerante Unterlagen veredelt. Daher kommen diese Pflanzen auch gut auf ungünstigeren Gartenböden zu Recht. Sie werden im Handel als Inkarho®-Rhododendron angeboten. Es gibt unzählige Sorten, die in verschiedene „Gruppen" eingeteilt werden, zum Beispiel die *Yakushimanum*-Hybriden, *Willi-*

BLÜTENFARBE

 auch mehrfarbig

BLÜTEZEIT

| Jan | Feb | März | April | Mai | Juni | Juli | Aug | Sept | Okt | Nov | Dez |

Zur Blütezeit ist der Rhododendron an Pracht fast nicht zu schlagen.

Rhododendron luteum 'Friesia'

Rhododendron catawbiense 'Boursault'

Rhododendron in Rosa mit Orange

Rhododendron in Lila

amsianum-Hybriden und die *Repens*-Hybriden (Zwergform). Zwergformen sind auch *R. impeditum*, *R. camtschaticum*, *R. minus* und andere. Außerdem sind die Pontische Azalee (*R. luteum*), *R. catawbiense* und *R. occidentale* zu nennen. Es gibt daneben viele Wildarten und Formen, zum Beispiel die Echte Alpenrose (*R. ferrugineum*), *R. fortunei*, *R. insigne* und *R. smirnowii*. Eine weitere Gruppe sind die unter Japanische Azaleen oder Knap-Hill-Azaleen im Handel verkauften Pflanzen.

Rhododendron occidentale 'Jack Brydon'

Essigbaum, Sorte 'Dissecta', mit auffälligem, rotem Fruchtstand

Essigbaum
Rhus typhina

Höhe
4–6 m

Aussehen Die auffälligen Laubgehölze wachsen breit aufrecht, treiben Ausläufer und sind im Alter oft breiter als hoch.

Pflege Der hübsche Baum bevorzugt sandig-kiesige bis sandig-lehmige, durchlässige, trockene bis frische Gartenböden. Er kommt mit niedrigen bis hohen Nährstoffgehalten im Erdreich zu Recht. Staunässe wird nicht vertragen, aber das Stadtklima. Den Essigbaum schneidet man nicht. Er kann durch zahlreiche Wurzelausläufer leicht lästig werden. Sie sollten deshalb in regelmäßigen Abständen entfernt werden.

Gestaltung Essigbäume brauchen einen Einzelplatz, um voll zur Geltung zu kommen. Sie passen in große Gärten und Parkanlagen. Die ungewöhnlichen, roten Fruchtstände und die orangerote Herbstfärbung sind besonders auffällig, aber auch der Wuchs und die gefiederten Blätter.

Sorte Die Sorte 'Dissecta', der Geschlitztblättrige Essigbaum, hat – wie der deutsche Name schon andeutet – farnartig fein geschlitzte Blätter.

Anderer deutscher Name Hirschkolben-Sumach

BLÜTENFARBE

Blüten- und Fruchtschmuck

BLÜTEZEIT

| Jan | Feb | März | April | Mai | Juni | Juli | Aug | Sept | Okt | Nov | Dez |

Blüte von der
Blut-Johannisbeere

Blut-Johannisbeere 'Atrorubens'

Rosa Sorte 'Carnea'

Blut-Johannisbeere
Ribes sanguineum

Höhe
1,5–2 m

Aussehen Der beliebte Blütenstrauch wächst locker aufrecht und langsam.

Pflege Blut-Johannisbeeren sind anpassungsfähig, bevorzugen aber durchlässige, frische bis feuchte Gartenböden, die einen mittleren Nährstoffgehalt aufweisen. Der Wasserbedarf ist mittel bis hoch, Trockenheit wird eher schlecht vertragen. Die Sträucher werden alle zwei bis drei Jahre ausgelichtet, das fördert die Blütenfülle. Hierbei werden die alten Blütenäste bis auf 10 cm lange Stummel ebenerdig entfernt.

Gestaltung Die robusten Gartengehölze können einzeln oder in Gruppen gesetzt werden. Sie eignen sich für Blütenhecken.

Sorten und Arten Die Sorte 'King Edward VII' ist schwächer im Wuchs, hat aber größere Blütentrauben. 'Atrorubens' blüht rot in bis zu 6 cm langen Trauben. 'Koja' besitzt dunkelrote Blüten. 'Pulborough Scarlet' blüht tiefrot mit weißer Mitte. Die Alpen-Johannisbeere (*R. alpinum*) ist ein Wildgehölz für sonnige bis schattige Plätze. Die Gold-Johannisbeere (*R. aureum*) blüht gelb und duftend von April bis Mai. Die roten und schwarzen Johannisbeeren gehören auch zur Gattung Ribes.

BLÜTENFARBE

BLÜTEZEIT

| Jan | Feb | März | April | Mai | Juni | Juli | Aug | Sept | Okt | Nov | Dez |

Blütentrauben der Robinie

Robinie
Robinia pseudoacacia

   Höhe 20–25 m

Aussehen Das mächtige Laubgehölz wächst rundlich und lockerkronig bis schirmförmig.
Pflege Der hohe Baum bevorzugt durchlässige, mäßig trockene bis frische Gartenböden, die einen hohen Nährstoffgehalt aufweisen. Er liebt warme Plätze und verträgt Hitze und das Klima in Städten.
Gestaltung Robinien brauchen einen Einzelplatz und passen nur in große Gärten oder Parkanlagen. Die Bäume treiben eher spät aus und die Blätter verfärben sich im Herbst gelblich. Robinien sind Bienenweide und Vogelnährgehölz, aber auch giftig.

Rinde der Robinie

Sorten Weitere empfehlenswerte Sorten sind die Gold-Robinie 'Frisia', deren Blätter goldgelb sind, im Sommer zitronengelb. Die Korkenzieher-Robinie 'Tortuosa' wird 8 bis 12 m hoch und entwickelt korkenzieherartig gedrehte Zweige und Triebe. Die Kugel-Robinie 'Umbraculifera' wird 5 bis 6 m hoch, hat eine dichte, kugelrunde Krone und verträgt einen radikalen Rückschnitt.
Anderer deutscher Name Scheinakazie

BLÜTENFARBE

 in hängenden Trauben, stark duftend

BLÜTEZEIT

| Jan | Feb | März | April | **Mai** | **Juni** | Juli | Aug | Sept | Okt | Nov | Dez |

Sal-Weide im Frühling

Sal-Weide
Salix caprea

      Höhe 5–8 m

Weibliche Blüten der Sal-Weide

Aussehen Das bekannte Laubgehölz wächst breit aufrecht und schnell.

Pflege Diese Weiden-Art liebt sandig-lehmige, mäßig trockene bis nasse Gartenböden. Ein starker Rückschnitt nach der Blüte fördert Buschigkeit und Blütenreichtum.

Gestaltung Der große, einheimische Strauch kann einzeln oder in Gruppen und Hecken gepflanzt werden. Er passt in große Gärten und Parks. Schön und ungewöhnlich ist bei den Weiden der Blütenschmuck. Es gibt männliche und weibliche Pflanzen. Für eine attraktive Blüte sind die männlichen zu bevorzugen.

Sorten und Arten Die männliche Kätzchenweide 'Mas' gefällt durch ihre großen Blütenkätzchen. Die Hänge-Kätzchen-Weide 'Pendula' wächst überhängend. Die Korkenzieher-Weide (*S. matsudana* 'Tortuosa') hat korkenzieherartig gedrehte Zweige, die Silber-Weide, *S. alba*, kommt oft wild vor. Die Hänge-Weide (*S. alba* 'Tristis Resistenta') besticht durch ihre Trauerform. Bekannt sind auch Öhrchen-Weide (*S. aurita*) und Korb-Weide (*S. viminalis*).

BLÜTENFARBE

 männlich weiblich

BLÜTEZEIT

| Jan | Feb | **März** | **April** | Mai | Juni | Juli | Aug | Sept | Okt | Nov | Dez |

Blätter des Schwarzen Holunders

Der Schwarze Holunder kommt vielerorts auch wild vor.

Früchte des Schwarzen Holunders

Schwarzer Holunder, Holler
Sambucus nigra

        Höhe 5–7 m

Aussehen Dieser Blüten- und Fruchtschmuckstrauch wächst breit aufrecht bis breit schirmförmig.

Pflege Der bekannte Strauch ist anpassungsfähig, bevorzugt aber mäßig trockene bis feuchte Gartenböden mit mittlerem bis hohem Nährstoffgehalt. Unerwünschte Äste werden im Spätwinter entfernt und alle vier bis fünf Jahre ist ein stärkerer Rückschnitt empfehlenswert. Der Schwarze Holunder verträgt das Stadtklima, Wind und Trockenperioden.

Gestaltung Der Holler ist ein einheimisches Gehölz, das zur Blütezeit gerne von Bienen, Hummel und anderen besucht wird. Er passt in mittlere und große Gärten und man sieht ihn wild wachsend an Straßenrändern und in der freien Natur. Die Pflanze wird einzeln oder in Gruppen gesetzt. Und auch in frei wachsenden Hecken wird sie gerne verwendet. Der Schwarze Holunder ist Vogelschutzgehölz und alte Heilpflanze. Seine schwarzen Früchte sind zierend und roh nicht genießbar!

Weitere Art Trauben-Holunder (*S. racemosa*) entwickelt schöne rote, aber giftige Früchte und wird 2 bis 4 m hoch.

Andere Namen Holunder, Fliederbeere

BLÜTENFARBE

   Blüten- und Fruchtschmuck

BLÜTEZEIT

| Jan | Feb | März | April | Mai | **Juni** | Juli | Aug | Sept | Okt | Nov | Dez |

Japanische Skimmie

Japanische Skimmie
Skimmia japonica

   Höhe
0,6–1 m

Aussehen Der kleine Zierstrauch wächst breit buschig und langsam mit vielen Trieben.
Pflege Geben Sie der Japanischen Skimmie durchlässige, humose, frische bis feuchte Gartenböden mit mittlerem Nährstoffgehalt. Da die Japanische Skimmie zweihäusig ist, braucht man männliche und weibliche Pflanzen, damit sich Früchte entwickeln. Fünf weibliche Pflanzen brauchen eine männliche. Wählen Sie einen geschützten Platz.
Gestaltung Diese Skimmien-Art wird einzeln oder in Gruppen angepflanzt. Auch zur Gestaltung von Gräbern kann man sie verwenden.

Sorte 'Rubella' mit rosa Blütenknospen

Kübel- und Topfkultur ist möglich. Die Blüten im Frühjahr, die roten Früchte, die oft den Winter über am Strauch bleiben, und die immergrünen Blätter machen diese Pflanze für Gärten so attraktiv.
Sorte und Art Der Wuchs der Duft-Skimmie 'Rubella' ist kompakter. Es handelt sich um eine männliche Pflanze, die sich den Winter über mit rosa Blütenknospen ziert. Die Blüten sind weiß und duftend. Die Art *S. reevesiana* ist ein Zwergstrauch, der bis 50 cm hoch wächst.

BLÜTENFARBE

 Blüten- und Fruchtschmuck

BLÜTEZEIT

| Jan | Feb | März | April | **Mai** | **Juni** | Juli | Aug | Sept | Okt | Nov | Dez |

Fruchtschmuck der Eberesche

Eberesche, Vogelbeere
Sorbus aucuparia

    Höhe bis 12 m

Blüte vom Speierling

Aussehen Das Blüten- und Fruchtschmuckgehölz bildet oft mehrere Stämme, hat aber manchmal auch nur einen. Insgesamt wächst es aufrecht, im Alter leicht überhängend.

Pflege Ebereschen sind anpassungsfähig, bevorzugen aber durchlässige, frische bis feuchte Gartenböden mit mittlerem Nährstoffgehalt. Unerwünschte Äste kann man im Spätwinter an frostfreien Tagen herausschneiden. Staunässe und sommerliche Trockenperioden werden schlecht vertragen.

Gestaltung Die Vogelbeere ist ein einheimisches Vogelschutzgehölz, das als attraktiver Hausbaum verwendet werden kann. Sie wächst aber auch gerne an Gehölzrändern. Die Blüten und der Fruchtschmuck sind die auffälligsten Merkmale. Außerdem ist die Herbstfärbung der Blätter in Gelb bis Orangerot schön.

Sorten und Art Die Mährische Eberesche 'Edulis' besitzt dicke, korallenrote Früchte ab August. Ihr Wuchs ist aufrecht, pyramidal bis 15 m hoch. Der Wuchs der Säulen-Eberesche 'Fastigiata' ist streng aufrecht bis schmal kegelförmig. Ihre Blätter sind größer und die Beeren leuchtend rot. Der Speierling (*S. domestica*) ist ein einheimisches Wildgehölz.

BLÜTENFARBE

 Blüten- und Fruchtschmuck

BLÜTEZEIT

| Jan | Feb | März | April | Mai | Juni | Juli | Aug | Sept | Okt | Nov | Dez |

S. *japonica* 'Magic Carpet'
im Knospenstadium

Die Japanische Spiere 'Anthony Waterer', Nahaufnahme

Schnee-Spiere, S. × *arguta*

Japanische Spiere
Spiraea japonica 'Anthony Waterer'

    Höhe 60–80 cm

Aussehen Das viel verwendete und unkomplizierte Ziergehölz wächst halbkugelig, dicht verzweigt und langsam.

Pflege Japanische Spieren möchten einen Platz in durchlässiger, sandig-lehmiger, frischer bis feuchter Gartenerde mit mittlerem Nährstoffgehalt. Alle Spieren sind schnittverträglich, aber der Schnittzeitpunkt ist von Art zu Art unterschiedlich. Das Gehölz ist pflegeleicht und auch für Anfänger geeignet.

Gestaltung Die Pflanzen werden gerne in frei wachsenden Hecken verwendet. Aber auch einzeln in Staudenrabatten oder in Gruppen in Gehölzpflanzungen sehen sie gut aus. Sommerspieren passen in kleine und große Gärten, in Parkanlagen und Straßenpflanzungen.

Weitere Arten Die Weiße Polster-Spiere (S. *decumbens*) ist ein bis 25 cm hohes Zwerggehölz, das im Juni weiß blüht. Die Frühlings-Spiere (S. *thunbergii*) wird 1 bis 1,5 m hoch und blüht weiß von April bis Mai. Die Pracht-Spiere (S. × *vanhouttei*) schmückt sich im Mai bis Juni überreich mit hübschen, weißen Blüten. Die Schnee-Spiere (S. × *arguta*) ist ein anmutiges, langsam wachsendes Blütengehölz, dessen weiße Blüten streng riechen.

BLÜTENFARBE

BLÜTEZEIT

| Jan | Feb | März | April | Mai | **Juni** | **Juli** | **Aug** | **Sept** | Okt | Nov | Dez |

Dekorative Früchte der Gemeinen Schneebeere

Schneebeere
Symphoricarpos × doorenbosii 'Amethyst'

Höhe
0,8–1,5 m

S. × doorenbosii 'Amethyst'

Aussehen Das gerne verwendete Laubgehölz, das man auch oft in Stadtzentren antrifft, wächst aufrecht strauchförmig bis überhängend und bildet Ausläufer.

Pflege Schneebeeren sind anpassungsfähig, lieben jedoch durchlässige, mäßig trockene bis feuchte Gartenböden, die einen hohen Nährstoffgehalt aufweisen. Sie sind sehr schnittverträglich, pflegeleicht und auch für Anfänger gut geeignet.

Gestaltung Dieses eher klein bleibende Gehölz wird zur Flächenbegrünung und als Heckenpflanze verwendet. Es passt in kleine und große Gärten sowie in Parkanlagen. Die Blüten erscheinen von Juni bis Juli in Weiß bis Hellrosa. Besonders schön ist der auffällige Beerenschmuck in Weiß bis Lilarosa.

Sorten und Arten 'Magic Berry' ist eine rosa blühende Sorte mit schönen, magentaroten Früchten.
'White Hegde' ist eine besonders reich fruchtende Sorte mit großen, weißen Früchten.
Die Purpurbeere (*Symphoricarpos × chenaultii*) blüht im Juni/Juli in Rosa und besitzt rötlich weiße Früchte.

BLÜTENFARBE

 Fruchtschmuck

BLÜTEZEIT

| Jan | Feb | März | April | Mai | **Juni** | **Juli** | Aug | Sept | Okt | Nov | Dez |

Rosa blühende Sorte

Die dunkel purpurroten Blüten der Sorte 'Andenken an Ludwig Späth'

Weiß blühende Sorte

Gewöhnlicher Flieder
Syringa-Vulgaris-Hybriden

☼	☽	●	●●	Höhe 4–6 m

Aussehen Das beliebte Blütengehölz wächst aufrecht strauchförmig und bildet Ausläufer.
Pflege Dieses Duftgehölz liebt durchlässige, sandig-lehmige, humose, kalkhaltige, mäßig trockene bis frische Gartenböden mit hohem Nährstoffgehalt. Es treibt viele Ausläufer, die man regelmäßig entfernen sollte. Insgesamt ist die Pflanze pflegeleicht und kann von Anfängern gut gepflegt werden.
Gestaltung Der Gewöhnliche Flieder wird einzeln oder in Gruppen beziehungsweise in frei wachsenden Hecken gepflanzt. Er passt auch in kleine Gärten und verzaubert zur Blü-

tezeit mit seinem Blütenschmuck und dem wunderbaren Duft.
Sorten und Art Einige Sorten sind 'Andenken an Ludwig Späth' mit ungefüllten, dunkel purpurroten Blütentrauben und 'Charles Joly' mit gefüllten, purpurroten Blüten. 'Katherine Havemeyer' blüht halb bis dicht gefüllt in Kobaltlila, 'Mme. Lemoine' ist gefüllt und weiß, 'Primrose' hellgelb. Der Chinesische Flieder (*S. × chinensis*) ist der beschriebenen Art sowohl im Aussehen als auch in der Verwendung ähnlich.
Andere deutsche Namen Flieder, Gemeiner Flieder

BLÜTENFARBE

    stark duftend

BLÜTEZEIT

Jan	Feb	März	April	Mai	Juni	Juli	Aug	Sept	Okt	Nov	Dez

Überreiche Blüte der Winter-Linde

Winter-Linde
Tilia cordata

    Höhe
18–25 m

Aussehen Der eindrucksvolle Baum wächst breit kegelförmig bis hochgewölbt rundlich und wird hoch.

Pflege Durchlässige, sandig-lehmige, mäßig trockene bis frische Gartenböden, die einen hohen Nährstoffgehalt aufweisen, sind der richtige Standort für dieses hohe Gehölz. Winter-Linden sind große Bäume und für kleine Gärten ungeeignet. Sie lieben warme Plätze und sind stadtklima- und windverträglich.

Gestaltung Winter-Linden brauchen einen Einzelplatz in Parks oder großen Gärten, um zur Geltung zu kommen. Zur Blütezeit werden sie gerne von Tausenden von Bienen besucht. Die Blüten, die von Juni bis Juli zahlreich erscheinen, duften sehr stark und leider gibt es viele Menschen, die allergisch reagieren. Ein Baumalter von über 1.000 Jahren kann erreicht werden. Die Lindenblüten werden für Heilzwecke verwendet.

Weitere Arten Die Sommer-Linde (*T. platyphyllos*) ist der Winter-Linde in Verwendung, Pflege und Aussehen sehr ähnlich. Außerdem sieht man immer einmal wieder die Silber-Linde (*T. tomentosa*) und die Holländische Linde (*T. × europaea*).

BLÜTENFARBE

 duftend

BLÜTEZEIT

| Jan | Feb | März | April | Mai | **Juni** | **Juli** | Aug | Sept | Okt | Nov | Dez |

Berg-Ulme 'Pendula'

Berg-Ulme
Ulmus glabra

   | Höhe 25–40 m

Früchte der Feld-Ulme, *U. carpinifolia*

Aussehen Der bekannte Laubbaum wächst kegelförmig bis rundkronig, breit ausladend und stark.

Pflege Berg-Ulmen bevorzugen lehmige bis tonige, frische bis feuchte Gartenböden, die einen hohen Nährstoffgehalt aufweisen. Unerwünschte Äste kann man im Spätwinter an frostfreien Tagen herausschneiden. Leider hat die Holländische Ulmenkrankheit, die immer wieder in Schüben auftritt, viele der alten Bäume vernichtet.

Gestaltung Diese Ulmen-Art ist ein einheimisches Laubgehölz, das wegen des Wuchses nur für große Gärten und Parkanlagen geeignet ist. Sie braucht einen Einzelplatz und kommt auch oft in der freien Natur vor. Zur Blütezeit werden die Bäume gerne von Bienen besucht.

Arten und Sorten Die Feld-Ulme (*Ulmus carpinifolia*) wird bis zu 25 m hoch. Ihre Sorten 'Wredei' und 'Columella' bleiben mit 8 bis 10 beziehungsweise 10 bis 12 m deutlich niedriger. Die *Ulmus Resista*-Ulme 'Regal' hat die beste Widerstandsfähigkeit gegen die gefährliche Ulmenkrankheit.

BLÜTENFARBE

BLÜTEZEIT

| Jan | Feb | **März** | **April** | Mai | Juni | Juli | Aug | Sept | Okt | Nov | Dez |

V. rhytidophyllum

Die Blüten vom Gemeinen Schneeball, Sorte 'Roseum'

Fruchtschmuck des Gemeinen Schneeballs

Gemeiner Schneeball, Wasser-Schneeball
Viburnum opulus

Höhe
3–4 m

Aussehen Der beliebte Zierstrauch wächst aufrecht bis breit ausladend.

Pflege Dieses auffällige Gehölz steht gerne in tiefgründigen, lehmigen, frischen und nassen Gartenböden mit hohem Nährstoffgehalt. Wählen Sie keine zu trockenen Standorte. Die Pflanze kann unter sommerlicher Hitze und Trockenheit leiden.

Gestaltung Der Gemeine Schneeball wird einzeln oder in Gruppen gesetzt und als Heckenpflanze verwendet. Auffällig sind die großen „Blütenteller" und die leuchtend roten Früchte, die giftig sind. Das Vogelnährgehölz wird zur Blütezeit gerne von zahlreichen Bienen besucht.

Sorte und Arten Die Blüten des Gefüllten Schneeballs 'Roseum' sind kugelförmig. Der Immergrüne Schneeball (*V. burkwoodii*) ist immer- bis wintergrün und erreicht eine Höhe von 3 m. Die Blüten sind rosaweiß und duften stark. Der Immergrüne Kissen-Schneeball (*V. davidii*) wächst langsam bis zu einer Höhe von 80 cm. Der Immergrüne Chinesische Schneeball (*V. rhytidophyllum*) wird oft gepflanzt, besitzt aber unangenehm riechende Blüten.

Anderer deutscher Name Wasserholder

BLÜTENFARBE

Blüten- und Fruchtschmuck

BLÜTEZEIT

| Jan | Feb | März | April | Mai | Juni | Juli | Aug | Sept | Okt | Nov | Dez |

Kleinblättriges Immergrün

Sorte 'Rubra'

Das Großblättrige Immergrün, *V. major* 'Variegata'

Kleinblättriges Immergrün
Vinca minor

     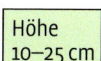

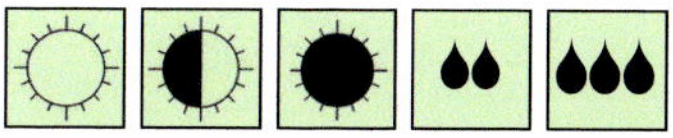

Höhe
10–25 cm

Aussehen Dieser kleine, immergrüne Bodendecker wächst kriechend bis mattenbildend und schnell.

Pflege Das Kleinblättrige Immergrün bevorzugt durchlässige, humose, frische bis feuchte Gartenböden mit hohem Nährstoffgehalt. Es verträgt das Stadtklima gut. Insgesamt ist die Pflanze pflegeleicht und unkompliziert.

Gestaltung Das niedrige Gehölz wird zur Bodenbegrünung und als Einfassungspflanze verwendet. Es eignet sich auch für die Gestaltung von Gräbern und kommt an schattigen Plätzen gut zu Recht. Eine Kübel-, Kasten- oder Topfkultur ist möglich. Man pflanzt immer Gruppen, nie Einzelexemplare. Die hübschen, zahlreichen Blüten von April bis Mai und die immergrünen Blätter machen das Kleinblättrige Immergrün zu einer sehr attraktiven Gartenpflanze.

Sorten und Art Die Sorte 'Alba' trägt weiße Blüten, 'Marie' blaue und 'Rubra' rote. Das Großblättrige Immergrün (*V. major*) wird etwas höher als die beschriebene Art. Die Blüten und Blätter sind größer.

Andere deutsche Namen Singrün, Immergrün

BLÜTENFARBE

BLÜTEZEIT

| Jan | Feb | März | April | Mai | Juni | Juli | Aug | Sept | Okt | Nov | Dez |

Weigela florida 'Minuet'

Rosa blühende Weigelien-Sorte

Karminrote Sorte

Weigelie
Weigela florida und *Weigela* in Sorten

☀	◐	💧💧	💧💧💧	Höhe 1–3 m

Aussehen Der Blütenstrauch wächst rundlich bis leicht überhängend und schnell.

Pflege Geben Sie diesem pflegeleichten Strauch einen Platz in durchlässiger, frischer bis feuchter Gartenerde mit mittlerem bis hohem Nährstoffgehalt. Die Pflanzen lichtet man alle zwei bis drei Jahre aus, das heißt, alte Blütenäste werden ebenerdig entfernt.

Gestaltung Weigelien bestechen durch ihren schönen Blütenschmuck. Sie wachsen auch an Schattenplätzen, dann entwickeln sie jedoch weniger Blüten. Sie können das Gehölz einzeln, in Gruppen oder als Hecke setzen.

Sorten Die Sorte 'Nana Variegata' erreicht eine Höhe von 1,5 m und hat weißbuntes Laub sowie weißrosa bis malvenrosa Blüten. Ihre Blütezeit liegt im Mai, Juni und Juli. 'Newport Red' ist mit einer Höhe bis 3 m höher. Ihre Blüten sind karminrot bis violettrot und die Einzelblüten erreichen eine Größe von etwa 3 cm. Die Blütezeit liegt im Juni bis Juli.

'Bristol Ruby' ist eine karminrote, 'Minuet' eine dunkelrosa Sorte. 'Snowflake' blüht weiß, 'Eva Rathke' karminrot. 'Red Prince' gefällt durch seinen kompakten Wuchs und die leuchtend roten Blüten.

BLÜTENFARBE

BLÜTEZEIT

Jan	Feb	März	April	*Mai*	*Juni*	Juli	Aug	Sept	Okt	Nov	Dez

Nadelgehölze

Abies pinsapo

A. nordmanniana

Die wunderschönen „Zapfennester" der Korea-Tanne

A. procera 'Prostrata'

Korea-Tanne
Abies koreana

   Höhe 5 bis 10 m
Fortgeschrittene

Aussehen Das Gehölz wächst als Sämling aufrecht, symmetrisch kegelfömig. Die Veredelungen entwickeln sich unregelmässig breit aufrecht und malerisch.

Pflege Die anspruchsvollen Korea-Tannen bevorzugen durchlässige, humose, sandig-lehmige, frische bis feuchte Gartenböden mit mittlerem Nährstoffgehalt. Die Erde darf nicht zu trocken sein. In Hitzeperioden wässern.

Gestaltung Das Nadelgehölz ist mit den dekorativen Zapfen, die aufrecht wie in kleinen Nestern zusammenstehen, ein echter Blickfang. Veredelungen zeichnen sich durch früh

ansetzende, violettblaue Zapfen aus. Sämlinge tragen erst nach fünf bis sechs Jahren. Das Gehölz bekommt einen Einzelplatz.

Sorten und Arten 'Blauer Pfiff' besitzt blaugrüne Nadeln, 'Compact Dwarf' wächst erst flach, im Alter aufrechter. 'Silberlocke' hat stark gedrehte Nadeln. Die Zwerg-Balsam-Tanne (*A. balsamea* 'Nana') ist eine flachkugelige, bis 1 m hohe Zwergtanne. Die Zwerg-Kork-Tanne (*A. lasiocarpa* 'Compacta') wird bis 3 m hoch, die Edel-Tanne (*A. procera* 'Glauca') bis 20 m und die Nordmanns-Tanne (*A. nordmanniana*) bis 30 m.

ZAPFEN
violettblau, überreich

BLÜTEZEIT

Jan	Feb	März	April	Mai	Juni	Juli	Aug	Sept	Okt	Nov	Dez

Der ungewöhnliche Blattschmuck der Chilenischen Schmucktanne

Chilenische Schmucktanne
Araucaria araucana

   Höhe 10–15 m
Fortgeschrittene

Aussehen Das Nadelgehölz wächst kegelförmig und langsam. Die Äste hängen bis zum Boden herab, was sehr attraktiv aussieht.
Pflege Araukarien bevorzugen tiefgründige, durchlässige, saure bis neutrale, durchlässige, mäßig trockene bis frische Gartenböden mit mittlerem bis hohem Nährstoffgehalt. Die Araukarie verträgt Hitze, Wind und Stadtklima. Sie ist allerdings nicht sicher frosthart. Der Baum liebt luftfeuchte Plätze und sollte einen Schutz vor der Wintersonne bekommen. Er ist anspruchsvoll und für Anfänger nur wenig geeignet.

Araukarie

Gestaltung Chilenische Schmucktannen bestechen durch ihren ungewöhnlichen Wuchs und die interessanten Nadeln. Sie brauchen Einzelplätze in großen Gärten oder Parks.
Andere deutsche Namen Araukarie, Andentanne

ZAPFEN

braun, kugelig, bis 15 cm dick

BLÜTEZEIT

| Jan | Feb | März | April | **Mai** | **Juni** | Juli | Aug | Sept | Okt | Nov | Dez |

Die Sorte 'Glauca Pendula' der Blauen Altas-Zeder

Blaue Atlas-Zeder
Cedrus atlantica 'Glauca'

   Höhe 20–25 m

Aussehen Das bekannte Nadelgehölz wächst breit kegelförmig (Jugend) bis ausladend (Alter) und schnell.

Pflege Blaue Atlas-Zedern bevorzugen durchlässige, nährstoffreiche, kalkhaltige, humose, sandig-lehmige, mäßig trockene bis frische Gartenböden mit mittlerem bis hohem Nährstoffgehalt. Sie vertragen Hitze und sommerliche Lufttrockenheit.

Gestaltung Dieses schöne Nadelgehölz braucht einen Einzelplatz in großen Gärten oder Parkanlagen. Schön sind die auffälligen tonnenförmigen Zapfen.

C. atlantica 'Glauca'

Sorten und Art 'Aurea', die Gold-Zeder, ist eine schöne Sorte, deren Nadeln im Austrieb goldgelb sind und sich später gelblich grün verfärben. 'Glauca Pendula', die Hänge-Blau-Zeder, ist eine schöne Hängeform. 'Glauca Pyramidalis' wächst säulenformig bis schlank kegelförmig. Die Himalaja-Zeder (*C. deodara*) ist bei uns nicht sicher frosthart.

ZAPFEN

tonnenförmig, erst im zweiten oder dritten Jahr reif

BLÜTEZEIT

| Jan | Feb | März | **April** | **Mai** | Juni | Juli | Aug | Sept | Okt | Nov | Dez |

Kopfeibe

Kopfeibe
Cephalotaxus harringtonia
'Fastigiata'

   Höhe 2–3 m
Fortgeschrittene

Aussehen Das dankbare Nadelgehölz wächst säulen- bis trichterförmig und langsam. Die Zweige weisen straff nach oben.
Pflege Kopfeiben bevorzugen durchlässige, sandig-humose und frische Gartenböden, die einen mittleren Nährstoffgehalt aufweisen. In der Jugend ist die Pflanze etwas frostempfindlich. Wählen Sie milde und geschützte Lagen, die luftfeucht sind.
Gestaltung Das eher klein bleibende Nadelgehölz fällt besonders durch den aufrechten Wuchs der Triebe auf. Es kann einzeln oder in Gruppen gepflanzt werden und lässt sich auch in großen Kübeln ziehen. Die dunkelgrünen Nadeln sind mit bis zu 6,5 cm relativ lang und besonders dekorativ.

Die Kopfeibe mit ihren aufstrebenden Trieben

ZAPFEN

tonnenförmig, Reife erst nach zwei oder drei Jahren

BLÜTEZEIT

| Jan | Feb | März | **April** | **Mai** | Juni | Juli | Aug | Sept | Okt | Nov | Dez |

Scheinzypresse

C. lawsoniana 'Lane'

C. obtusa 'Nana Gracilis'

Scheinzypresse
Chamaecyparis lawsoniana

    Höhe 1–15 m

Aussehen Das bekannte Nadelgehölz wächst schmal säulenförmig bis kegelförmig.

Pflege Die schnittverträglichen Scheinzypressen bevorzugen durchlässige, frische bis feuchte Gartenböden mit hohem Nährstoffgehalt. Windgeschützte, luftfeuchte Lagen sind vorteilhaft. Im Winter sollte während frostfreier Perioden ab und zu gewässert werden.

Gestaltung Die Möglichkeiten der Gestaltung sind vielfältig, weil es zahlreiche Sorten mit unterschiedlichen Größen und Wuchsformen gibt. Das Gehölz kann einzeln oder in Gruppen wachsen. Schön ist es in Gehölzpflanzungen oder Staudenrabatten. Einige Sorten eignen sich für Gräber, andere für Hecken.

Sorten und Arten Sorten sind zum Beispiel 'Ellwoodii' mit stahlblauen Nadeln, 'Ellwood's Gold' mit goldgelben und 'Lane' mit gold- bis grüngelben. Die Nootkazypresse (*C. nootkatensis*) mit bekannten Sorten wie 'Glauca' und 'Pendula' wird 10 bis 15 m hoch. Die Sorten 'Nana Gracilis', 'Pygmaea' und 'Kosteri' sind Zwergformen von *C. obtusa*. *C. pisifera* 'Filifera Aurea Nana' und 'Filifera Nana' werden gut doppelt so breit wie hoch und bleiben mit 1,5 bis 2 m eher klein.

ZAPFEN
rötlich, kleiner als 1 cm, zahlreich

BLÜTEZEIT

Jan	Feb	März	April	Mai	Juni	Juli	Aug	Sept	Okt	Nov	Dez

Sicheltanne mit Zapfen

Sicheltanne
Cryptomeria japonica

 Höhe 10–15 m
Fortgeschrittene

Nahaufnahme der Sicheltanne

Aussehen Das bekannte Nadelgehölz wächst in der Jugend schmal, im Alter entwickelt es sich breit kegelförmig.

Pflege Sicheltannen bevorzugen tiefgründige, saure, durchlässige, sandig-lehmige, frische bis feuchte Gartenböden, die einen mittleren Nährstoffgehalt aufweisen. Wählen Sie einen geschützten Platz mit hoher Luftfeuchtigkeit. Sorgen Sie für genügend Bodenfeuchtigkeit. Die anspruchsvollen Gehölze brauchen einen wintermilden Platz und müssen vor der Wintersonne geschützt werden, weil sie nur mäßig frosthart sind.

Gestaltung Dieses Nadelgehölz und seine hohen Sorten bekommen einen Einzelplatz. Schön ist die Rinde, weil sich die weiche Borke fasrig ablöst.

Einige Sorten Schöne Formen sind 'Compacta', deren Wuchs dichter und gedrungener ist als der der Art. Die Hahnenkamm-Sicheltanne 'Cristata' wächst gedrungen und breit kegelförmig mit frischgrünen Nadeln. 'Elegans Viridis' erreicht eine Höhe von 4 bis 7 m und besitzt bläulich grüne Nadeln.

ZAPFEN

kegelförmig, 1 bis 3 cm dick

BLÜTEZEIT

| Jan | Feb | **März** | **April** | Mai | Juni | Juli | Aug | Sept | Okt | Nov | Dez |

Ginkgo

Männliche Blüte des Ginkgos

Früchte des Ginkgos

Ginkgo
Ginkgo biloba

Höhe
15–30 m

Aussehen Das langsam wachsende Gehölz hat eine sehr variable Gestalt. Sie kann kegelförmig oder unregelmäßig ausladend sein.

Pflege Ginkgos sind anpassungsfähig, bevorzugen aber durchlässige, humose, frische bis feuchte Gartenböden mit mittlerem Nährstoffgehalt. Sie lieben einen warmen Platz. Stadtklima und Hitze werden vertragen. Bei uns ist das Gehölz sehr gesund. Zum Fruchtansatz braucht man weibliche und männliche Bäume.

Gestaltung Fächerblattbäume verlangen einen Einzelplatz. Sie passen in große Gärten und Parkanlagen. Schön ist das „urtümliche"

Laub und die leuchtend gelbe Herbstfärbung. Am besten man setzt den Baum vor Wände und Mauern, auch in Innenhöfe, weil es hier wärmer ist als in übrigen Gartenteilen. Die Früchte der (weiblichen) Pflanzen riechen sehr streng. Jungpflanzen können nicht exakt nach den Geschlechtern getrennt werden.

Sorten Der Wuchs der Sorte 'Fastigiata' ist säulenförmig aufrecht, sie setzt keine Früchte an (männliche Form). 'Princeton Sentry' bleibt kleiner und erreicht eine Höhe bis 15 m. Sie hat ebenfalls keine Früchte (männliche Form).

Anderer deutscher Name Fächerblattbaum

BLÜTEN

zweihäusig, männliche Kätzchen, weibliche sind einzeln und lang gestielt

BLÜTEZEIT

Jan	Feb	März	**April**	**Mai**	Juni	Juli	Aug	Sept	Okt	Nov	Dez

Früchte von
J. chinensis 'Keteleeri'

J. horizontalis 'Golden Carpet' (gelb) und 'Glauca'

Gewöhnlicher Wacholder

Teppich-Wacholder
Juniperus horizontalis

    Höhe 20–40 cm

Aussehen Das Nadelgehölz wächst langsam, flach und flächig.

Pflege Der Teppich-Wacholder ist anpassungsfähig, bevorzugt aber durchlässige, humose, sandig-lehmige, trockene bis frische Gartenböden mit niedrigem bis mittlerem Nährstoffgehalt. Er ist stadtklimatauglich, sehr frosthart und kommt mit sommerlichen Trockenperioden gut zu Recht.

Gestaltung Dieses Nadelgehölz wird als Bodendecker und zur Gestaltung von Gräbern verwendet. Es passt in Heide- und Japangärten und kann in Kübeln gepflegt werden. Außerdem eignet es sich für kleine und große Gärten.

Sorten und Arten 'Glauca' (Blauer Teppich-Wacholder) wird etwa 30 cm hoch und besitzt stahlblaue Nadeln. 'Golden Carpet' erreicht eine ähnliche Höhe und hat eine grüngelbe Benadelung. Die Art *J. chinensis* mit Sorten wie 'Blaauw', 'Obelisk' und 'Keteleeri' erreicht sortenabhängig Höhen von 30 cm bis 7 m. Der Gewöhnliche Wacholder (*J. communis*) ist ein unkompliziertes Gehölz, das 5 bis 8 m hoch wächst. Sorten, wie 'Green Carpet' (30 bis 70 cm), bleiben deutlich kleiner. Außerdem sind *J. squamata* und *J. virginiana* oft zu finden.

FRÜCHTE
kugelige, blaue Beeren

BLÜTEZEIT

Jan	Feb	März	April	Mai	Juni	Juli	Aug	Sept	Okt	Nov	Dez

Zwerghut-Fichte, *P. glauca* 'Conica'

Blau-Fichte 'Koster'

P. abies 'Little Gem'

Blau-Fichte
Picea pungens 'Koster'

Höhe
10–20 m

Aussehen Das bekannte Nadelgehölz wächst breit kegelförmig.

Pflege Blau-Fichten sind anspruchslos und anpassungsfähig, bevorzugen aber mäßig trockene bis frische Gartenböden mit mittlerem Nährstoffgehalt. Sie sind pflegeleicht.

Gestaltung Dieses hübsche Nadelgehölz bekommt einen Einzelplatz. Die leuchtend silberblauen Nadeln sind radial angeordnet und spitz stechend.

Sorten und Arten Schön sind zum Beispiel die Blaue Stech-Fichte 'Glauca' mit stahlblauen Nadeln und die Silber-Blau-Fichte 'Hoopsii' mit bläulich grauen bis silberblauen Nadeln. Die Gattung *Picea* hat viele Arten und Sorten, die leider nicht alle aufgeführt werden können. Die einheimische Fichte (*P. abies*) wird sehr hoch und ist für kleine Gärten ungeeignet. Es gibt aber auch Zwerg-Formen, wie 'Little Gem' mit einer Höhe von 30 bis 50 cm und die Nest-Fichte 'Nidiformis', die 1 bis 1,5 m hoch wächst. Die Zwerghut-Fichte (*P. glauca* 'Conica') wird etwa 4 m hoch und halb so breit. Die Blaue Igel-Fichte (*P. glauca* 'Echiniformis') erreicht 60 cm Höhe und etwa 1 m Breite und die Sorte 'Laurin' mit 0,3–0,5 m Höhe wächst zuckerhutartig.

ZAPFEN

hellbraun, länglich

BLÜTEZEIT

| Jan | Feb | März | April | Mai | Juni | Juli | Aug | Sept | Okt | Nov | Dez |

Schlangenhaut-Kiefer,
P. leucodermis

Pinus mugo var. *pumilio*, die Zwerg-Kiefer, im Austrieb

P. mugo 'Humpy'

Zwerg-Kiefer
Pinus mugo var. *pumilio*

      Höhe 1–1,5 m

Aussehen Das Nadelgehölz wächst langsam und kissenförmig mit dicht stehenden, aufsteigenden Zweigen.

Pflege Zwerg-Kiefern sind anpassungsfähig, bevorzugen aber durchlässige, mäßig trockene bis feuchte Gartenböden. Sie kommen auf den meisten Böden zu Recht, auch auf kargen. Weitere Pluspunkte sind Frosthärte, Trockenheitresistenz, Windfestigkeit und die Stadttauglichkeit.

Gestaltung Dieses schöne und unkomplizierte Zwerggehölz ist bestens für kleine Gärten geeignet. Es kann in Staudenrabatten oder Gehölzpflanzungen, in Steingärten oder im Kübel wirkungsvoll eingesetzt werden.

Sorten und Arten 'Gnom' (Höhe 2 bis 4 m) 'Humpy' (40 bis 80 cm hoch, 1 m breit) und 'Mops' (1,5 bis 2 m hoch) sind bekannte Sorten der Berg-Kiefer (*P. mugo*). Die Blaue Mädchen-Kiefer (*P. parviflora* 'Glauca') mit bis zu 10 m Höhe wird gerne gepflanzt. Die Schlangenhaut-Kiefer (*P. leucodermis*) ist eine pflegeleichte Art mit bis zu 15 m Höhe. Weitere Arten sind die Zirbel-Kiefer (*P. cembra*), die Weymouths-Kiefer (*P. strobus*) und Gewöhnliche Kiefer (*P. sylvestris*).

ZAPFEN

gelbbraun, dunkelbraun, ei- bis kegelförmig

BLÜTEZEIT

| Jan | Feb | März | **April** | **Mai** | Juni | Juli | Aug | Sept | Okt | Nov | Dez |

Nahaufnahme der Japanischen Schirmtanne

Japanische Schirmtanne
Sciadopitys verticillata

   8 bis 10 m, am Naturstandort bis 40 m, Fortgeschrittene

Aussehen Das bekannte Nadelgehölz wächst kegel- bis säulenförmig.

Pflege Japanische Schirmtannen bevorzugen saure bis neutrale (kalkempfindlich), durchlässige, lehmig-humose, frische bis feuchte Gartenböden, die einen hohen Nährstoffgehalt aufweisen. Sie sind anspruchsvoll und empfindlich gegenüber Bodentrockenheit. Geben Sie der Pflanze einen luftfeuchten und geschützten Platz ohne viel Wind.

Die Kegelform der Japanischen Schirmtanne

Gestaltung Dieser Nadelbaum passt in große Gärten und Parkanlagen. Er eignet sich für Heidegärten und Anpflanzungen im japanischen Stil. Schön ist das Gehölz mit der auffälligen Benadelung auch in großen Rabatten.

ZAPFEN

graubraun, länglich bis eiförmig

BLÜTEZEIT

| Jan | Feb | März | April | Mai | Juni | Juli | Aug | Sept | Okt | Nov | Dez |

Die Europäische Eibe ist sehr giftig.

Fruchtschmuck der Europäischen Eibe

Europäische Eibe, blühend

Europäische Eibe, Eibe
Taxus baccata

     Höhe 10–15 m

Aussehen Das langsam wachsende Gehölz wächst breit kegel- bis kugelförmig, im Alter unregelmäßig rundlich.

Pflege Europäische Eiben bevorzugen durchlässige, humose, kalkhaltige, sandig-lehmige, frische bis feuchte Gartenböden mit hohem Nährstoffgehalt. Sie vertragen keine Trockenheit. Sie eignen sich gut für Formschnitte und Schnitthecken. Im Winter sollte – besonders an sonnigen Plätzen – während frostfreier Perioden gewässert werden.

Gestaltung Dieses Vogelschutzgehölz trifft man häufig in Gärten und Parks an. Es kann einzeln, in Gruppen oder Hecken gepflanzt werden. Da die Pflanze zweihäusig ist, sind für einen Beerenschmuck weibliche und männliche Pflanzen nötig. Die Pflanze ist giftig.

Sorten und Art Die Nadeln von 'Fastigiata', der Säulen-Eibe, sind schwarzgrün, die von 'Fastigiata Aureomarginata', der Gelben Säulen-Eibe, dunkelgrün mit goldgelbem Rand. 'Nissen's Corona' erreicht eine Höhe von 2,5 m. 'Repandens' wächst flach ausgebreitet und wird etwa 80 cm hoch. Die Japanische Eibe (*T. cuspidata*) erreicht eine Höhe von 3 m, die Sorten können auch kleiner bleiben.

FRÜCHTE
rot

BLÜTEZEIT

| Jan | Feb | **März** | **April** | Mai | Juni | Juli | Aug | Sept | Okt | Nov | Dez |

T. occidentalis 'Holmstrup'

T. occidentalis 'Smaragd'

Thuja occidentalis 'Globosa'

Smaragd-Lebensbaum
Thuja occidentalis 'Smaragd'

Höhe
4–6 m

Aussehen Das Nadelgehölz wächst langsam und schmal kegelförmig.

Pflege Smaragd-Lebensbäume bevorzugen durchlässige, frische und feuchte Gartenböden mit mittlerem bis hohem Nährstoffgehalt. Das Gehölz ist stadtklimatauglich und windfest. Thujas vertragen einen Schnitt gut. Sie eignen sich auch für hohe Schnitthecken. Die Pflanze ist gesund, anspruchslos und pflegeleicht.

Gestaltung Dieses vielseitige Nadelgehölz wird einzeln oder als Hecke gepflanzt. Es bietet wegen seiner immergrünen Benadelung einen hervorragenden Sichtschutz, zum Beispiel ent-lang von Zäunen, und das das ganze Jahr lang.

Sorten und Art 'Columna' hat dunkelgrüne Nadeln und erreicht eine Höhe von 8 m. 'Danica' ist eine flachkugelige Zwergform mit bis zu 80 cm Höhe. 'Rheingold' besitzt eine auffällige goldgelbe Benadelung. 'Tiny Tim' mit dunkelgrünen Nadeln bleibt mit 1 m Höhe eher klein. 'Sunkist' und 'Aurea' haben goldgelbe Nadeln. *T. plicata* ist eine weitere Lebensbaumart. Einige Sorten sind 'Atrovirens' und 'Excelsa' mit grünen Nadeln und 'Aurescens' mit gelblich grünen Blättern.

Anderer deutscher Name Edel-Lebensbaum

ZAPFEN

gelbgrün, bräunlich, 0,8 bis 1,2 cm lang

BLÜTEZEIT

| Jan | Feb | März | April | Mai | Juni | Juli | Aug | Sept | Okt | Nov | Dez |

'Pendula', die Hänge-Hemlocktanne

T. heterophylla

Kanadische Hemlocktanne

Kanadische Hemlocktanne
Tsuga canadensis

    Höhe 15–20 m

Aussehen Das bekannte Nadelgehölz wächst breit kegelförmig bis pyramidal und kann eine Höhe von 20 m erreichen.

Pflege Kanadische Hemlocktannen bevorzugen saure bis neutrale, durchlässige, kalkhaltige, humose, sandig-lehmige, frische bis feuchte Gartenböden, die einen hohen Nährstoffgehalt aufweisen. Sie wollen kühl und luftfeucht stehen und sollten vor Wind geschützt werden. Der Wasserbedarf ist mittel bis hoch. Die Pflanzen sind schnittverträglich (Frühling und Sommer).

Gestaltung Diese Nadelbäume passen in große Gärten und Parks. Sie bekommen einen Einzelplatz. Sehr hübsch sind die kleinen, kurz gestielten Zapfen, die meist in großer Zahl an den Bäumen erscheinen.

Sorte und Arten 'Pendula', die Hänge-Hemlocktanne, ist eine Hängeform, die 2,5 bis 3,5 m hoch wird.

Die Berg-Hemlocktanne (*T. mertensiana*) wird bis etwa 10 m hoch, die Sorte 'Glauca' erreicht nur eine Höhe von 8 m. Zwei weitere Arten sind die Nordjapanische Hemlocktanne (*T. diversifolia*) und die Westamerikanische Hemlocktanne (*T. heterophylla*).

ZAPFEN

braun, kurz gestielt, bis 2 cm lang

BLÜTEZEIT

| Jan | Feb | März | April | Mai | Juni | Juli | Aug | Sept | Okt | Nov | Dez |

Rosen

Rosen verzaubern durch unvergleichlichen Charme, Blütenformen und oft durch wunderbaren Duft. Und sie lassen sich vielseitig im Garten verwenden: als Bodendecker, Kletterpflanze und Höhepunkt im Staudenbeet oder einfach im Kübel am Sitzplatz.

In den letzten Jahrzehnten haben die Rosenzüchter eine sehr wertvolle Arbeit geleistet. Viele der neuen Sorten sind sehr gesund und können auch von Garten-Anfängern erfolgreich gepflegt werden. Die Pflanzen brauchen keine Pflanzenschutzmittel mehr. Der Standort und die Ernährung müssen allerdings stimmen, weil man ansonsten keine Freude an diesen Gartenstars haben wird.

Die Rosen werden in verschiedene Klassen eingeteilt: Beetrosen, Edelrosen, Kleinstrauchrosen, Strauchrosen, Kletterrosen, Zwergrosen und Wildrosen mit naturnahen Formen. Die Einteilung gibt Auskunft über Wuchshöhe und -verhalten, Blüten und Verwendung im Garten. Diese Klassifizierung finden Sie auf den nächsten Seiten wieder.

Viele Rosengärten haben ihre Pforten während der Wachstumszeit geöffnet. Wenn man „seine" Rosensorte sucht, besucht man am besten diese Gärten. Dort kann man sich zahlreiche Sorten im Juni und am besten noch einmal im September ansehen und bekommt ein genaues Bild der Vorzüge und natürlich auch der Nachteile.

Lions-Rose®

Aprikola®

Bonica® 82

Beetrosen

  Höhe bis 80 cm

Aussehen Beetrosen wachsen meist kompakt aufrecht und erreichen in der Regel eine Höhe von 60–80 cm. Bei guter Nährstoffversorgung können sie auch höher werden. Die Blüten erscheinen meist in Dolden. Beetrosen sind öfterblühend, das heißt, dass von Juni bis September immer wieder neue Blüten erscheinen.
Pflege Geben Sie diesen wunderschönen Pflanzen einen luftigen Platz in der Sonne. Sanfte Windbewegungen helfen, Krankheiten zu vermeiden. Stauende Hitze und Staunässe im Boden werden nicht vertragen. Wurzeldruck und Schatten von Bäumen sind zu vermeiden. Eine gute Nährstoffversorgung ist für eine reiche Blüte und die Gesundheit unerläss-

lich. In längeren Trockenperioden müssen Rosen durchdringend gegossen werden. Ein Winterschutz durch Anhäufeln und Abdecken mit Fichtenzweigen ist anzuraten.
Gestaltung Für eine optimale Fernwirkung ist es empfehlenswert, wenn mindestens drei Exemplare einer Sorte zusammen in gemischten Staudenrabatten stehen. Schön sind auch reine Rosenbeete, auf denen verschiedene Sorten wachsen. Viele Sorten lassen sich zudem in Kübeln erfolgreich pflegen.
Sorten Es gibt unzählige Sorten und jährlich kommen neue dazu. Viele neuere Sorten sind sehr gesund und müssen oft nicht mehr mit Pflanzenschutzmittel behandelt werden.

BLÜTENFARBE

     auch mehrfarbig, ungefüllt und gefüllt, teilweise mit Duft

BLÜTEZEIT

| Jan | Feb | März | April | Mai | Juni | Juli | Aug | Sept | Okt | Nov | Dez |

Crescendo®

Pastella®

Erfordia®

Brautzauber®

Sunlight Romantica®

Gebrüder Grimm®

Sangerhäuser Jubiläumsrose®

Focus®

Gloria Dei

Ambiente®

Edelrosen

  Höhe
70–120 cm

Aussehen Edelrosen wachsen schlank aufrecht und erreichen Höhen von 70 bis 120 cm. Oft entfaltet sich pro Stiel nur eine Blüte, die besonders „edel" geformt ist. Es gibt aber auch Sorten, die in Dolden blühen. Viele Sorten duften.

Pflege Diese Rosengruppe braucht – genauso wie die Beetrosen – einen sonnigen Standort mit leichter Luftbewegung. In Trockenperioden muss man hin und wieder durchdringend gießen. Auf eine gute Nährstoffversorgung ist zu achten. Staunässe im Erdreich und Wurzel- sowie Schattendruck von Nachbarpflanzen ist zu vermeiden. Ein Winterschutz durch Anhäufeln und durch Abdecken mit Fichtenzweigen ist empfehlenswert, weil es ansonsten zu Frostschäden kommen kann.

Gestaltung Edelrosen wachsen in Gruppen in Beeten und Rabatten. Einige Sommerblumen und Stauden sind geeignete Nachbarn. Aber Edelrosen sind natürlich immer die Stars in der Pflanzung.

Einige Sorten können gut in Kübeln auf Balkon und Terrasse gepflegt werden.

Sorten Sie können zwischen vielen Sorten im Fachhandel wählen. Zahlreiche Farbtöne und Duftnoten lassen keine Wünsche offen. Mehr und mehr kommen auch in dieser Gruppe gesündere Sorten auf den Markt, die bei der Wahl bevorzugt werden sollten.

BLÜTENFARBE

     auch mehrfarbig, gefüllt, meist stark gefüllt, teilweise mit Duft

BLÜTEZEIT

| Jan | Feb | März | April | Mai | Juni | Juli | Aug | Sept | Okt | Nov | Dez |

Sterntaler®

Nostalgie®

Ingrid Bergmann®

Inspiration®

Barkarole®

Tea Time®

Speelwark®

Knirps®

Heidetraum®

Alcantara®

Kleinstrauchrosen

  Höhe
30–120 cm

Aussehen Es gibt Sorten, die nur 30 cm hoch werden und flach auf der Erde liegen. Andere erreichen 80 bis 120 cm und wachsen buschig aufrecht bis charmant überhängend. Sie sind blühwillig und verwandeln ganze Bereiche leicht in Blütenmeere.

Pflege Auch für diese Rosengruppe gilt gleiches wie für die Beet- und Edelrosen. Ein sonniger Platz mit einer leichten Luftbewegung und keinem Wurzeldruck ist ideal. Staunässe im Boden ist zu vermeiden. Bei längeren Trockenperioden muss gegossen werden und auf eine ausreichende Nährstoffversorgung ist zu achten. Winterschutz wird empfohlen. Insgesamt sind Kleinstrauchrosen gesund, robust und pflegeleicht.

Gestaltung Kleinstrauchrosen können in Beeten und Rabatten, auf Hängen und freien Flächen gesetzt werden. Sie verwandelt mit Leichtigkeit ganze Bereiche in Rosenmeere. Im öffentlichen Grün werden die Sorten dieser Gruppe wegen der Unkompliziertheit und Schönheit gerne verwendet. Eine Kübelkultur ist meistens möglich.

Sorten In den letzten Jahren sind mehr und mehr wunderschöne Sorten gezüchtet worden. Viele sind sehr widerstandsfähig gegen Krankheiten und blühen ausgesprochen reich.

BLÜTENFARBE

auch mehrfarbig, ungefüllt und gefüllt, teilweise mit Duft

BLÜTEZEIT

| Jan | Feb | März | April | Mai | Juni | Juli | Aug | Sept | Okt | Nov | Dez |

Mirato®

Ice Meidiland®

Sternenflor

Diamant®

Amber Cover®

Loredo®

ADR-Rosen

Das ADR-Prädikat ist eine Auszeichnung, die von der Allgemeinen Deutschen Rosenneuheitenprüfung (ADR), einem Arbeiskreis aus Vertretern des Bundes deutscher Baumschulen, Rosenzüchtern und unabhängiger Experten, vergeben wird. Die Prüfung orientiert sich an Merkmalen wie Wirkung der Blüte, Duft, Wuchsform, Reichblütigkeit und Winterhärte. Eines der wichtigsten Bewertungsmerkmale ist die Widerstandsfähigkeit gegen Krankheiten. Sorten, die dieses Prädikat tragen (meist auf dem Etikett) sind für den Garten sehr zu empfehlen.

Sunny Rose® (ADR-Rose 2004)

Roter Korsar®

Astrid Lindgren®

Eden Rose® 85

Strauchrosen

  | Höhe
120–200 cm (und höher)

Aussehen Strauchrosen wachsen aufrecht buschig und können eine Höhe von zwei Meter und mehr erreichen. Das Farb- und Formspektrum der Blüten ist vielgestaltig. Die meisten Sorten blühen mehrmals im Jahr, es gibt aber auch nur einmalblühende. Die haben einen einmaligen Blütenhöhepunkt – meist im Juni und Juli, und schmücken sich oft im Herbst mit den Hagebutten.

Pflege Auch hier gilt im Prinzip das bei den Beetrosen Gesagte. Leichter Wind, keine Staunässe, kein Wurzeldruck, ein sonniger Platz und eine ausreichende Nährstoffversorgung. In dieser Gruppe gibt es aber auch Sorten, die mit einem halbschattigen Standort zu Recht kommen. Fünf Stunden Sonne brauchen sie aber in jedem Fall. Winterschutz ist bei wenigen Sorten nötig. Viele Sorten lassen sich im Kübel auf der Terrasse pflegen.

Gestaltung Strauchrosen können fast überall im Garten einzeln oder zu mehreren verwendet werden: in Gehölzpflanzungen, frei wachsenden Hecken, in Beeten und Rabatten, auf Hängen.

Sorten Sie können aus einem riesigen Angebot wählen. Viele der neuen und auch einige ältere Sorten sind sehr gesund und lassen sich ohne Pflanzenschutzmittel erfolgreich pflegen.

BLÜTENFARBE

auch mehrfarbig, ungefüllt und gefüllt, teilweise mit Duft

BLÜTEZEIT

 | Jan | Feb | März | April | Mai | **Juni** | **Juli** | **Aug** | **Sept** | Okt | Nov | Dez

Graham Thomas®

Dortmunder Kaiserhain®

Bouquet Parfait

Schneewittchen®

Westerland®

Angela®

„Englische Rosen"

Die Rosen aus dem englischen Züchterhaus Austin nennt
man hierzulande umgangssprachlich englische Rosen. Sie
besitzen den Charme historischer Sorten und die Robustheit
und das Öfterblühen moderner Rosen. Die Sorten sind wegen
ihrer nostalgischen Rosenform und des Duftes sehr beliebt.

Emanuel® (syn. Crocus Rose)

Rosendorf Steinfurth '04

Rosarium Uetersen®

Fassadenzauber®

Kletterrosen

  Höhe
bis 600 cm

Aussehen　Die Vertreter dieser Rosengruppe „klettern", wie der Name schon sagt, an Kletterhilfen nach oben. Man unterscheidet die Climber mit dicken, sparrig-steifen und aufrechten Trieben (bis etwa 3 m Höhe) und die Rambler mit langen biegsamen (bis 6 m Höhe, auch mehr).

Pflege　Ein sonniger und luftiger Platz ist ideal. Einige Sorten kommen auch an einem halbschattigen Platz (mindestens 5 Stunden Sonne) gut zu Recht.
Ansonsten gilt im Prinzip das bei den Beetrosen Gesagte: keine Staunässe, kein Wurzel-druck und ausreichende Nährstoffe im Boden. Ein Winterschutz ist empfehlenswert. Öfterblühende Kletterrosen können im Frühjahr geschnitten werden. Die einmal blühenden werden nach der Blüte im Sommer ausgelichtet. Ein kräftiger Rückschnitt würde die Blütenfülle im Folgejahr stark vermindern.

Gestaltung　Kletterrosen wachsen an Lauben, Obelisken, Rosenbögen und Spalieren. Besonders Rambler-Rosen klettern auch in Bäume, was sehr schön aussieht. Einige Sorten lassen sich in Kübeln pflegen.

BLÜTENFARBE

auch mehrfarbig, ungefüllt und gefüllt, teilweise mit Duft

BLÜTEZEIT

| Jan | Feb | März | April | Mai | Juni | Juli | Aug | Sept | Okt | Nov | Dez |

Kir Royal®

Raubritter

Deutsches Rosarium Dortmund®

Aloha - Kordes' Rose Aloha®

Elfe®

Historische oder alte Rosen

Zu dieser Gruppe zählen die Sorten, die es schon vor der Einführung der ersten Edelrosen (1867) gab. Sie haben wunderschöne, nostalgische, oft geviertelte, duftende Blüten, die in den meisten Fällen aber nur einmal im Jahr erscheinen.

'Rose de Resht'

Pink Symphonie®

Zwergrosen

Die Sorten dieser Rosengruppe bleiben klein (bis 40 cm) und eignen sich hervorragend für Töpfe, Kästen und Kübel sowie für Einfassungen. Sie sehen im Prinzip aus, wie Beet- oder Edelrosen in Miniatur. Sie können aus einer Vielzahl an Sorten wählen.

Charmant®

Goldjuwel®

Rosa spinosissima

Rosa rugosa

Hagebuttenschmuck

Wildrosen und naturnahe Formen

    Höhe
50–300 cm (und mehr)

Aussehen Diese Gruppe ist sehr vielgestaltig. Es gibt klein bleibende Formen oder sehr hohe. Meist wachsen sie buschig aufrecht oder überhängend, können aber auch klettern. Viele blühen nur einmal.

Pflege Die Vertreter dieser Rosengruppe sind robust und gesund, viele brauchen keinen Winterschutz. Sie wollen sonnig und ohne Staunässe im Boden wachsen. Manche Arten und Sorten kommen auch im Halbschatten zu Recht.

Gestaltung Wildrosen und naturnahe Formen brauchen viel Platz und wachsen in Rabatten und Beeten, in Gehölzpflanzungen und frei wachsenden Hecken und können teilweise sogar in Kübeln erfolgreich gepflegt werden. Die Blüten werden oft von Bienen angeflogen. Im Herbst schmücken sich die Triebe mit teilweise beeindruckenden Mengen an Hagebutten, die Winterfutter für Vögel sind.

Arten Bekannte Vertreter sind die weißrosa Hundsrose (*Rosa canina*), die karminrote Essigrose (*R. gallica*) und die hellkarminrote Apothekerrose (*R. gallica* 'Officinalis'). Außerdem sind die weiße Filzrose (*R. tomentosa*), die hellrosa Raublättrige Rose (*R. jundzillii*), die Kartoffelrose (*R. rugosa*) und die Bibernell-Rose (*R. spinosissima*) zu nennen.

BLÜTENFARBE

 teilweise mit Duft, meist einmal, aber auch öfter blühend, dann Blütezeit bis September

BLÜTEZEIT

| Jan | Feb | März | April | Mai | Juni | Juli | Aug | Sept | Okt | Nov | Dez |

Blauregen

Kletter-
pflanzen

Diese Pflanzengruppe wächst in die Höhe und kann leicht Hauswände in Blütenmeere oder Lauben in duftende Oasen verwandeln. Schnell wachsende Vertreter können darüber hinaus auch einen raschen Sichtschutz am Sitzplatz oder zur Straße hin schaffen.

Mehrjährige Kletterpflanzen bleiben viele Jahre an ihrem Platz und erfreuen lange Zeit mit ihrer Blütenpracht oder dem Blattschmuck. Einige sind Laub abwerfend, andere, wie der bekannte Efeu, schaffen auch im Winter durch verschiedene Blattfarben und Strukturen interessante Aspekte.

Nicht alle Pflanzen sollten überall gesetzt werden. Efeu zum Beispiel als Wurzelkletterer darf nur an intakten Hauswänden empor wachsen, weil er ansonsten die Fassade noch mehr in Mitleidenschaft zieht. Und der Blauregen braucht ein wirklich stabiles Gerüst. Er kann leicht Regenrinnen und –rohre zerdrücken.

Einjährige Kletterpflanzen müssen jährlich neu gesät werden. Sie sterben nach einer Wachstumsperiode ab. In der Regel wachsen sie schnell und man kann zum Beispiel dem unattraktiven Maschendrahtzaun jährlich ein anderes Gesicht geben. Zu dieser Pflanzengruppe gehören viele pflegeleichte Vertreter, die auch von Anfängern erfolgreich gezogen werden können.

Rosa Strahlengriffel

Rosa Strahlengriffel
Actinidia kolomikta

   Höhe 2–3 m

Mini-Kiwi, *A. arguta*

Aussehen Die mehrjährige Kletterpflanze wächst aufrecht klimmend und langsam.

Pflege Sandig-lehmige, frische bis feuchte Gartenböden mit mittlerem Nährstoffgehalt sind der richtige Platz für diese Pflanze. Geben Sie ihr außerdem einen (leicht) geschützten Platz in der Sonne. Zu schattige Lagen verhindern die Blattfärbung. Lange Ruten kann man im zeitigen Frühjahr einkürzen.

Gestaltung Der Rosa Strahlengriffel ist ein schönes Blüten- und Ziergehölz, das besonders durch die karminrosa, hellrosa bis weißen Blätter auffällt. Es kann leicht Pergolen, Mauern und Spaliere, aber auch Zäune mit seinem ungewöhnlichen Laubschmuck „begrünen". Die Beeren erscheinen im Herbst und werden gerne von Vögeln gefressen.

Arten und Sorten Die Mini-Kiwi oder Strahlengriffel (*Actinidia arguta*) mit der bekannten Sorte 'Weiki' ist eine Verwandte, genauso wie die Kiwi (*Actinidia deliciosa*). Beide Arten bringen meist nur dann Früchte, wenn männliche und weibliche Sorten zusammen angebaut werden. Es gibt auch selbstfruchtende Sorten.

BLÜTENFARBE

 zweihäusig, Duft

BLÜTEZEIT

| Jan | Feb | März | April | **Mai** | **Juni** | Juli | Aug | Sept | Okt | Nov | Dez |

Fünfblättrige Akebie

Fünfblättrige Akebie
Akebia quinata

Höhe 4–8 m

Aussehen Diese hübsche, mehrjährige Kletterpflanze wächst aufrecht klimmend und recht stark.

Pflege Fünfblättrige Akebien sind anpassungsfähig, bevorzugen aber durchlässige, humose, mäßig trockene bis frische Gartenböden mit mittlerem bis hohem Nährstoffgehalt. Geben Sie dieser wärmeliebenden und hitzeverträglichen Pflanze einen geschützten Platz. Aus der Form geratene Ruten werden im zeitigen Frühjahr in Form geschnitten. In der Jugend sind Akebien etwas frostempfindlich.

Gestaltung Mit dieser Pflanze kann man Pergolen und Spaliere bepflanzen. Aber auch vor oder hinter Zäunen sieht sie schön aus. Und Sie können außerdem eine Kübelpflege auf der Terrasse probieren.

Das Laubgehölz braucht eine Kletterhilfe. Sehr hübsch sind die kleinen Blütchen mit der ungewöhnlichen Form, bei denen man manchmal fast ein wenig das Gefühl hat, sie würden sich zwischen den zahlreichen Blättern verstecken. Die helllila Früchte erscheinen im September und erinnern an Gurken.

Anderer deutscher Name Akebie

BLÜTENFARBE

   weiblich männlich, Fruchtschmuck

BLÜTEZEIT

Jan	Feb	März	April	Mai	Juni	Juli	Aug	Sept	Okt	Nov	Dez

Die versteckten, hübschen Blüten der Großblättrigen Pfeifenwinde

Großblättrige Pfeifenwinde
Aristolochia macrophylla

Höhe
8–10 m

Dachziegelartiges Laub

Aussehen Die mehrjährige Kletterpflanze wächst stark und besitzt auffällig dachziegelartige Blätter.

Pflege Pfeifenwinden brauchen einen windgeschützten Platz und bevorzugen durchlässige, frische bis feuchte Gartenböden mit mittlerem bis hohem Nährstoffgehalt. Das Gehölz ist stadtklimafest. Die Pflanze kann durch Aussaat und Grünstecklinge im Sommer vermehrt werden.

Gestaltung Das Auffälligste an dieser Pflanze sind die Blätter, die sich wie Dachziegel übereinander legen und ein dichtes „Mauerwerk"

bilden. Blüten und Früchte wirken exotisch, sind aber leider meist im „Blätterwald" verborgen. Das Gehölz benötigt eine Rankhilfe und bietet einen schnellen Sichtschutz. Man kann Spaliere und Pergolen begrünen.

Andere deutsche Namen Pfeifenwinde, Osterluzei

BLÜTENFARBE

     pfeifenartig

BLÜTEZEIT

| Jan | Feb | März | April | Mai | Juni | Juli | Aug | Sept | Okt | Nov | Dez |

Amerikanische Trompetenblume

Die Blüten der Trompetenblumen sind weithin sichtbar.

Großblütige Klettertrompete

Großblütige Klettertrompete
Campsis × tagliabuana 'Mme. Galen'

Höhe 5–10 m

Aussehen Die mehrjährige wunderschöne Kletterpflanze ist ein selbstklimmendes Gehölz mit Haftwurzeln.

Pflege Durchlässige, sandig-lehmige, trockene bis frische, kalkhaltige Gartenböden mit mittlerem Nährstoffgehalt sind der richtige Platz für diese Pflanze. Außerdem sollte der Standort vollsonnig, warm und geschützt sein. Die Pflanze kommt mit dem Stadtklima gut zu Recht, da sie hitze- und trockenresistent ist. Im März können die Langtriebe des Vorjahres auf Stummel von 10 cm zurückgenommen werden.

Gestaltung Großblütige Klettertrompeten dienen der Bepflanzung von Pergolen und Spalieren.

Die wunderschönen Blüten kann man zur Blütezeit von Juni bis September schon von weither sehen.

Arten und Sorte Bekannt ist auch die Amerikanische Trompetenblume (*Campsis radicans*) mit orangeroten Blüten von Juli bis September. Die Gelbe Klettertrompete (*Campsis radicans* 'Flava') besitzt schöne, gelbe bis orangegelbe Blüten, auch von Juli bis September.

Andere deutsche Namen Trompetenblume, Rote Klettertrompete

BLÜTENFARBE

   trompetenförmig

BLÜTEZEIT

Jan	Feb	März	April	Mai	**Juni**	**Juli**	**Aug**	**Sept**	Okt	Nov	Dez

Gold-Waldrebe, *C. tangutica*

Clematis 'William Kennett'

'Nelly Moser'

Clematis, Waldrebe
Clematis-Hybriden

   | Höhe 2–5 m |

Aussehen Der mehrjährige Klassiker wächst aufrecht kletternd bis rankend.

Pflege Die Clematis bevorzugt sandig-humose Gartenböden mit mittlerem bis hohem Nährstoffgehalt. Trockenheit wird nicht vertragen. Die Waldrebe liebt einen geschützten Platz und einen kühlen Wurzelfuß. Wurzelbereiche können gut mit Stauden oder flach wurzelnden Bodendeckern begrünt werden. Ein Winterschutz ist empfehlenswert, besonders bei Jungpflanzen. Frühjahrsblühende Wildarten und deren Sorten werden nicht geschnitten. Einen leichten Rückschnitt nach der ersten Blüte erhalten die meisten zweimal blühenden Hybriden. Alle sommerblühenden Arten und Hybriden werden im Frühjahr kräftig zurückgenommen.

Gestaltung Clematis dienen zur Bepflanzung von Pergolen, Spalieren und Zäunen.

Sorten und Arten 'Jackmanii' blüht in Dunkelblauviolett, 'Nelly Moser' in Zartrosa mit roten Streifen, 'William Kennett' in Lavendelblau und 'Mme Le Coultre' in Weiß. Bekannte Arten sind die Alpen-Waldrebe (*C. alpina*), die Gold-Waldrebe (*C. tangutica*) und die Italienische Waldrebe (*C. viticella*).

BLÜTENFARBE

    mehrfarbig, gestreift, ungefüllt und gefüllt

BLÜTEZEIT

| Jan | Feb | März | April | Mai | **Juni** | **Juli** | **Aug** | **Sept** | Okt | Nov | Dez |

Glockenrebe

Glockenrebe
Cobaea scandens

   Höhe
2–6 m

Aussehen Die mehrjährige Kletterpflanze, die aber kälteempfindlich ist und daher bei uns nur einjährig gezogen wird, wächst aufrecht kletternd und schnell. Sie kann eine Höhe von 6 m erreichen.

Pflege Glockenreben bevorzugen durchlässige, sandig-humose, frische Gartenböden mit mittlerem bis hohem Nährstoffgehalt. Sie sind pflegeleichte Kletterpflanzen, die auch von Garten-Anfängern gut gepflegt werden können.

Gestaltung Diese Pflanze fällt besonders durch ihre wunderschönen Blüten auf. Wenn man rasch einen Sichtschutz haben will, dann ist die Glockenrebe die richtige Wahl, da sie schnell wächst.

Man begrünt Spaliere, Zäune, Gitter und Pergolen. Wegen des raschen Wachstums werden sie auch gerne zum Bewachsen von Sicht- und Windschutzelementen verwendet. Und die Glockenrebe kann sogar in Töpfen und Kästen auf Balkon und Terrasse gezogen werden.

BLÜTENFARBE

BLÜTEZEIT

| Jan | Feb | März | April | Mai | Juni | **Juli** | **Aug** | **Sept** | **Okt** | Nov | Dez |

Schönranke

Schönranke
Eccremocarpus scaber

  Höhe 2–3 m
Rarität

Aussehen Die mehrjährige Kletterpflanze, die wegen ihrer Frostempfindlichkeit aber einjährig gezogen wird, wächst schlank aufrecht und kletternd.

Pflege Schönranken lieben durchlässige, sandig-lehmige und frische Gartenböden mit mittlerem bis hohem Nährstoffgehalt. Ein möglichst regengeschützter Platz ist von Vorteil. Frühzeitig können lange Triebe eingekürzt werden, um einen dichten Wuchs zu erzeugen. Wenn man die Fruchtstände regelmäßig entfernt, wird dadurch die Blütezeit verlängert. An geschützten Standorten in milden Klimagebieten kann die Schönranke sogar draußen überwintern.

Ansonsten ist eine Überwinterung bei 5 bis 10 Grad in einem hellen Raum möglich.

Gestaltung Sie können mit dieser hübschen Pflanze Pergolen, Spaliere und Zäune begrünen.

Auch in Töpfen und Kübeln lassen sich die Kletterpflanzen auf Balkon oder Terrasse pflegen. Neben den ungewöhnlichen Blüten, die zahlreich von Mai bis Oktober erscheinen, bietet die Pflanze Sicht- und Windschutz.

BLÜTENFARBE

BLÜTEZEIT

| Jan | Feb | März | April | Mai | Juni | Juli | Aug | Sept | Okt | Nov | Dez |

Blüte des Efeus

Efeu-Sorte 'Goldheart' mit panaschiertem Laub

Beerenschmuck

Efeu, Gewöhnlicher Efeu
Hedera helix

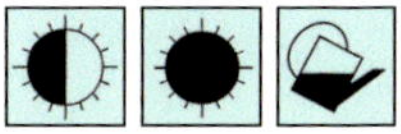

			Höhe 0,2–20 m

Aussehen Die mehrjährige Kletterpflanze wächst flach bis kletternd und stark. Sie besitzt Haftwurzeln.

Pflege Der Efeu ist anpassungsfähig, bevorzugt jedoch frische bis feuchte Gartenböden mit mittlerem Nährstoffgehalt. Er ist stadtklimafest und verträgt Wind.

Gestaltung Diese einheimische Pflanze wird zur Begrünung von Wänden, Baumstümpfen oder Stämmen verwendet, ist aber auch ein beliebter Bodendecker. Diese Eigenschaft sowie die Schattenverträglichkeit und die immergrünen Blätter machen ihn zu einer guten Pflanze für die Grabgestaltung. Außerdem kann der Efeu in Töpfen und Kübeln gepflegt werden. Verwenden Sie diese Pflanze nicht zur Wandbegrünung von rissigen Mauern! Efeu ist Vogelschutzgehölz und Bienenweide und er ist giftig.

Sorten und Arten Sortenbeispiele sind 'Goldheart' mit immergrünen, dunkelgrünen Blättern mit goldgelber Mitte und 'Woerner' mit fünflappigen Blättern mit weißlich grünen Blattadern. Der Irische Efeu (*Hedera hibernica*) besitzt Blätter, die größer sind als die der besprochenen Art.

BLÜTENFARBE

 Blütereife erst nach 8 bis 10 Jahren

BLÜTEZEIT

Jan	Feb	März	April	Mai	Juni	Juli	Aug	**Sept**	**Okt**	Nov	Dez

Nahaufnahme der Blüten

Kletter-Hortensie
Hydrangea petiolaris

     Höhe 2–10 m

Aussehen Die mehrjährige Kletterpflanze wächst am Boden liegend oder als Kletter-strauch mit Haftwurzeln kletternd.

Pflege Kletter-Hortensien lieben saure bis neutrale, durchlässige, humose, frische bis feuchte Gartenböden mit mittlerem Nährstoff-gehalt. Sie sind unkompliziert und pflegeleicht.

Gestaltung Das Blüten- und Ziergehölz eig-net sich zur Bepflanzung von Pergolen, Spalie-ren und Fassaden. Es wächst auch in Bäume und kommt an schattigen Plätzen zu Recht. Eine Kultur in Kübel und Topf ist denkbar. Die Blüten locken Bienen und andere Insekten an.

Kletter-Hortensie

BLÜTENFARBE

süßlich duftend

BLÜTEZEIT

Jan	Feb	März	April	Mai	Juni	Juli	Aug	Sept	Okt	Nov	Dez

Prunkwinde

Ipomoea purpurea

Ipomoea lobata

Prunkwinde
Ipomoea tricolor

| | | Höhe 2–3 m |

Aussehen Die mehrjährige Kletterpflanze, die bei uns wegen ihrer Frostempfindlichkeit nur einjährig gezogen wird, wächst windend und schlingend.

Pflege Durchlässige, sandig-humose, frische Gartenböden mit hohem Nährstoffgehalt sind für diese Pflanzen der geeignete Standort. Achten Sie auf einen möglichst wind- und regengeschützten Platz. Geben Sie der Pflanze rechtzeitig ein Klettergerüst oder einen Drahtzaun, damit die Triebe nicht durcheinander wachsen.

Gestaltung Mit Prunkwinden lassen sich schnell Pergolen, Spaliere und Zäune begrünen. Die wunderschönen, großen Blüten verzaubern und ziehen die Blicke magisch an. Die Pflanze kann in Töpfen und Kübeln gepflegt und auf Balkon und Terrasse als Sichtschutz verwendet werden.

Weitere Arten Hier sollen die weiße *I. alba* und die purpurblaue bis blaue *I. indica* erwähnt werden. Beide blühen von Juni bis September. *Ipomoea purpurea* blüht in Magentarot, Purpurblau, Rosa und Weiß. Die nicht winterharte *Ipomoea lobata* (syn. *Quamoclit lobata*) entwickelt auffällige rote Blüten, die sich im Abblühen über Gelb nach Weiß verfärben.

BLÜTENFARBE

   große Blühkraft

BLÜTEZEIT

| Jan | Feb | März | April | Mai | Juni | **Juli** | **Aug** | **Sept** | Okt | Nov | Dez |

Winter-Jasmin

Winter-Jasmin
Jasminum nudiflorum

    Höhe 2–3 m

Winter-Jasmin im Sommer

Aussehen Die mehrjährige Kletterpflanze wächst breit und überhängend. Sie benötigt eine Kletterhilfe und besitzt auch bodendeckende Eigenschaften.

Pflege Der Winter-Jasmin ist anpassungsfähig, bevorzugt aber durchlässige, sandig-lehmige und gleichbleibend feuchte Gartenböden mit mittlerem bis hohem Nährstoffgehalt. Die Pflanze ist stadtklimafest und für einen geschützten Platz dankbar. Ein Formschnitt ist zu jeder Zeit möglich.

Gestaltung Dieser wertvolle Winterblüher begrünt Spaliere und Pergolen. Er wächst außerdem gerne über Mauern herab und taucht das triste Mauerwerk zu einer farbenarmen Jahreszeit in ein gelbes Blütenmeer. Man kann diese unkomplizierte Pflanze auch in Töpfen und Kübeln pflegen.

Anderer deutscher Name Gelber Winter-Jasmin

BLÜTENFARBE

BLÜTEZEIT

Jan	Feb	März	April	Mai	Juni	Juli	Aug	Sept	Okt	Nov	Dez

Duftwicke

Duftwicke
Lathyrus odoratus

   Höhe 1,5–2,5 m

Aussehen Die einjährige Kletterpflanze wächst rankend. Es gibt aber auch buschige Sorten, die nur eine Höhe von 60 cm erreichen.
Pflege Duftwicken lieben durchlässige, sandig-humose, frische Gartenböden mit mittlerem bis hohem Nährstoffgehalt. Sie bevorzugen windgeschützte Plätze. Im Frühjahr werden lange oder unerwünschte Triebe gekürzt, um den gewünschten buschigeren Wuchs zu erzeugen.
Die leuchtenden Duftwicken sind pflegeleicht und unkompliziert und für Garten-Anfänger geeignet.

Gestaltung Mit diesen bunten Duftpflanzen lassen sich schnell Spaliere, Zäune, Gitter und Pergolen begrünen. Außerdem wachsen sie als Ergänzung in gemischten Blumenbeeten.
Die auffallenden Blüten werden gerne von Bienen besucht und auch für die Vase geschnitten.
Weitere Arten Dieser Einjährigen verwandt sind die mehrjährigen „Staudenwicken". Zum Beispiel die hübsche Frühlings-Platterbse (*L. vernus*), die zweifarbig purpurviolett und blauviolett von April bis Mai blüht. Oder die Stauden-Wicke (*L. latifolius*) mit rosa und weißen Blüten.

BLÜTENFARBE

    auch vielfarbig

BLÜTEZEIT

| Jan | Feb | März | April | Mai | Juni | Juli | Aug | Sept | Okt | Nov | Dez |

Feuer-Geißblatt, Sorte 'Goldflame'

Jelängerjelieber

Gold-Geißblatt

Feuer-Geißblatt
Lonicera × heckrottii

   Höhe 2–4 m

Aussehen Die mehrjährige Kletterpflanze wächst schlingend und mittel bis stark.

Pflege Das Feuer-Geißblatt ist anpassungsfähig, liebt aber durchlässige, humose, frische bis feuchte Gartenböden mit mittlerem bis hohem Nährstoffgehalt. Lange, aus der Form geratene Triebe können Sie im zeitigen Frühjahr zurücknehmen.

Gestaltung Dieses pflegeleichte Blüten- und Ziergehölz verströmt vor allem abends einen süßlichen Duft. Es ist Vogelnährgehölz und wächst gerne am Gehölzrand. Man kann Spaliere, Pergolen und Gitter schnell mit diesem wunderschönen Ziergehölz bewachsen lassen.

Sorte und Arten 'Goldflame' ist wüchsiger als die Art. Sie blüht purpurrot und wird im Verblühen gelblich. Jelängerjelieber (*Lonicera caprifolium*) ist ein bekanntes Wildgehölz, das man in vielen Gärten finden kann. Die gelblich weißen Blüten von Mai bis Juni duften angenehm. Das Immergrüne Geißblatt (*Lonicera henryi*) besitzt immergrüne, längliche Blätter und kommt auch an schattigen Plätzen zu Recht.

Das Gold-Geißblatt (*Lonicera × tellmanniana*) blüht schön gelborange von Mai bis Juli.

BLÜTENFARBE

 innen gelblich, vor allem abends süßlicher Duft

BLÜTEZEIT

Jan	Feb	März	April	Mai	**Juni**	**Juli**	**Aug**	**Sept**	**Okt**	Nov	Dez

P. quinquefolia

P. tricuspidata 'Veitchii',
Herbstfärbung

P. tricuspidata 'Veitchii'

Wilder Wein
Parthenocissus quinquefolia

Höhe
10–15 m

Aussehen Die mehrjährige und oft verwendete Kletterpflanze wächst aufrecht kletternd und ist ein Selbstklimmer. Allerdings benötigt er in den ersten Jahren nach der Pflanzung etwas Halt. Die Blätter sind fünflappig.

Pflege Der Wilde Wein ist anpassungsfähig, bevorzugt aber durchlässige, tiefgründige, mäßig trockene bis frische Gartenböden mit mittlerem bis hohem Nährstoffgehalt. Lange, aus der Form geratene Ruten werden im zeitigen Frühjahr in Form geschnitten.

Gestaltung Wenn Sie im Herbst Mauern oder Hauswände von weither sehen können, weil sie in ein rotes Blättermeer getaucht sind, dann wächst hier meistens der Wilde Wein. Die bekannte Kletterpflanze ist ein Vogelnährgehölz.

Sorten und Art Die Sorte 'Engelmannii' (Engelmanns-Wein) ist bekannt und besitzt eine intensiv feuerrote Herbstfärbung. Die verwandte Art *Parthenocissus tricuspidata*, die auch den deutschen Namen Wilder Wein trägt, besitzt im Vergleich zur beschriebenen Art meist dreilappige Blätter. Bekannte Sorten sind hier 'Veitchii', 'Veitchii Robusta' und 'Green Spring'.

BLÜTENFARBE

BLÜTEZEIT

| Jan | Feb | März | April | Mai | **Juni** | **Juli** | Aug | Sept | Okt | Nov | Dez |

Rosenmantel

Interessante Blütenform

Rosenmantel
Rhodochiton atrosanguineum

   Höhe 2–3 m
Rarität

Aussehen Die mehrjährige Kletterpflanze, die aber wegen ihrer Frostempfindlichkeit einjährig gezogen wird, wächst aufrecht kletternd.

Pflege Humose bis sandig-humose, frische bis feuchte Gartenböden mit mittlerem bis hohem Nährstoffgehalt sind die geeigneten Standorte für diese hübsche Pflanze. Wählen Sie einen geschützten Platz. Durch frühzeitiges Entspitzen langer Triebe erzielt man den gewünschten buschigen Wuchs. Der Rosenmantel ist nicht winterhart, darf also nicht draußen im Garten bleiben. Man kann ihn bei 3 bis 5 Grad an einem hellen Platz überwintern.

Gestaltung Der Rosenmantel besitzt ausgesprochen hübsche Blüten, die man sich gerne aus der Nähe anschaut. Er wird zur Begrünung von Gittern und Spalieren verwendet, außerdem zur Ergänzung von Blumenbeeten.

Andere deutsche Namen Rosenkelch, Rosenkleid

BLÜTENFARBE

BLÜTEZEIT

| Jan | Feb | März | April | Mai | Juni | Juli | Aug | Sept | Okt | Nov | Dez |

Schwarzäugige Susanne

Schwarzäugige Susanne
Thunbergia alata

			Höhe 1,2–2 m

Aussehen Die ein- und zweijährige Kletterpflanze wächst windend und schlingend.

Pflege Die hübschen Pflanzen lieben durchlässige, humose, frische Gartenböden mit hohem Nährstoffgehalt. Nässe wird schlecht vertragen. Wählen Sie einen warmen und windgeschützten Platz und geben Sie der Pflanze frühzeitig eine Kletterhilfe. Im Frühjahr werden überlange Triebe eingekürzt. Verwelkte Pflanzenteile sollten regelmäßig entfernt werden. Die Kletterpflanze mit dem hübschen deutschen Namen ist pflegeleicht und lässt sich auch von Anfängern erfolgreich pflegen.

Gestaltung Mit der Schwarzäugigen Susanne lassen sich Gitter, Zäune und kleine Wandflächen begrünen. Außerdem wird sie gerne zur Ergänzung in gemischte Blumenrabatten gesetzt. Besonders schön wirkt sie in Bauerngartenbeeten. Die hübschen Blüher können sehr gut in Töpfen und Kübeln auf Balkon und Terrasse gepflegt werden. Die Blüten locken Bienen in den Garten.

Die Schwarzäugige Susanne ist eine alte und bekannte Bauerngartenpflanze, die man häufig in Hausgärten und auch in öffentlichen Parks finden kann.

BLÜTENFARBE

   mit dunkler Mitte

BLÜTEZEIT

Jan	Feb	März	April	Mai	**Juni**	**Juli**	**Aug**	**Sept**	**Okt**	Nov	Dez

Die schönen Blätter des Scharlach-Weins

Scharlach-Wein
Vitis coignetiae

    Höhe 6–8 m

Aussehen Die mehrjährige interessante Kletterpflanze wächst kletternd bis rankend und stark.

Pflege Geben Sie diesem schönen Kletterer einen geschützten und außerdem warmen Platz im Garten. Durchlässige, mäßig trockene bis feuchte Gartenböden mit mittlerem bis hohem Nährstoffgehalt sind für die Kultur gut geeignet.
Der Wasserbedarf dieser Blattschmuckpflanze ist gering bis mittelhoch.

Gestaltung Das Auffällige am Scharlach-Wein sind die großen, herzförmigen Blätter, die sich im Herbst wunderschön gelborange bis scharlachrot einfärben und dann von weither sichtbar sind. Sie sind ausgesprochen dekorativ und zieren Pergolen und Spaliere, aber auch Wände und Zäune.
Außerdem ist eine Kübelkultur auf der Terrasse oder am Sitzplatz denkbar. Die Blüten erscheinen von Mai bis Juni, sind bräunlich rosa, aber unscheinbar. Die Pflanze braucht eine Rankhilfe und kann bis 8 m hoch wachsen.

Andere deutsche Namen Japanische Weinrebe, Japanischer Zierwein

BLÜTENFARBE

 unscheinbar

BLÜTEZEIT

| Jan | Feb | März | April | **Mai** | **Juni** | Juli | Aug | Sept | Okt | Nov | Dez |

W. floribunda

Bestechend schöne Blüten des Blauregens

W. sinensis

Blauregen, Wisterie
Wisteria floribunda

Höhe bis 8 m

Aussehen Die mehrjährige Kletterpflanze wächst schlingend. Sie ist ein Rechtswinder.
Pflege Wisterien lieben sandig-humose, mäßig trockene bis frische Gartenböden mit hohem Nährstoffgehalt. Sie sind wärmeliebend und wünschen einen geschützten Platz. Sie vertragen Hitze und das Stadtklima. Langtriebe werden im Spätsommer gegebenenfalls mehrmals zurückgeschnitten. Einen Nachschnitt auf 10 bis 25 cm nimmt man im März des Folgejahres vor.
Gestaltung Immer wieder verzaubern die langen Blütentrauben im Mai und Juni Hauseingänge oder Terrassen. Aber Vorsicht: Die Trieben können Dachrinnen und Regenrohre zusammendrücken. Der Blauregen ist ein beliebtes Blütengehölz, das Pergolen und stabile Gerüste braucht. Es lässt sich auch wirkungsvoll als freistehendes Ziergehölz formen. Die wunderschönen Blüten locken Bienen an. Wisterien sind wichtige Vogelschutzgehölze.
Sorten und Art Bekannte Sorten sind die blauviolette 'Macrobotrya' und die hellrosa 'Rosea'. Der Chinesische Blauregen (*W. sinensis*) blüht in Violett, mit süß duftenden Trauben, bevor die Blätter erscheinen. 'Alba' blüht weiß.

BLÜTENFARBE

   erscheinen mit den Blättern

BLÜTEZEIT

| Jan | Feb | März | April | **Mai** | **Juni** | Juli | Aug | Sept | Okt | Nov | Dez |

Buntes Staudenbeet

Gartenblumen

Ohne die vielseitigen Stauden, die frühen Zwiebelblumen und die prächtigen Sommerblumen könnte kein Garten wirklich schön gestaltet werden. Schon ab Februar wetteifern die Winterlinge und Schneeglöckchen mit ihren Blüten um die Wette, dann folgt die bunte Palette der Frühlings- und Sommerblüher. Im Herbst schmeicheln Herbstastern und Sonnenhüte dem Auge. Und selbst im Winter erfreuen uns die Blattschmuckstauden mit ihren großen Blättern oder verschieden farbigem Laub.

Stauden sind mehrjährige Pflanzen, deren oberirdische Teile zum Winter hin absterben und die im Frühjahr wieder neu austreiben. Hierzu gehören die Langzeitstars wie Rittersporn, Pfingstrosen und Glockenblumen mit ihren wunderschönen Blüten oder beliebte Blattschmuckpflanzen, wie zum Beispiel die Funkien.

Zwiebelpflanzen sind auch mehrjährige Pflanzen, die einige Zeit nach der Blüte in ein unterirdisches Speicherorgan (Zwiebel, Knolle) einziehen. Daraus wächst im nächsten Jahr die neue Pflanze.

Sommerblumen sind ein- oder zweijährig. Einjährig bedeutet, dass die Pflanzen im Frühjahr gesät werden und noch im gleichen Jahr blühen. Zweijährige werden im Vorjahr gesät und ihre Blüte kommt erst im Folgejahr. Sommerblumen sind meist prächtige Blüher, die sich besonders für Lücken in bunten Beeten und Rabatten anbieten. Natürlich gibt es auch reine Sommerblumenbeete, die jedes Jahr ein anderes Gesicht bekommen.

Sommerblumen

Blüten der Orient-Stockrose

Die dunkle Sorte 'Nigra'

Hellrosa Form

Orient-Stockrose
Alcea rosea in Sorten

   Höhe 200–250 cm

Aussehen Die zur Blütezeit weithin sichtbaren Sommerblumen wachsen straff aufrecht.
Pflege Die pflegeleichten Blumen lieben durchlässige bis sandig-lehmige, mäßig trockene bis frische Gartenböden mit mittlerem bis hohem Nährstoffgehalt. Ausgesät wird von April bis Juni im Haus, gepflanzt im frühen Herbst. Regelmäßig sollte man verblühte Pflanzenteile entfernen. Der Malvenrost kommt fast überall vor. In der Regel sind keine Gegenmaßnahmen zu ergreifen. Außerdem können die Pflanzen vom Malvenflohkäfer befallen werden.

Gestaltung Die hoch wachsenden Stockrosen setzen in jedem Blumenbeet Akzente. Man pflanzt sie in kleinen Gruppen. Die dekorativen, großen Blüten werden gerne von Bienen besucht.
Nachbarn Schmuckkörbchen, Rittersporn, Phlox, Spinnenblume und außerdem hohe Bart-Iris.
Sorten Die Sorte 'Nigra' ist sehr auffällig mit ihren dunklen, schwarzroten Blüten. Die Sorte 'Pleniflora' besitzt schöne, gefüllte Blüten.
Anderer deutscher Name Chinesische Stockrose

BLÜTENFARBE

    ungefüllt und gefüllt, Duft

BLÜTEZEIT

Jan	Feb	März	April	Mai	Juni	Juli	Aug	Sept	Okt	Nov	Dez
						Juli	**Aug**	**Sept**			

Gelbe Löwenmäulchen

Rote Sorte

Rosa blühende Form

Löwenmäulchen
Antirrhinum majus

Höhe
25–100 cm

Aussehen Löwenmäulchen wachsen aufrecht und buschig.

Pflege Die pflegeleichte Sommerblume liebt durchlässige bis sandig-humose, mäßig trockene bis frische Gartenböden mit mittlerem bis hohem Nährstoffgehalt. Von Januar bis April wird im Haus oder unter Glas gesät. Ab Mai, wenn die letzten Fröste vorbei sind, kommen die Jungpflanzen ins Freiland. Selbstaussaat ist möglich. Nach dem fünften Blatt wird entspitzt, damit man den gewünschten buschigen Wuchs bekommt. Verblühtes sollte regelmäßig entfernt werden, das verlängert die Blütezeit. Weiße Fliege, Spinnmilben und Löwenmäulchenrost können auftreten.

Gestaltung Der Klassiker mit Bauerngarten-Charakter sieht in bunten Blumenbeeten und gemischten Rabatten genauso gut aus wie in Balkonkästen. Im Beet pflanzt man kleine oder große Gruppen. In Kästen und Töpfen wird die Blume oft als Leitpflanze verwendet.

Nachbarn Schmuckkörbchen, Duftsteinrich.

Sorten Es gibt Zwerg-Sorten und sehr hohe Sorten, die sich für den Vasenschnitt eignen.

Andere deutsche Namen Großes Löwenmäulchen, Garten-Löwenmaul

BLÜTENFARBE

auch mehrfarbig

BLÜTEZEIT

| Jan | Feb | März | April | Mai | Juni | **Juli** | **Aug** | **Sept** | **Okt** | Nov | Dez |

Dauerblüher Beet-Begonie

Rosa blühende Beet-Begonie

Rot blühende Sorte

Beet-Begonie
Begonia-Cultivars Semperflorens-Gruppe

   Höhe 20–30 cm

Aussehen Diese einjährige Sommerblume wächst kompakt und horstartig. Sie gehört seit Jahrzehnten zum Standardsortiment.
Pflege Beet-Begonien sind pflegeleichte Dauerblüher und lieben durchlässige, humose und frische Gartenböden mit mittlerem bis hohem Nährstoffgehalt. Ausgesät wird noch im Winter im Haus, gepflanzt werden darf wegen der Frostempfindlichkeit erst Ende Mai. Entfernen Sie regelmäßig verblühte Pflanzenteile, um die Blütezeit zu verlängern. Die Pflanzen dürfen nicht zu nass und nicht zu kühl stehen.
Gestaltung Die Klassiker passen genauso gut in gemischte Beete wie in Balkonkästen als Leit- oder Begleitpflanze. Es gibt Sorten mit sehr dekorativem, hell- bis bronzegrünem und auch kupferrotem Laub, die außerdem als Blattschmuckpflanzen verwendet werden können.
Eis-Begonien sind zudem für Gräber und Einfassungen zu empfehlen.
Nachbarn Viele Sommerblumen, zum Beispiel Lobularien und Schmuckkörbchen.
Andere deutsche Namen Eis-Begonie, Gottesauge, Eisblume, Immerblühende Begonie, Sommer-Begonie

BLÜTENFARBE

BLÜTEZEIT

| Jan | Feb | *März* | **April** | **Mai** | **Juni** | **Juli** | **Aug** | **Sept** | **Okt** | *Nov* | *Dez* |

Ringelblume

Ringelblume
Calendula officinalis

  Höhe 30–50 cm

Orangefarbene, gefüllte Sorte

Aussehen Die einjährigen Sommerblumen wachsen aufrecht und teils buschig.

Pflege Ringelblumen lieben durchlässige, sandig-lehmige und frische Gartenböden mit mittlerem Nährstoffgehalt. Man kann ab April direkt ins Freiland säen. Oder die Pflanzen werden ab Februar/März im Haus vorgezogen. Dann kann man im Mai schon größere Ringelblumen ins Freiland setzen. Regelmäßig sollten verblühte Pflanzenteile entfernt werden, um die Blütezeit zu verlängern. Echter Mehltau kann auftreten.

Gestaltung Ringelblumen sind Klassiker und leuchten schon von weither. Sie passen in bunte Blumenbeete und gemischte Rabatte, am besten in kleinen oder großen Gruppen. Die beliebten Pflanzen sehen sehr gut in Gärten mit Bauerngarten-Charakter aus und werden auch zu Heilzwecken angebaut.

Nachbarn Die Pflanzen können schön mit Rittersporn, Sonnenhut, Tagetes und Sonnenauge kombiniert werden.

Anderer deutscher Name Garten-Ringelblume

BLÜTENFARBE

  ungefüllt und gefüllt

BLÜTEZEIT

Jan	Feb	März	April	Mai	Juni	Juli	Aug	Sept	Okt	Nov	Dez

Farbvariation der Sommeraster

Sommeraster
Callistephus chinensis

Gefüllte Sorte

Höhe
20–70 cm

Aussehen Diese einjährige Sommerblume wächst aufrecht bis ausladend.

Pflege Sommerastern lieben durchlässige, sandig-humose, frische Gartenböden mit mittlerem bis hohem Nährstoffgehalt. Ab Mai wird direkt ins Beet gesät. Oder man zieht Jungpflanzen ab Februar im Haus vor. Dann können größere Pflanzen ab Mitte bis Ende Mai ins Freiland gesetzt werden. Entfernen Sie regelmäßig verblühte Pflanzenteile, um die Blütezeit zu verlängern. Hohe Sorten müssen unter Umständen gestützt werden. Wählen Sie Sorten, die gegen die Asternwelke resistent sind.

Falls diese Krankheit doch auftritt, dann werden die Pflanzen in die Mülltonne gegeben (nicht auf den Kompost!). Blattläuse, Blattwanzen, Schnecken und Grauschimmel können auftreten.

Gestaltung Sommerastern sind pflegeleichte Einsteiger-Pflanzen, die sich auch für den Vasenschnitt eignen. Man setzt sie in kleine oder größere Gruppen in gemischte Beete oder auch in Kästen und Töpfe.

Nachbarn Verschiedene Farbsorten zusammensetzen, außerdem schön mit Lobularien und Strauch-Margeriten.

BLÜTENFARBE

  ungefüllt und gefüllt

BLÜTEZEIT

| Jan | Feb | März | April | Mai | Juni | **Juli** | **Aug** | **Sept** | **Okt** | Nov | Dez |

Federbusch-Celosie, *C. argentea* Plumosa-Gruppe

Hahnenkamm, Federbusch-Celosie
Celosia argentea

  Höhe 40–60 cm

Hahnenkamm

Aussehen Diese einjährige Sommerblume wächst aufrecht und verzweigt sich teilweise dicht.

Pflege Die Pflanzen lieben durchlässige, sandig-humose, frische Gartenböden mit mittlerem bis hohem Nährstoffgehalt. Ausgesät wird im Frühjahr geschützt im Haus. Ins Freiland kommen die Pflanzen ab Mitte Mai nach den Eisheiligen. Regelmäßig sollte man verblühte Pflanzenteile entfernen, um die Blütezeit zu verlängern. Mehltau und Grauschimmel können auftreten.

Gestaltung Die Celosie besitzt außergewöhnliche Blüten, die in bunten Blumenbeeten oder in Kästen und Töpfen besondere Akzente setzen. Die Pflanze passt gut in Gärten mit Bauerngarten-Charakter.

Nachbarn Verschiedene Farbsorten pflanzen, außerdem schön mit Leberbalsam, Lobularien und Husarenknopf.

Gruppen Die Cristata-Gruppe, die man auch Hahnenkamm-Celosie nennt, entwickelt verbänderte und gekräuselte Blütenstände. Bei der Plumosa-Gruppe, mit dem deutschen Namen Federbusch-Celosie, sind die Blüten lang, weich und federartig (siehe Fotos).

BLÜTENFARBE

 interessant

BLÜTEZEIT

Jan	Feb	März	April	Mai	Juni	Juli	Aug	Sept	Okt	Nov	Dez

Leuchtend blaue Kornblume, *C. cyanus*

Kornblume
Centaurea cyanus

   Höhe 20–90 cm

Aussehen Die einjährige Sommerblume mit Wildblumen-Charakter wächst aufrecht und wirkt filigran und grazil.

Pflege Kornblumen sind pflegeleicht und lieben durchlässige, mäßig trockene bis frische Gartenböden mit niedrigem Nährstoffgehalt. Sie werden im Frühjahr direkt an Ort und Stelle ausgesät.

Das frühzeitige Entspitzen der Triebe fördert den gewünschten, buschigen Wuchs dieser Sommerblumen.

Gestaltung Die filigrane Pflanze passt in bunte Blumenbeete und gemischte Rabatten.

Sie lockt Bienen und auch viele andere Insekten an.

Kornblumen säen sich leicht selbst aus und kommen an verschiedenen Stellen im Garten und der Natur wild vor. Sie sind Bestandteil mancher käuflichen Wildblumenwiesen-Saatmischungen.

Die Blumen eignen sich auch für den Vasenschnitt.

Nachbarn Immer viele Exemplare zusammensetzen, für bunte Sommerblumenwiesen, schön mit Gräsern.

BLÜTENFARBE

 ungefüllt und gefüllt

BLÜTEZEIT

Jan	Feb	März	April	Mai	Juni	Juli	Aug	Sept	Okt	Nov	Dez
				Mai	**Juni**	**Juli**	**Aug**				

Rosa blühende Sorte

C. spinosa, rot blühende Sorte

Sorte 'Alba'

Dornige Spinnenpflanze
Cleome spinosa

  Höhe
90–150 cm

Aussehen Spinnenpflanzen sind einjährige Sommerblumen, die aufrecht wachsen.

Pflege Die pflegeleichte Cleome liebt durchlässige, sandig-humose, frische Gartenböden mit hohem Nährstoffgehalt. Ausgesät wird ab März geschützt im Haus. Erst ab Ende Mai sollte man die Pflanzen ins Freiland setzen. Entfernen Sie regelmäßig verblühte Pflanzenteile, um die Blütezeit zu verlängern.

Gestaltung Die intensiv duftende Spinnenblume ist eine der auffälligsten Pflanzen in bunten Blumenbeeten und gemischten Rabatten. Die filigranen Blüten in großen Blütenständen sind einfach wunderschön anzusehen. Und sie eignen sich für den Vasenschnitt. Am besten wirken die Pflanzen in kleinen oder größeren Gruppen.

Nachbarn Spinnenblumen können schön mit Schmuckkörbchen, Rosen, Vanilleblumen und Prachtscharte kombiniert werden.

Weitere Art Die Spinnenblume (*Cleome hassleriana*) ist oft von der oben genannten Art nicht zu unterscheiden und gleicht ihr in Verwendung, Eigenschaften und Pflege.

Andere deutsche Namen Spinnenpflanze, Spinnenblume, Cleome

BLÜTENFARBE

 duftend

BLÜTEZEIT

| Jan | Feb | März | April | Mai | Juni | Juli | Aug | Sept | Okt | Nov | Dez |

Weiß blühende *C. bipinnatus*

Zartes Farbenspiel des Schmuckkörbchens

Pinkfarbene Sorte

Schmuckkörbchen
Cosmos bipinnatus

| | | Höhe 80–150 cm |

Aussehen Schmuckkörbchen sind einjährige Sommerblumen, die aufrecht wachsen und wunderschöne Blüten haben.

Pflege Die pflegeleichte Sommerblume liebt durchlässige, sandig-humose, frische Gartenböden mit mittlerem bis hohem Nährstoffgehalt.

Man kann Kosmeen ab Mai direkt in die Beete säen. Oder sie werden geschützt im Haus ab März vorgezogen und kommen nach den Eisheiligen nach draußen. Regelmäßig sollte man verbluhte Pflanzenteile entfernen, um die Blütezeit zu verlängern.

Gestaltung Der Klassiker wird in kleineren oder größeren Gruppen in bunte Blumenbeete gesät oder gepflanzt. Die ausdrucksstarken Blüher locken Bienen an und eignen sich für den Vasenschnitt. Die Blüten sind sehr schön, groß und von weither sichtbar.

Das Schmuckkörbchen ist eine alte Bauerngartenpflanze.

Nachbarn Setzen Sie verschiedene Farbsorten zusammen. Oder kombinieren Sie mit Spinnenblume, Phlox, Stockrose und Löwenmäulchen.

Anderer deutscher Name Kosmee

BLÜTENFARBE

  gelbe Mitte

BLÜTEZEIT

Jan	Feb	März	April	Mai	Juni	Juli	Aug	Sept	Okt	Nov	Dez
				Mai	Juni	Juli	Aug				

Farbvariationen der Bart-Nelke

Bart-Nelke
Dianthus barbatus

| | | Höhe
40–60 cm |

Aussehen Bart-Nelken gibt es in vielen Variationen. Sie wachsen aufrecht und buschig.
Pflege Die pflegeleichten Sommerblumen lieben durchlässige, sandig-lehmige, frische Gartenböden mit mittlerem Nährstoffgehalt. Sie werden ab Mai ausgesät und sechs bis acht Wochen später an ihren endgültigen Platz im Beet eingepflanzt. Das frühzeitige Entspitzen der Triebe fördert den gewünschten buschigen Wuchs. Nelkenfliegen, Bart-Nelkenrost und Nelkenschwärze können auftreten.
Gestaltung Bart-Nelken können duften und werden in bunte Blumenbeete, gemischte Rabatten sowie Töpfe und Kübel gesetzt. Die schönen Blüten locken Bienen und andere Insekten an und eignen sich für den Vasenschnitt.
Nachbarn Pflanzen Sie verschiedene Farbsorten zusammen. Ansonsten passen die meisten Sommerblumen als Partner.
Weitere Art und Sorten Die Chinesische Nelke (*Dianthus chinensis*) besitzt einen aufrecht buschigen Wuchs und blüht in roten bis violetten Farbtönen. Es gibt auch zweifarbige Sorten. Die Art wird im Frühjahr ausgesät und im Mai gepflanzt.

BLÜTENFARBE

   auch zweifarbig, ungefüllt und gefüllt, duftend

BLÜTEZEIT

| Jan | Feb | März | April | Mai | **Juni** | **Juli** | **Aug** | Sept | Okt | Nov | Dez |

Der deutsche Name stammt von den fingerhutartigen Blüten.

Roter Fingerhut
Digitalis purpurea

   Höhe 80–150 cm

Sorten 'Alba' (weiß) und 'Excelsior'

Aussehen Der Rote Fingerhut wächst straff aufrecht und bildet Horste.

Pflege Die Pflanze liebt durchlässige, humose, frische Gartenböden mit mittlerem Nährstoffgehalt. Ausgesät wird im Juni an Ort und Stelle.

Gestaltung Alle Fingerhüte sind mit ihren hohen, aufrechten, von zahlreichen Fingerhut-Blüten übersäten Stängeln ein Augenmagnet. Sie passen gut in gemischte Blumenbeete oder an Gehölzränder. Die Blüten, deren Form der Pflanze ihren Namen gab, locken Bienen an. Der Rote Fingerhut ist sehr giftig. Er wird im

Garten wie eine Mehrjährige (Staude) verwendet. Da die Samen an Ort und Stelle ausfallen und dort im nächsten Jahr wieder neue Pflanzen wachsen, merkt man gar nicht, dass es sich um eine Zweijährige handelt. Fingerhüte verwildern an ihnen zusagenden Stellen.

Sorten und Art 'Alba' ist eine weiße Sorte, 'Excelsior' blüht in Rosa bis Rot und 'Gloximiaeflora' in Rot, Rosa und Weiß. Der Rostfarbige Fingerhut (*D. ferruginea*) ist auch giftig. Die Blüten sind kleiner, die Pflege ähnlich.

Andere deutsche Namen Heimischer Roter Fingerhut, Fingerhut

BLÜTENFARBE

BLÜTEZEIT

| Jan | Feb | März | April | Mai | **Juni** | **Juli** | **Aug** | Sept | Okt | Nov | Dez |

Goldlack, *E. cheiri*

Goldlack
Erysimum cheiri

   Höhe
30–80 cm

E. allionii

Aussehen Diese zweijährige Pflanze wächst aufrecht buschig und wird gerne verwendet.
Pflege Der pflegeleichte Goldlack liebt durchlässige, sandig-humose, mäßig trockene bis frische Gartenböden mit mittlerem Nährstoffgehalt. Ausgesät wird von Mai bis Juni. Die Samen kommen entweder gleich an ihren endgültigen Platz oder als Jungpflanze im September an Ort und Stelle ins Beet. Über Winter sind die Pflanzen für eine Abdeckung dankbar, da sie nicht sicher jeden Winter überstehen. Ein Rückschnitt nach der Blüte verhindert ein unschönes, sparriges Wachstum.

Gestaltung Goldlack ist ein beliebter Klassiker für bunte Blumenbeete und wird in Kästen und Töpfen gerne als Leitpflanze oder Begleiter verwendet. Die Blüten locken Bienen in den Garten und duften honigsüß. Die Pflanze ist giftig.
Nachbarn Gänseblümchen, Vergissmeinnicht und Stiefmütterchen.
Weitere Art Der Schöterich (*Erysimum × allionii*) ist eine hübsche Hybride, die ein- oder zweijährig kultiviert wird. Aussehen, Pflege und Verwendung sind der beschriebenen Art ähnlich.

BLÜTENFARBE

 ungefüllt und gefüllt, duftend

BLÜTEZEIT

| Jan | Feb | März | **April** | **Mai** | **Juni** | Juli | Aug | Sept | Okt | Nov | Dez |

Schlafmützchen

Schlafmützchen
Eschscholzia californica

   Höhe 20–60 cm

Aussehen Diese hübsche Sommerblume wächst locker rasenartig bis Polster bildend. Die Blüten leuchten von weither.

Pflege Schlafmützchen lieben durchlässige, mäßig trockene Gartenböden mit niedrigem Nährstoffgehalt. Sie brauchen einen warmen Platz. Im Frühjahr wird an Ort und Stelle ausgesät. Durch eine zeitlich gestaffelte Aussaat kann man den Blühzeitpunkt variieren.

Gestaltung Die zarten, leuchtenden Blüten, deren Farbe bei grellem Sonnenschein fast ein wenig in den Augen wehtun kann, sind in Gruppen ein wirklicher Blickfang – besonders, wenn sie sich im leichten Wind hin und her wiegen. Sie werden gerne von Bienen angeflogen. Die Pflanzen passen in bunte Blumenbeete und gemischte Rabatten. Aber auch in Töpfen und Kästen verschönern sie Balkon und Terrasse.

Nachbarn Schön zu Iris, ansonsten überall in bunte, sonnige Blumenrabatten oder Beete einstreuen.

Sorten Es gibt Sorten in farbkräftigen Mischungen.

Andere deutsche Namen Kappenmohn, Goldmohn, Kalifornischer Mohn

BLÜTENFARBE

   mohnartig

BLÜTEZEIT

Jan	Feb	März	April	Mai	Juni	Juli	Aug	Sept	Okt	Nov	Dez

Sonnenblume

Sonnenblume
Helianthus annuus

| Höhe |
| bis 300 cm |

Aussehen Sonnenblumen gehören zu den bekanntesten Blumen überhaupt. Sie sind einjährig und wachsen straff aufrecht. Es gibt klein bleibende Sorten, aber auch Riesen mit bis zu 3 m Höhe.

Pflege Die pflegeleichte Sommerblume liebt durchlässige, sandig-lehmige, frische bis feuchte Gartenböden mit hohem Nährstoffgehalt. Sonnenblumen werden ab April direkt an Ort und Stelle ausgesät. Hohe Pflanzen muss man eventuell stützen. Wenn Sie von den klassischen Sonnenblumen die Samen ernten möchten, dann sollten Sie die Blütenköpfe mit einem Netz überziehen. Ansonsten werden die Samen von den Vögeln gefressen.

Gestaltung Dieser beliebte Klassiker passt in bunte Blumenbeete und gemischte Rabatten. Einzeln oder in Gruppen ist er ein echter Blickfang. Die kleinwüchsigen Sorten und Hybriden sind für Kübel, Töpfe und Kästen geeignet. Im Kübel kann man natürlich auch die hohen Sorten pflegen. Die pflegeleichte Pflanze wird von Kindern genauso geliebt wie von Bienen. Sie eignet sich außerdem für den Vasenschnitt.

Nachbarn Rittersporn, Sonnenhut, Vanilleblume.

BLÜTENFARBE

   auch zweifarbig, ungefüllt und gefüllt

BLÜTEZEIT

| Jan | Feb | März | April | Mai | Juni | Juli | Aug | Sept | Okt | Nov | Dez |

Zwerg-Strohblumen eignen sich zum Trocknen.

Zwerg-Strohblume
Helichrysum bracteatum

   Höhe 35–100 cm

Zwerg-Strohblume

Aussehen Zwerg-Strohblumen wachsen aufrecht.

Pflege Die pflegeleichte Pflanze liebt durchlässige bis sandig-humose, frische bis feuchte Gartenböden mit mittlerem Nährstoffgehalt. Ausgesät wird im März/April im Haus. Ab Ende Mai können die Jungpflanzen ins Freie gesetzt werden. Auch Direktsaat ab Ende April ist denkbar. Ältere und verbräunte Blüten müssen regelmäßig entfernt werden. Nur wenig düngen. Zum Trocknen die Blüten kurz nach dem Aufblühen schneiden und verkehrt herum aufhängen.

Gestaltung Die Zwerg-Strohblume macht sich gut in sonnigen Blumenbeeten und als Leitpflanze oder Begleiter im Balkonkasten. Die Blüten fühlen sich ein wenig wie Stroh an, was manchen Menschen einen Schauer über den Rücken jagt.

Nachbarn Pflanzen Sie verschiedene Farbsorten oder säen Sie Farbmischungen.

Sorten Es gibt Sorten, die nur in einer Farbe blühen, beispielsweise 'Album' in Weiß, oder in mehreren, wie 'Chico'.

Andere deutsche Namen Garten-Strohblume, Strohblume

BLÜTENFARBE

BLÜTEZEIT

| Jan | Feb | März | April | Mai | Juni | Juli | Aug | Sept | Okt | Nov | Dez |

Dekorative Blüten der Bechermalve

Bechermalve
Lavatera trimestris

   Höhe 60–120 cm

L.-Trimestris-Hybride 'Mont Blanc'

Aussehen Diese einjährige Sommerblume wächst aufrecht und buschig und kann bis 1,20 m hoch werden.

Pflege Bechermalven lieben durchlässige, sandig-lehmige, mäßig trockene bis frische Gartenböden mit mittlerem Nährstoffgehalt. Die Pflanzen werden im April an Ort und Stelle ausgesät. Keine nassen und zu nährstoffreiche Standorte auswählen. Frühzeitiges Entspitzen der Triebe fördert den gewünschten buschigen Wuchs.

Gestaltung Die großen Blüten der Bechermalve locken Bienen in den Garten.

Am besten pflanzt man diese hübsche Sommerblume in kleineren oder größeren Gruppen in gemischte Blumenbeete. Eine alte und bekannte Pflanze mit Bauerngarten-Charakter, die wegen ihrer schönen, großen Blüten im Beet auffällt.

Nachbarn Bechermalven können mit vielen Sommerblumen kombiniert werden, zum Beispiel mit Schmuckkörbchen (*Cosmos bipinnatus*), Spinnenblume (*Cleome spinosa*) und Ziertabak.

Andere deutsche Namen Strauchpappel, Malve

BLÜTENFARBE

 dekorativ

BLÜTEZEIT

Jan	Feb	März	April	Mai	Juni	Juli	Aug	Sept	Okt	Nov	Dez

Meerlavendel oder Strandflieder

Meerlavendel
Limonium sinuatum

  Höhe
30–60 cm

L. latifolium

Aussehen Der Meerlavendel wächst aufrecht. Die Triebe haben auffällige Leisten.

Pflege Diese pflegeleichte Sommerblume liebt durchlässige, nahrhafte, mäßig trockene Gartenböden mit mittlerem Nährstoffgehalt. Ausgesät wird Anfang März geschützt im Haus. Die Jungpflanzen kommen nach den Eisheiligen an ihren Platz ins Blumenbeet. Ein frühzeitiges Entspitzen der Triebe fördert einen buschigen Wuchs.

Gestaltung Eine hübsche Pflanze, die in kleineren oder größeren Gruppen in bunte Blumenbeete oder gemischte Rabatten gesetzt wird. Die kleinen Blütchen locken Bienen in den Garten. Der Meerlavendel ist für den Vasenschnitt geeignet. Die äußerst haltbaren Blütenstängel können getrocknet als Trockenstrauß oder im -gesteck verwendet werden.

Nachbarn Pflanzen Sie niedrige Sommerblumen, wie zum Beispiel Duftsteinrich und Männertreu, dazu.

Weitere Art Der Strandflieder, *L. latifolium*, ist eine mehrjährige, 50 bis 80 cm hohe Verwandte. Sie blüht hellviolett von Mai bis Juli.

Andere deutsche Namen Statice, Strandnelke, Strandflieder

BLÜTENFARBE

BLÜTEZEIT

| Jan | Feb | März | April | Mai | Juni | Juli | Aug | Sept | Okt | Nov | Dez |

Der Duftsteinrich ist ein Dauerblüher.

Duftsteinrich
Lobularia maritima

   Höhe
10–30 cm

L. maritima 'Snow Crystal'

Aussehen Die einjährige Sommerblume wächst kompakt buschig bis polsterartig.
Pflege Der Duftsteinrich liebt durchlässige, sandig-humose, mäßig trockene bis frische Gartenböden mit mittlerem bis hohem Nährstoffgehalt. Ballentrockenheit ist zu vermeiden. Von Februar bis April wird im Haus ausgesät. Ab Ende Mai kommen die Jungpflanzen ins Freiland. Säen Sie etwa sieben Samen pro Topf, dadurch wachsen kräftige Polster. Nach der Hauptblüte wird durchgeputzt und Verblühtes entfernt. Dadurch erreicht man neues Wachstum und die Bildung weiterer Blüten.

Gestaltung Die kleine und pflegeleichte Pflanze kann man als Bodendecker zwischen einzelnen Sommerblumen oder Staudengruppen verwenden. Durch die reiche Blüte verwandelt sie ganze Bereiche in bunte Teppiche. Und die duften! Der Duftsteinrich ist auch für Kästen und Töpfe bestens zu gebrauchen. Als Begleitpflanze oder Hänger erfreut er uns durch seine Dauerblüte. Gepflanzt wird immer in kleinen oder größeren Gruppen.
Nachbarn Sommerastern, Eis-Begonien und viele andere Sommerblumen und Stauden, die die Sonne lieben.

BLÜTENFARBE

   Duft

BLÜTEZEIT

Jan	Feb	März	April	Mai	Juni	Juli	Aug	Sept	Okt	Nov	Dez

Blüte des Judassilberlings

Judassilberling
Lunaria annua

    Höhe 60–90 cm

Silbrig glänzende Scheidewand der Früchte

Aussehen Die ein- oder zweijährige Sommerblume wächst aufrecht und buschig.

Pflege Der Judassilberling möchte auf sandig-humosen, frischen bis feuchten Gartenböden mit mittlerem Nährstoffgehalt wachsen. Ausgesät wird von März bis Juli. Die Jungpflanzen kommen ab August an ihren endgültigen Platz im Beet. Wenn im Haus früh im Jahr vorkultiviert wird, dann blüht die Pflanze schon im gleichen Jahr. Selbstaussaat ist an zusagenden Standorten leicht möglich.

Gestaltung Die Sommerblume wird nicht wegen ihrer Blüte, sondern wegen der ungewöhnlichen Scheidewand der Früchte sehr geliebt. Die großen „Silbertaler", die schon ab August zu sehen sind, zieren jedes Beet. Sie werden auch gerne zu frischen und trockenen Sträußen dazugenommen. Der Judassilberling ist eine alte Bauerngartenpflanze, die Bienen und andere Insekten anlockt. Am besten wirkt sie einzeln im Bauerngartenbeet.

Andere Namen Silberling, Silberblatt

BLÜTENFARBE

 ungewöhnlicher Fruchtschmuck

BLÜTEZEIT

| Jan | Feb | März | April | **Mai** | **Juni** | **Juli** | Aug | Sept | Okt | Nov | Dez |

Levkojen sind alte Bauerngartenpflanzen.

Levkoje
Matthiola incana

  Höhe
40–80 cm

M. incana mit panaschierten Blütenblättern

Aussehen Levkojen gehören seit Jahren zum Standardsortiment der Beet- und Balkonpflanzen. Die Pflanzen wachsen aufrecht und leicht buschig.

Pflege Die pflegeleichte Sommerblume liebt durchlässige, frische Gartenböden mit mittlerem bis hohem Nährstoffgehalt. Ab Februar kann man im Haus aussäen. Die Jungpflanzen kommen ab Ende Mai an ihren endgültigen Platz im Beet. Wählen Sie keine zu nassen oder zu trockenen Plätze. Verblühtes wird regelmäßig entfernt, um die Blütezeit zu verlängern.

Gestaltung Levkojen gehören in bunte Blumenbeete und gemischte Rabatten. Die hübschen Blüten locken Bienen und andere Insekten an und duften. Die Sommerblumen sind alte Bauerngartenpflanzen, die man auch im Topf und Kasten ziehen und für die Vase schneiden kann.

Nachbarn Verschiedene Farbsorten zusammen setzen, ansonsten sind Levkojen mit fast allen anderen Sommerblumen kombinierbar, die gleiche Ansprüche haben.

Anderer deutscher Name Garten-Levkoje

BLÜTENFARBE

    ungefüllt und gefüllt, duftend

BLÜTEZEIT

Jan	Feb	März	April	Mai	Juni	Juli	Aug	Sept	Okt	Nov	Dez

Die Blüten liegen in den grünen Kelchen.

Muschelblume
Moluccella laevis

   Höhe
60–90 cm

Aussehen Diese einjährige Sommerblume wächst aufrecht. Sie sieht mit ihren hohen, grünen Stängeln und mit den in muschelartigen „Kelchen" eingebetteten Blüten sehr ungewöhnlich aus. Muschelblumen können eine Höhe von 90 cm erreichen.

Pflege Diese pflegeleichte Sommerblume liebt durchlässige, mäßig trockene bis frische Gartenböden mit mittlerem bis hohem Nährstoffgehalt.

Ausgesät wird die Muschelblume ab März geschützt im Haus. Ende Mai kommen die Jungpflanzen nach draußen an ihren endgültigen Standort im Sommerblumenbeet oder der Staudenrabatte.

Gestaltung Muschelblumen sind Schnittblumen mit interessanten „Blüten", die man auch gut trocknen kann. Sie passen in bunte Blumenbeete und gemischte Rabatten. Am besten pflanzt man immer mehrere Exemplare zusammen.

Nachbarn Muschelblumen sind mit vielen Sommerblumen kombinierbar, schön sind sie zu niedrig wachsenden Sommerblumen im sonnigen Beet.

Anderer deutscher Name Trichtermelisse

BLÜTENFARBE

 umgeben von einem großen, grünen Kelch

BLÜTEZEIT

| Jan | Feb | März | April | Mai | Juni | Juli | **Aug** | **Sept** | Okt | Nov | Dez |

Die Braut in Haaren besitzt feines Laub.

Braut in Haaren
Nigella damascena

   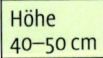

Höhe
40–50 cm

Aussehen Diese einjährige Sommerblume wächst aufrecht. Sie wirkt nicht nur durch die schönen Blüten, sondern auch durch die dekorativen Früchte ab August.

Pflege Die pflegeleichte Sommerblume mit dem regional sehr unterschiedlichen Namen liebt durchlässige, mäßig trockene bis frische Gartenböden mit mittlerem bis hohem Nährstoffgehalt. Ausgesät wird im Herbst oder März bis April. Die Pflanze sät sich auch leicht aus. Man kann die Selbstaussaat unterbinden, wenn man die Samenkapsel entfernt, bevor der Samen reif ist und ausfällt.

Gestaltung Der hübsche Schwarzkümmel passt gut in bunte Blumenbeete und gemischte Rabatten.
Die hübschen Blüten locken Bienen und andere Insekten an. Die alte Bauerngartenpflanze lässt sich auch in Töpfen, Kübeln und Kästen pflegen. Sie ist außerdem für den Vasenschnitt geeignet.

Nachbarn Es sieht hübsch aus, wenn man blaue und rosa Sorten gemischt im Beet anpflanzt.

Andere deutsche Namen Jungfer im Grünen, Gretel im Busch, Schwarzkümmel

BLÜTENFARBE

BLÜTEZEIT

Jan	Feb	März	April	Mai	Juni	Juli	Aug	Sept	Okt	Nov	Dez

Islandmohn, *P. nudicaule*

Leuchtende Klatschmohn-Blüten

Weiße Sorte

Klatschmohn, Einjähriger Mohn
Papaver rhoeas

| ☀ | 💧 | 💧 | Höhe 30–90 cm |

Aussehen Die einjährige Sommerblume wächst aufrecht und fällt zur Blütezeit in jedem Blumenbeet sofort ins Auge.

Pflege Der Klatschmohn liebt durchlässige, mäßig trockene bis frische Gartenböden mit mittlerem Nährstoffgehalt. Ausgesät wird ab März direkt an Ort und Stelle ins Beet.

Gestaltung Die pflegeleichte Sommerblume gehört in bunte Blumenbeete und Rabatten. Die schönen Blüten locken Bienen und andere Insekten an.

Nachbarn Pflanzen Sie immer mehrere Exemplare zusammen. Ansonsten lässt sich Klatschmohn mit fast allen Sommerblumen kombinieren.

Weitere Arten Der Islandmohn (*P. nudicaule*) ist zweijährig, manchmal auch mehrjährig, aber meist nur kurzlebig. Es gibt wunderschöne Farben von Weiß über Gelb, Orange bis Rot. Die Blüten sind filigran. Gepflanzt wird an einen sonnigen Platz in durchlässiges Erdreich. Der Schlafmohn (*P. somniferum*) wächst aufrecht buschig und wird bis 90 cm hoch. Die Blütezeit ist von Juni bis August in Rosa, Rosapurpur bis Rot. Achtung: Beim Anbau Gesetze beachten.

BLÜTENFARBE

BLÜTEZEIT

| Jan | Feb | März | April | **Mai** | **Juni** | **Juli** | Aug | Sept | Okt | Nov | Dez |

Die Blüten schließen bei zu wenig Licht.

Portulakröschen
Portulaca grandiflora

   Höhe
10–20 cm

Portulakröschen

Aussehen Diese einjährige Sommerblume wächst flach bis kriechend.

Pflege Das Portulakröschen liebt durchlässige, sandig-kiesige, trockene bis frische Gartenböden mit sehr niedrigem Nährstoffgehalt. Ausgesät wird ab März im Haus. Die Jungpflanzen kommen ab Ende Mai ins Freiland. Verblühte Pflanzenteile werden immer einmal wieder entfernt. Frühzeitiges Entspitzen fördert den buschigen Wuchs.

Gestaltung Die dankbaren Sommerblumen passen in bunte Blumenbeete. In Kästen und Töpfen werden sie als Begleitpflanze oder Hän-

ger verwendet. Die Portulakröschen mit den fleischigen Blättern begeistern durch ihre Pflegeleichtigkeit und den farbenfrohen, sicheren Blütenflor. Die hübschen Blüten schließen sich bei zu wenig Licht.

Nachbarn Farbmischungen aussäen, ansonsten ist das Portulakröschen mit fast allen anderen Sommerblumen kombinierbar.

BLÜTENFARBE

   ungefüllt oder gefüllt

BLÜTEZEIT

| Jan | Feb | März | April | Mai | Juni | Juli | Aug | Sept | Okt | Nov | Dez |

Schöne Farbgruppe aus drei Ranunkeln

Ranunkel
Ranunculus asiaticus

Höhe
20–30 cm

Aussehen Ranunkeln gehören im Frühjahr zum Sortiment der Beet- und Balkonpflanzen. Sie sind ausdauernde, aufrecht wachsende Pflanzen, werden bei uns aber meist nur einjährig gezogen, da sie nicht frosthart sind.

Pflege Die pflegeleichte Pflanze liebt durchlässige Gartenböden mit mittlerem bis hohem Nährstoffgehalt. Achten Sie auf gleichmäßige Bodenfeuchtigkeit während der Wachstumszeit. Ausgesät wird ab Oktober im Haus. Die weitere Anzucht erfolgt bei Temperaturen von 8 bis 10 Grad. Im Frühjahr wird ausgepflanzt, aber Vorsicht: Ranunkel sind frostempfindlich und bevorzugen einen geschützten Platz. Verblühtes wird regelmäßig entfernt. Echter Mehltau kann auftreten.

Gestaltung Die hübschen, bunten Blüher passen in gemischte Beete und Rabatten. In Balkonkästen werden sie als Leitpflanze oder Begleitpflanze verwendet. Am besten pflanzt man sie in kleine Gruppen. Setzen Sie mehrere Farbsorten zusammen.

Nachbarn Mit fast allen anderen Beet- und Balkonpflanzen kombinierbar. Schön mit frühjahrsblühenden Zwiebelblumen, zum Beispiel Narzissen und Tulpen.

BLÜTENFARBE

  ungefüllt oder gefüllt, becherförmig

BLÜTEZEIT

 | Jan | **Feb** | **März** | **April** | **Mai** | **Juni** | Juli | Aug | Sept | Okt | Nov | Dez |

Der Wunderbaum wächst ausladend.

Wunderbaum
Ricinus communis

   Höhe
150–300 cm

Blüte von *R. communis*

Aussehen Diese ausdauernde Pflanze wird bei uns einjährig gezogen. Sie wächst aufrecht und wird sehr groß. Sie ist in jedem Beet weithin sichtbar.

Pflege Der Wunderbaum liebt fruchtbare, humose, frische bis feuchte Gartenböden mit mittlerem bis hohem Nährstoffgehalt. Ausgesät wird im März/April im Haus. Die Jungpflanzen kommen ab Ende Mai nach draußen ins Beet. Meistens ist es angebracht, den hohen Pflanzen eine Stütze zu geben.

Gestaltung Der giftige Rizinus entwickelt sich zu einer riesigen Pflanze, die viel Platz braucht. Daher müssen Sie einen Einzelplatz im Blumenbeet für ihn auswählen. Am Wunderbaum ist fast alles auffällig: Der hohe und ausladende Wuchs, die dekorativen Blätter und die roten, stacheligen Fruchtstände. Wegen der stark wachsenden Wurzeln sollte man keinen Platz in Teich- oder Bachnähe wählen.

Andere Namen Palma Christi, Rizinus

BLÜTENFARBE

  zierende Fruchtstände

BLÜTEZEIT

Jan	Feb	März	April	Mai	Juni	Juli	Aug	Sept	Okt	Nov	Dez

Trompetenzunge

Trompetenzunge
Salpiglossis sinuata

  | Höhe
30–60 cm

Rosarote Sorte

Aussehen Trompetenzungen sind einjährige Sommerblumen, die schlank und aufrecht wachsen.

Pflege Die pflegeleichte Sommerblume liebt durchlässige bis humose, frische Gartenböden mit mittlerem bis hohem Nährstoffgehalt. Ausgesät wird ab Mitte März im Haus. Ende Mai kommen die Jungpflanzen nach draußen ins Beet. Frühzeitiges Entspitzen fördert den buschigen Wuchs.

Gestaltung Trompetenzungen passen in bunte Blumenbeete und gemischte Rabatten. Auch in Töpfen und Kübeln können sie gepflegt werden. Man setzt sie in kleineren oder größeren Gruppen zusammen. Auch ein Beet, das nur mit diesen Sommerblumen bepflanzt ist, sieht sehr schön aus. Die hübschen Blüten locken Bienen und andere Insekten an. Die Pflanze ist für den Vasenschnitt geeignet.

Nachbarn Verschiedene Farbsorten zusammen pflanzen. Schön zu Lobelien, Silberblatt und Husarenknopf.

BLÜTENFARBE

auch mehrfarbig

BLÜTEZEIT

| Jan | Feb | März | April | Mai | Juni | Juli | Aug | Sept | Okt | Nov | Dez |

Feuerrote Blüten des Pracht-Salbei

Pracht-Salbei
Salvia splendens

  Höhe 30–40 cm

Mehl-Salbei 'Victoria Blau'

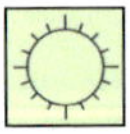

Aussehen Der Feuer-Salbei wächst aufrecht und buschig.

Pflege Die pflegeleichte Sommerblume liebt durchlässige, humose, nahrhafte und frische Gartenböden mit mittlerem bis hohem Nährstoffgehalt. Ausgesät wird von Februar bis April geschützt im Haus. Ab Mitte Mai kommen die Jungpflanzen nach draußen an ihren endgültigen Platz. Frühzeitiges Entspitzen fördert den buschigen Wuchs.

Gestaltung Der Feuer-Salbei ist eine Gruppenpflanze, die in gemischte Rabatten und Beete passt und auch im Topf gepflegt werden kann. Die auffälligen Blüten locken Bienen an.

Nachbarn Fast das gesamte Beet- und Balkonsortiment, schön mit Tagetes, weißen und blauen Lobularien und Leberbalsam.

Weitere Arten Der Mehl-Salbei (*S. farinacea*) ist eine weitere sehr bekannte Zier-Salbei-Art. Er blüht von Juni bis September in Blau- und Violetttönen, Prozellanfarben und auch zweifarbig (blau/porzellan). Der Scharlach-Salbei (*S. coccinea*) in Rot entwickelt lockere Blütenstände. Verwendung und Pflege beider Arten gleichen der oben beschriebenen Art.

Andere Namen Feuer-Salbei, Zier-Salbei

BLÜTENFARBE

    auch zweifarbig

BLÜTEZEIT

| Jan | Feb | März | April | Mai | Juni | Juli | Aug | Sept | Okt | Nov | Dez |

Gefüllte Blüten der Studentenblume

Kleine Studentenblume

Tagetes patula

  Höhe 15–50 cm

T. patula, Sorte 'Discored'

Aussehen Die Kleine Studentenblume ist eine einjährige Sommerblume, die aufrecht buschig wächst und kompakt bleibt.

Pflege Die Sommerblume liebt durchlässige, frische Gartenböden mit mittlerem bis hohem Nährstoffgehalt. Ausgesät wird im März/April im Haus. Ab Mitte Mai kommen die Jungpflanzen nach draußen. Auch eine Direktsaat ab Mai ist möglich, dann blühen die Pflanzen später. Das frühzeitige Entspitzen der Haupttriebe bewirkt einen buschigen Wuchs. Verblühtes wird regelmäßig ausgeputzt. Die Pflanzen sind sehr durch Schnecken gefährdet.

Gestaltung Tagetes sind Leit- oder Begleitpflanzen in Kästen und Kübeln. Sie passen gut in Gruppen in gemischte Beete. Eine Randbepflanzung sieht sehr schön aus.

Nachbarn Am Rand von Gemüsebeeten, neben Ringelblume, Vanilleblume, Sonnenhut.

Weitere Arten Von der Studentenblume (*Tagetes erecta*) gibt es Schnittsorten, die bis zu 80 cm hoch werden können. Die Gewürz-Tagetes (*Tagetes tenuifolia*) ist eine weitere hübsche Art, die nur bis 30 cm hoch wird und ungefüllt in Gelb, Orange und Rotbraun blüht.

Andere Namen Sammethlume, Tagetes

BLÜTENFARBE

    auch zweifarbig, ungefüllt bis gefüllt

BLÜTEZEIT

Jan	Feb	März	April	Mai	Juni	Juli	Aug	Sept	Okt	Nov	Dez

Sorte 'Variegata' mit panaschierten Blättern

Kapuzinerkresse
Tropaeolum majus

    Höhe 30–300 cm

Die Blüten der Kapuzinerkresse

Aussehen Die einjährige Kletterpflanze wächst kletternd und kriechend. Sie wird in Hausgärten, aber auch öffentlichen Parks immer wieder gerne angepflanzt.

Pflege Die Kapuzinerkresse bevorzugt fruchtbare, durchlässige, frische bis feuchte Gartenböden mit hohem Nährstoffgehalt. Die Pflanze ist sehr frostempfindlich. Die Blüten können für die Vase geschnitten werden. Vermehrt wird durch Aussaat.

Gestaltung Die Bauerngartenpflanze begrünt rasch Spaliere, Zäune und Gitter. Sie wird auch gerne zur Ergänzung in gemischte Blumenrabatten gesetzt. Sie gehört zum Standardsortiment und ist ein Heilpflanze. Außerdem lässt sich die Kapuzinerkresse wunderbar in Töpfen und Kübeln auf Balkon und Terrasse pflegen.

Sorte und Art Schön sind die Pflanzen mit panaschierten Blättern (siehe Bild oben, Sorte 'Variegata'). Die Rankende Kapuzinerkresse (*T. peregrinum*) besitzt stark gefranste und ungewöhnliche Blüten von Juni bis Oktober. Samenansätze müssen immer wieder entfernt werden, damit die Blühfreudigkeit erhalten bleibt.

BLÜTENFARBE

BLÜTEZEIT

| Jan | Feb | März | April | Mai | **Juni** | **Juli** | **Aug** | **Sept** | Okt | Nov | Dez |

Ton in Ton

Die Königskerze passt zu vielen Gartenstauden.

Spät blühende
Verbascum-Hybride

Königskerze
Verbascum in Sorten

Höhe
bis 180 cm

Aussehen Diese zweijährigen bis ausdauernden Sommerblumen wachsen aufrecht.
Pflege Die Pflanzen lieben durchlässige, mäßig trockene bis frische Gartenböden mit guter Drainage und mittlerem Nährstoffgehalt. Man sät im Mai/Juni aus und pflanzt die Königskerzen im September ins Beet an den endgültigen Standort. Staunässe wird nicht vertragen! Obwohl Königskerzen nicht (direkt) zu den Stauden gehören, werden sie im Garten wie eben solche verwendet. Sie vermehren sich leicht und erscheinen daher im Folgejahr an der gleichen Stelle.

Gestaltung Königskerzen werden in bunte Beet- und Staudenpflanzungen gesetzt. Die Pflanzen wirken sehr schön in Gruppen. Sie stehen gerne im Schutz einer Wand.
Weitere Art Die Seidenhaar-Königskerze (*V. bombyciferum*) wird bis zu 180 cm hoch. Eine ungewöhnliche Pflanze mit weißfilziger Behaarung. Sie kann im Beet einen Einzelstand erhalten oder als kleine Gruppe wachsen. Die Pflanze wird im Mai/Juni ausgesät und kommt entweder gleich oder als Jungpflanze ab August an ihren Platz. Im Folgejahr zeigen sich die Blüten von Juni bis September.

BLÜTENFARBE

BLÜTEZEIT

Jan	Feb	März	April	Mai	**Juni**	**Juli**	**Aug**	Sept	Okt	Nov	Dez

Stiefmütterchen gibt es in verschiedenen Farben.

Stiefmütterchen
Viola × wittrockiana

   Höhe 20–25 cm

Blaue neben gelber Sorte

Aussehen Stiefmütterchen sind Klassiker und gehören seit Jahren zu den bekanntesten Sommerblumen überhaupt. Die Zweijährigen wachsen kompakt buschig und bilden Horste.

Pflege Die pflegeleichte Sommerblume liebt durchlässige, sandig-lehmige, frische Gartenböden mit mittlerem Nährstoffgehalt. Man sät im Juni/Juli und im September an ihren endgültigen Platz im Beet. Verblühtes sollte man regelmäßig ausputzen. Stiefmütterchen sind pflegeleicht und unkompliziert. Im Winter ist eine Abdeckung mit Fichtenreisig empfehlenswert.

Gestaltung Die Pflanzen mit ihren wunderschönen, ausdrucksstarken Blüten sind für jedes Beet und jede Rabatte eine echte Zierde. In Balkonkästen werden sie als Leit- und Begleitpflanze verwendet. Setzen Sie immer kleine Gruppen, am besten verschiedenfarbige Sorten. Stiefmütterchen werden auch bei der Grabgestaltung gerne verwendet. Außerdem passen sie in Steingärten.

Nachbarn Gänseblümchen, Tulpen, Narzissen und Vergissmeinnicht.

Anderer deutscher Name Garten-Stiefmütterchen

BLÜTENFARBE

auch mehrfarbig

BLÜTEZEIT

Jan	Feb	März	April	Mai	Juni	Juli	Aug	Sept	Okt	Nov	Dez

Lachsrote Sorte

Gelb blühende Zinnien-Sorte

Gefüllt blühende Zinnie

Zinnie
Zinnia elegans

Höhe
40–100 cm

Aussehen Zinnien sind alte Bauerngarten-pflanzen, die aufrecht und buschig wachsen. Es gibt sehr hohe Sorten, die sich für den Schnitt eignen, und niedrige.

Pflege Die pflegeleichte einjährige Sommer-blume liebt durchlässige, sandig-humose, frische Gartenböden mit mittlerem bis hohem Nährstoffgehalt. Ausgesät wird im April im Haus. Die Jungpflanzen kommen ab Mitte bis Ende Mai ins Beet. Zu den Sommerarbeiten gehören neben düngen und gießen das regelmäßige Putzen, um die Blütezeit zu verlängern.

Gestaltung Zinnien passen in bunte Blumen-beete und gemischte Rabatten. Setzen Sie sie immer in Gruppen. Auch in Kästen und Töpfen werden die Klassiker gerne verwendet, allerdings eher die niedrigen Sorten. Die auffälligen Blüten locken Bienen und andere Insekten an.

Nachbarn Leberbalsam, Schmuckkörbchen und Mehl-Salbei.

Weitere Art Die Schmalblättrige Zinnie (*Zinnia angustifolia*) besitzt lanzettliche Blätter und bleibt mit 30 cm niedriger als die oben genannte Art. Sie wird gerne verwendet, da die Blüten sehr haltbar und wetterfest sind.

BLÜTENFARBE

  ungefüllt und gefüllt

BLÜTEZEIT

| Jan | Feb | März | April | Mai | Juni | Juli | Aug | Sept | Okt | Nov | Dez |

Stauden

Tränendes Herz

A. microphylla 'Kupferteppich'

Die Fruchtstände von *A. microphylla*

Bodendeckerpflanze Stachelnüsschen

Blaugrünes Stachelnüsschen
Acaena buchananii

   Höhe 5–10 cm

Aussehen Die kleine Staude wächst flach Matten bildend und kompakt.

Pflege Die Bodendecker lieben durchlässige, sandig-lehmige, mäßig trockene Gartenböden mit mittlerem Nährstoffgehalt. Sie sind nässeempfindlich, vertragen aber Trockenheit. Bei strengem Frost ist ein Reisigschutz empfehlenswert. Die Pflanze kann durch Aussaat (nur die Arten) und Teilung vermehrt werden, und breitet sich selbst durch unterirdische Ausläufer aus.

Gestaltung Blaugrüne Stachelnüsschen mit den hübschen, blaugrünen, wintergrünen Blättchen eignen sich für die Kultur in Kübel und Topf. Sie lassen sich zur Grabbepflanzung, in Steingärten, Mauerfugen und Trockenmauern verwenden und sie sind sehr hübsche flächendeckende Rasenbildner.

Weitere Arten Das Blaugraue Stachelnüsschen (*A. caesiiglauca*) blüht weiß im Juni/Juli. Die Blätter sind rötlich und unterseits dicht silberhaarig. Das Braunblättrige Stachelnüsschen (*A. microphylla*) hat bräunlich grüne Blätter. Das Magellan-Stachelnüßchen (*A. magellanica*) ist sehr nässeempfindlich und muss vor Winternässe geschützt werden.

BLÜTENFARBE

  Kugelblüten

BLÜTEZEIT

Jan	Feb	März	April	Mai	Juni	Juli	Aug	Sept	Okt	Nov	Dez

Sorte 'Golden Plate'

Hohe Garbe

A. millefolium 'Kirschkönigin'

Hohe Garbe
Achillea filipendulina

Höhe
80–150 cm

Aussehen Die hohe und auffällige Staude wächst aufrecht buschig.

Pflege Gold-Garben verlangen durchlässige, sandig-lehmige, mäßig trockene bis frische Gartenböden mit mittlerem bis hohem Nährstoffgehalt. Der Spross wird im späten Herbst oder zeitigen Frühjahr zurückgeschnitten.

Gestaltung Hohe Garben sind auffällige Gruppen-Stauden in bunten Beeten und gemischten Rabatten. Sie locken Bienen in den Garten und eignen sich sowohl für den Vasenschnitt als auch für die Trockenfloristik.

Nachbarn Rittersporn, Edeldistel, Sonnenbraut, Katzenminze und Garten-Margerite.

Sorten und Arten 'Parker's Variety' ist eine robuste Sorte mit goldgelben, größeren Dolden. *Achillea filipendulina* ist die Elternart zahlreicher Hybriden. Zum Beispiel für die bekannte goldgelbe 'Coronation Gold' und die tiefgelbe 'Golden Plate'. Schön ist auch *Alchillea millefolium* 'Sammetriese', die Rote Schaf-Garbe, mit auffälliger roter Blütenpracht. Die Sumpf-Garbe (*Achillea ptarmica*) braucht einen frischen bis feuchten Boden in sonniger Lage.

Anderer deutscher Name Gold-Garbe

BLÜTENFARBE

BLÜTEZEIT

Jan	Feb	März	April	Mai	Juni	**Juli**	**Aug**	Sept	Okt	Nov	Dez

A. napellus

A. napellus 'Gletschereis'

A. × cammarum 'Bicolor'

Eisenhut
Aconitum napellus

Höhe
100–120 cm

Aussehen Die einheimische Staude wächst straff aufrecht.

Pflege Der giftige Eisenhut bevorzugt humoslehmige, frische Gartenböden mit hohem Nährstoffgehalt. Der Spross wird im späten Herbst oder zeitigen Frühjahr zurückgeschnitten (Handschuhe tragen!). Die Pflanzen sollten vor praller Sonne und Trockenheit geschützt werden. Sie können durch Aussaat und Teilung vermehrt werden.

Gestaltung Eisenhüte werden in Gruppen, seltener einzeln, in naturnahe Beet- und Staudenpflanzungen gesetzt. Sie eignen sich auch für den Gehölzrand und locken Bienen an.

Nachbarn Silberkerze, Japanische Herbst-Anemone und Rasen-Schmiele *(Deschampsia)*.

Sorten und Arten 'Bergfürst' ist eine violettblaue und 'Gletschereis' eine weiße Sorte. Vom Garten-Eisenhut *(A. × cammarum)* sind die blauviolette 'Newry Blue' und die weißblaue 'Bicolor' bekannte Sorten. Der Herbst-Eisenhut *(A. carmichaelii)* ist eine wunderbare Herbst-Schnittblume und blüht von September bis Oktober.

Andere deutsche Namen Heimischer Eisenhut, Blauer Eisenhut

BLÜTENFARBE

BLÜTEZEIT

Jan	Feb	März	April	Mai	Juni	Juli	Aug	Sept	Okt	Nov	Dez

Das Adonisröschen ist ein Frühjahrsblüher.

Adonisröschen
Adonis vernalis

  Höhe 20–30 cm

A. multiflora 'Sandanzaki' (*A. amurensis* 'Pleniflora')

Aussehen Die hübsche, kleine, giftige Staude wächst buschig.

Pflege Adonisröschen brauchen kalkhaltige, durchlässige, sandig-kiesige, sommertrockene Gartenböden mit mittlerem Nährstoffgehalt. An zusagenden Orten bleiben sie jahrzehntelang schön. Die Pflanzen sind leider durch Schneckenfraß gefährdet. Sie können durch Aussaat und Teilung vermehrt werden, was aber langwierig und schwierig ist.

Gestaltung Frühlings-Adonisröschen öffnen schon früh im Jahr ihre wunderschönen leuchtenden Blüten. Sie werden eher einzeln gesetzt, weil sie einziehen und in Gruppen gepflanzt Lücken hinterlassen würden. Sie eignen sich für Steingärten.

Weitere Art Das goldgelbe Amur-Adonisröschen (*Adonis amurensis*) liebt mäßig trockene bis frische, durchlässige Böden, die im Frühjahr feucht sind. Die Pflanze blüht von März bis April und ist giftig.

Anderer deutscher Name Frühlings-Adonisröschen

BLÜTENFARBE

BLÜTEZEIT

| Jan | Feb | März | April | Mai | Juni | Juli | Aug | Sept | Okt | Nov | Dez |

Duftnesseln lieben die Sonne.

Duftnessel
Agastache foeniculum

| ☀ | 💧 | Höhe 50–80 cm |

Blütenstand der Duftnessel

Aussehen Die dekorative Staude wächst straff aufrecht und entfaltet ihre Blütenpracht im Sommergarten. Sie sind nur selten echt im Handel zu erhalten.

Pflege Duftnesseln wollen in durchlässigen, frischen Gartenböden mit mittlerem Nährstoffgehalt wachsen. Ein sonniger Platz und eine regelmäßige Wasserversorgung sind für das gute Wachstum Voraussetzung. Leider sind diese Stauden nur mäßig frosthart und sollten daher einen Winterschutz bekommen. In der Regel sind sie kurzlebig. Sie können durch Aussaat und Stecklinge vermehrt werden.

Gestaltung Die violettblauen Blüher eignen sich für bunte Beete und gemischte Rabatten. Außerdem kann man sie gut in Kübeln und Töpfen pflegen. Die auffälligen Blüten duften nach Anis, daher stammt sicher auch einer ihrer deutschen Namen. Sie locken außerdem Bienen und andere Insekten in den Garten.

Nachbarn Duftnesseln kommen mit fast allen Sommerblumen und Stauden, die ähnliche Ansprüche haben, zu Recht.

Anderer deutscher Name Anis-Ysop

BLÜTENFARBE

BLÜTEZEIT

Jan	Feb	März	April	Mai	Juni	Juli	Aug	Sept	Okt	Nov	Dez

Blütenstand von *A. genevensis*

Der Günsel verwildert an zusagenden Plätzen.

Nahaufnahme von *A. reptans*

Günsel, Kriech-Günsel
Ajuga reptans

Höhe
15–20 cm

Aussehen Der bekannte Bodendecker wächst Polster bildend und schnell.

Pflege Geben Sie dem Günsel sandig-humose, frische bis feuchte Gartenböden mit mittlerem bis hohem Nährstoffgehalt. Die unproblematische Pflanze mag keine trockenen Plätze. Achtung, Günsel kann wuchern.

Gestaltung Der Kriech-Günsel eignet sich für den Vordergrund von Beet- und Staudenpflanzungen und wächst auch an schattigen Plätzen noch zufriedenstellend. Am Gehölzrand lässt sich die Pflanze schön verwildern und ist hier ein hübscher Bodendecker.

Sorten und Art Die Sorte 'Alba' entwickelt weiße Blüten. 'Atropurpurea' blüht violettblau und besitzt schönes braunviolettes Laub. 'Braunherz' entwickelt braunrote Blätter und violettblaue Blüten. 'Multicolor' hat mehrfarbiges Laub und violettblaue Blüten. 'Catlin's Giant' wächst stark und blüht blau. Der Heide-Günsel, auch Genfer Günsel genannt (*A. genevensis*), blüht in leuchtendem Blau, die Sorten auch in Weiß und Rosa, von April bis Juni. Die Art bevorzugt einen trockeneren Platz und bildet keine Ausläufer.

Anderer Namen Kriechender Günsel

BLÜTENFARBE

BLÜTEZEIT

Jan	Feb	März	April	Mai	Juni	Juli	Aug	Sept	Okt	Nov	Dez

Frauenmantel

Frauenmantel
Alchemilla mollis

    Höhe 40–50 cm

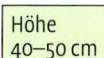
A. alpina (vorn) mit *Phlox subulata*

Aussehen Die alte und bekannte Staude wächst halbkugelig und schnell.

Pflege Frauenmäntel lieben sandig-humose, frische bis feuchte Gartenböden mit mittlerem Nährstoffgehalt. Geben Sie der Pflanze einen Platz, an dem sie sich ausbreiten kann. Vergilbte Blätter werden entfernt und verwelkte Blüten sofort abgeschnitten, um die Selbstaussaat zu verhindern. Alternativ kann die Pflanze nach der Blüte bis zum Boden zurückgeschnitten werden. Stiele für die Vase schneidet man, sobald die Blütendolden voll erblüht sind.

Gestaltung Die Gruppenstauden passen in bunte Beet- und Staudenpflanzungen. Sie sind Bodendecker und Blattschmuckpflanzen, die auch im Schattengarten und am Gehölzrand gut zur Geltung kommen.

Sorten und Arten Die besonders starkwüchsige Sorte 'Thriller®' wird etwa 50 cm hoch und besitzt gelblich grüne Blütendolden und graugrünes Laub. Der Zwerg-Frauenmantel (*Alchemilla erythropoda*) wird nur etwa 10 cm hoch und blüht in Gelb von Juni bis Oktober. Die Art *A. alpina* ist für sonnige Plätze im Steingarten.

Anderer Name Großblättriger Frauenmantel

BLÜTENFARBE

BLÜTEZEIT

| Jan | Feb | März | April | Mai | **Juni** | **Juli** | Aug | Sept | Okt | Nov | Dez |

Das gelbe Berg-Steinkraut *A. montana*

Berg-Steinkraut
Alyssum montanum

   Höhe
5–20 cm

Aussehen Der hübsche, niedrige Frühlingsblüher wächst niederliegend bis buschig aufrecht.

Pflege Das Berg-Steinkraut bevorzugt durchlässige, sandig-kiesige, trockene Gartenböden mit gutem Wasserabzug und einem niedrigen Nährstoffgehalt. Die kleine Pflanze kann durch Aussaat und außerdem durch Stecklinge vermehrt werden.

Gestaltung Diese pflegeleichten Pflanzen wachsen im Steingarten, auf Steinbeeten und Trockenmauern. Man kann sie auch sehr gut in Töpfen und Kübeln kultivieren. Sie gehören zum Standardsortiment des Gartenfachhandels und werden in Gruppen ins Beet gesetzt. Die Frühjahrsblüher locken Bienen und andere Insekten in den Garten und sind mit ihren kleinen und zahlreichen Blüten eine echte Bereicherung.

Nachbarn Die Pflanzen können gut mit Teppich-Phlox, Gänsekresse, Blaukissen und Schleifenblume kombiniert werden.

Weitere Sorte 'Berggold' ist eine bekannte Sorte mit intensiverer Blütenfarbe.

Anderer deutscher Name Gewöhnliches Berg-Steinkraut

BLÜTENFARBE

BLÜTEZEIT

| Jan | Feb | März | April | Mai | Juni | Juli | Aug | Sept | Okt | Nov | Dez |

Die Blüten von *A. azurea* leuchten hellblau.

Große Ochsenzunge
Anchusa azurea

   Höhe
90–120 cm

A. azurea 'Loddon Royalist'

Aussehen Die Staude mit der auffälligen Blütenfarbe von Mai bis Juli wächst aufrecht.

Pflege Die Große Ochsenzunge liebt durchlässige, sandig-lehmige, trockene bis frische Gartenböden mit mittlerem bis hohem Nährstoffgehalt. Der Spross wird im späten Herbst oder zeitigen Frühjahr zurückgeschnitten. Die hohen Stängel müssen unter Umständen eine Stütze bekommen, besonders, wenn die Pflanzen einen ungeschützten Platz haben. Die Pflanze ist leider nur mäßig frosthart und sollte einen Winterschutz bekommen. Sie ist meist nur kurzlebig und muss dann ersetzt werden.

Vermehrt wird durch Aussaat und Teilung.

Gestaltung Die Pflanze passt in bunte Beet- und Staudenpflanzungen. Das Auffälligste an ihr ist die blaue Farbe der Blüten, die oft wie ein Augenmagnet wirkt. Die Blüten locken Bienen und andere Insekten an.

Sorten Die Sorte 'Dropmore' blüht blauviolett, 'Royal Blue' ist enzianblau, 'Little John' tiefblau und 'Loddon Royalist' leuchtend blau.

Anderer deutscher Name Italienische Ochsenzunge

BLÜTENFARBE

BLÜTEZEIT

Jan	Feb	März	April	Mai	Juni	Juli	Aug	Sept	Okt	Nov	Dez

Japanische Herbst-Anemone,
A. hupehensis

Herbst-Anemonen passen gut in den Japan-Garten.

A. tomentosa 'Albadura'

Herbst-Anemone
Anemone × hybrida

  Höhe
60–140 cm

Aussehen Die unentbehrliche Herbststaude wächst aufrecht buschig.

Pflege Herbst-Anemonen lieben durchlässige, humusreiche, frische bis feuchte Gartenböden mit mittlerem bis hohem Nährstoffgehalt. Im Jahr der Pflanzung ist ein Winterschutz empfehlenswert. Lassen Sie die Pflanzen einfach ungestört wachsen, dann haben Sie jahrelang große Freude daran. Die Pflanze kann durch Teilung und Rhizomschnittlinge vermehrt werden.

Gestaltung Die Herbstblüher sind aus dem Herbstgarten nicht wegzudenken. Sie passen in bunte Beete und Rabatten. Die Bauerngartenpflanze eignet sich auch für Japan-Gärten und kann in Gruppen an den Gehölzrand gesetzt werden.

Nachbarn Silberkerze, Farne, Funkien, Eisenhut (*Aconitum napellus*), Bergenien, Astilben.

Sorten und Arten Auch die Japanische Herbst-Anemone (*A. hupehensis*) gibt es in zahlreichen Sorten. Die Blütezeit liegt zwischen Juli und Oktober. Die Filzblättrige Herbst-Anemone (*A. tomentosa*) in Weiß und Rosa ist wüchsig und breitet sich unter Umständen rasch aus.

BLÜTENFARBE

    ungefüllt bis halb gefüllt

BLÜTEZEIT

| Jan | Feb | März | April | Mai | Juni | Juli | **Aug** | **Sept** | **Okt** | Nov | Dez |

Die Akelei sät sich selbst aus.

Zweifarbige *Aquilegia*-Hybride

Rosa Sorte

Wald-Akelei, *A. vulgaris*

Akelei
Aquilegia-Hybriden

   | Höhe 40–70 cm

Aussehen Die hübsche Staude mit den grazilen Blüten wächst aufrecht mit nickenden Blüten.

Pflege Die Akelei mag durchlässige, humose bis sandig-humose, frische Gartenböden mit mittlerem Nährstoffgehalt. Lassen Sie das Erdreich nie austrocknen. Die Pflanze ist leider kurzlebig, daher muss sie immer wieder neu gepflanzt werden. Oder sie erhält sich selbst durch viele Sämlinge. Die Pflanze kann durch Aussaat vermehrt werden.

Gestaltung Von der Akelei gibt es viele Sorten, die mit ihren ungewöhnlich schönen Blüten jeden Platz bereichern. Sie passt in Beete genauso wie an den Gehölzrand und in den Schattengarten. Die Pflanzen mit Wildstauden-Charakter hinterlassen nach der Blütezeit eine Lücke im Beet. Daher setzt man sie nur einzeln eingestreut und sucht Nachbarn, die die Lücke schließen können. Die Blütenstiele eignen sich für den Vasenschnitt.

Weitere Arten Die Wald-Akelei (*A. vulgaris*) ist eine einheimische Wildstaude mit einigen Sorten. Die Art *A. caerulea* (oder *A. coerulea*) mit einigen Sorten und Hybriden wird gerne in schattigen Steingärten verwendet.

BLÜTENFARBE

 teils mehrfarbig, ungefüllt und gefüllt

BLÜTEZEIT

| Jan | Feb | März | April | Mai | Juni | Juli | Aug | Sept | Okt | Nov | Dez |

Gänsekresse ist eine schöne Einfassungspflanze.

Gänsekresse
Arabis caucasica

   Höhe
10–20 cm

Die Ungarische Gänsekresse mit gelben Reifrock-Narzissen

Aussehen Der kleine Bodendecker wächst Polster bildend.

Pflege Geben Sie der Gänsekresse durchlässige, frische Gartenböden mit mittlerem bis hohem Nährstoffgehalt. Die Pflanze ist anspruchslos, anpassungsfähig und pflegeleicht. Sie kann durch Aussaat und Teilung vermehrt werden.

Gestaltung Der unkomplizierte Frühlingsblüher eignet sich für Beete und Rabatten, für Treppenwangen, Trockenmauern, für Steingärten, als Bodendecker und Einfassungspflanze. Er wird in Gruppen gesetzt und kann auch sehr gut in Töpfen und Kübeln gepflegt werden.

Nachbarn Blaukissen, Steinkraut, Hornveilchen und *Iris-Barbarta-Nana*.

Sorten und Art Beispiele sind 'Schneehaube®', die weiß blüht, und 'Variegata', auch mit weißer Blüte und mit Blättern, die einen weißen Rand haben. Die Schaumkresse oder Ungarische Gänsekresse (*A. procurrens*) ist in Pflege und Verwendung der genannten Art ähnlich.

Andere deutsche Namen Kaukasus-Gänsekresse, Kaukasische Gänsekresse

BLÜTENFARBE

BLÜTEZEIT

Jan	Feb	März	April	Mai	Juni	Juli	Aug	Sept	Okt	Nov	Dez

Blütenstände von *A. maritima*

A. pseudarmeria

Blütenzauber der Grasnelke *A. juniperifolia*

Grasnelke
Armeria maritima

Höhe
20–30 cm

Aussehen Die hübsche Staude wächst kompakt buschig bis Polster bildend. Sie gehört zum Standardsortiment des Gartenfachhandels.

Pflege Grasnelken lieben durchlässige, trockene bis frische Gartenböden, die einen mittleren Nährstoffgehalt aufweisen. Staunässe wird nicht vertragen. Darauf ist besonders im Winter zu achten. Die kleine Pflanze kann durch Aussaat und Teilung selbst vermehrt werden.

Gestaltung Die niedrigen Pflanzen passen in bunte Beet- und Staudenpflanzungen, in Mau

erfugen und Steingärten. Sie lassen sich auch in Töpfen und Kübeln auf Balkon und Terrasse pflegen. Die kleinen Blüten locken Bienen und andere Insekten an.

Sorten und Arten Die Sorten sind der reinen Art vorzuziehen. 'Alba' ist eine weiße Sorte, 'Düsseldorfer Stolz' eine karminrote und 'Schöne von Fellbach' blüht lilarosa. Die Wegerich-Grasnelke (*A. pseudarmeria*) entwickelt lilarosa Blüten von Juni bis August.

Die Art *A. juniperifolia* blüht im Mai in Rosa oder Weiß.

Anderer Name Gewöhnliche Grasnelke

BLÜTENFARBE

BLÜTEZEIT

| Jan | Feb | März | April | **Mai** | **Juni** | Juli | Aug | Sept | Okt | Nov | Dez |

![Der Wald-Geißbart am Gehölzrand]

Der Wald-Geißbart am Gehölzrand

Wald-Geißbart
Aruncus dioicus

    Höhe 150–200 cm

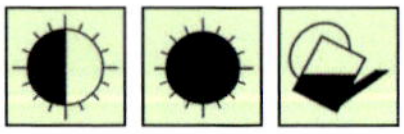

Aussehen Diese Riesenstaude wächst aufrecht und buschig. Sie ist meist zweihäusig, das heißt, es gibt männliche und weibliche Pflanzen.

Pflege Der Wald-Geißbart bevorzugt durchlässige, frische Gartenböden, die einen mittleren bis hohen Nährstoffgehalt aufweisen. Der Spross wird im späten Herbst oder zeitigen Frühjahr zurückgeschnitten. Die Pflanze kann durch Aussaat und Teilung selbst vermehrt werden.

Gestaltung Diese imposante Staude mit Wildstaudencharakter passt sehr gut in die Teichanschlusszone und an den Gehölzrand. Sie eignet sich als Hintergrundpflanze in naturnahen Beeten und Rabatten und kommt auch an schattigen Plätzen gut zu Recht.

Weitere Arten Der Zwerg-Geißbart (*Aruncus aethusifolius*) wird 30 bis 40 cm hoch und besitzt eine auffallende orange- bis kupferfarbene Herbstfärbung. Er möchte einen halbschattigen Platz im humusreichen, frischen Erdreich.

Aruncus-Hybriden sind meist aus der Kreuzung von *A. diocius* und *A. aethusifolius* entstanden. Hier gibt es einige schöne Sorten.

BLÜTENFARBE

 zweihäusig

BLÜTEZEIT

Jan	Feb	März	April	Mai	Juni	Juli	Aug	Sept	Okt	Nov	Dez

Die Junkerlilie verträgt keine Staunässe.

Junkerlilie
Asphodeline lutea

   Höhe 70–120 cm
Fortgeschrittene

Aussehen Die hohe Staude wächst straff aufrecht und bildet Ausläufer.

Pflege Junkerlilien möchten in durchlässigen, mäßig trockenen Gartenböden mit hohem Nährstoffgehalt wachsen. Staunässe wird nicht vertragen, darauf muss man im Winter besonders achten. Die Pflanze kann durch Aussaat und Teilung vermehrt werden.

Gestaltung Die hohen Stauden mit den meist auffälligen Blüten und dem bläulich grünen Laub passen in bunte Beet- und Staudenpflanzungen. Von Mai bis Juni sind die hohen mit vielen Sternblüten übersäten Blütenstände

Früchte von *A. lutea*

eine echte Augenweide, danach schmücken sich die Pflanzen mit ihren Früchten. Die Staude lockt Bienen und andere Insekten in den Garten und ist für den Vasenschnitt geeignet.

Nachbarn Die Pflanzen können gut mit Garten-Salbei (*Salvia nemorosa*) und Yucca (*Yucca filamentosa*) kombiniert werden.

Sorten 'Gelbe Kerze' wird 90 cm hoch und blüht gelb in langen Blütenähren. 'Floreplena' blüht gefüllt und wird selten angeboten.

BLÜTENFARBE

BLÜTEZEIT

| Jan | Feb | März | April | **Mai** | **Juni** | Juli | Aug | Sept | Okt | Nov | Dez |

Sorten 'Weiße Schöne' und 'Dunkle Schöne'

Alpen-Aster
Aster alpinus

   Höhe
20–30 cm

A. alpinus 'Sabine'

Aussehen Die bekannte Staude wächst kompakt und bildet Polster. Sie ist leider nur kurzlebig.

Pflege Alpen-Astern lieben gut durchlässige, trockene bis frische Gartenböden mit niedrigem Nährstoffgehalt. Sie kommen mit wenig Wasser zu Recht. Vermehrt wird durch Aussaat und Teilung. Echter Mehltau kann vorkommen.

Gestaltung Diese Astern-Art eignet sich für bunte Beet- und Staudenpflanzungen. Sie passt in Steingärten und kann auch als Einfassungspflanze verwendet werden. Außerdem lassen sich die Pflanzen in Töpfen und Kübeln

pflegen. Die schönen Blüten locken Bienen an und sind im Frühling eine farbige Bereicherung für jeden Platz mit durchlässigem Erdreich.

Sorten und Arten Man unterscheidet nach der Blütezeit Frühlings-, Sommer- und Herbst-Astern (siehe auch die Seiten 189, 190). Sorten von der beschriebenen Art sind 'Weiße Schöne' in Weiß mit großen Blüten, 'Dunkle Schöne' in Dunkelviolett und 'Goliath' in Zartblau. 'Happy End®' ist reinrosa und 'Trimix' eine Farbmischung. Die Vorsommer-Aster (*A. tongolensis*) blüht von Mai bis Juni in Lilablau-Tönen – je nach Sorte.

BLÜTENFARBE

     mit gelber Mitte

BLÜTEZEIT

| Jan | Feb | März | April | Mai | Juni | Juli | Aug | Sept | Okt | Nov | Dez |

Zartlila Sorte

Kissen-Aster, *A. dumosus*

A. amellus 'Veilchenkönig'

Kissen-Aster
Aster dumosus

| | | | Höhe 20–40 cm |

Aussehen Die für den Herbstgarten unentbehrliche Staude wächst kompakt buschig.
Pflege Herbst-Astern bevorzugen durchlässige, mäßig trockene bis frische Gartenböden mit hohem Nährstoffgehalt. Der Spross wird im späten Herbst oder zeitigen Frühjahr zurückgeschnitten.
Gestaltung Die wichtigen Herbstblüher passen in bunte Beet- und Staudenpflanzungen. Sie können als Vordergrundpflanzen genauso verwendet werden wie in Steingärten. Die Blüten locken Bienen und andere Insekten an und lassen sich für die Vase schneiden.

Die reine Art finden Sie eher nicht im Handel. Durch Kreuzungen mit *A. novi-belgii* sind viele Sorten in vielen Blütenfarben entstanden.
Nachbarn Die Pflanzen können gut mit Mädchenauge (*Coreopsis verticillata*) und Gräsern kombiniert werden.
Weitere Art Die Berg-Aster (*A. amellus*) bevorzugt kalkreiches, durchlässiges Erdreich und liebt Sonne und Wärme. Sie blüht sortenabhängig in verschiedenen Farben von September bis Oktober.
Andere deutsche Namen Herbst-Aster, Buschige Aster

BLÜTENFARBE

BLÜTEZEIT

| Jan | Feb | März | April | Mai | Juni | Juli | Aug | **Sept** | **Okt** | Nov | Dez |

Glattblatt-Aster Sorte 'Schöne von Dietlikon'

Glattblatt-Aster
Aster novi-belgii

A. novae-angliae

| ☀ | 💧 | Höhe 80–150 cm |

Aussehen Diese Astern-Art wächst aufrecht buschig und bildet Horste.

Pflege Pflanzen Sie die Glattblatt-Astern in durchlässige, frische Gartenböden mit hohem Nährstoffgehalt. Bodentrockenheit ist zu vermeiden. Der Spross wird im späten Herbst oder zeitigen Frühjahr zurückgeschnitten. Alte und vergreiste Pflanzen müssen geteilt und an anderer Stelle in unverbrauchten Boden umgepflanzt werden. Welkekrankheiten und Echter Mehltau können auftreten.

Gestaltung Glattblatt-Astern eignen sich für bunte Beete und gemischte Rabatten. Die alte Bauerngartenpflanze lockt Bienen und andere Insekten in den Garten. Sie können hübsche Sträuße aus den verschiedenen Farbsorten schneiden.

Nachbarn Setzen Sie mehrere Farbsorten zusammen, außerdem passen Sonnenbraut und Sonnenauge dazu.

Weitere Arten Die Raublattaster (*A. novae-angliae*) ist eine weitere sehr wichtige Herbst-Aster. Sie blüht in verschiedenen rosa, roten und violetten Farbtönen und auch in Weiß. Die Pflege und Verwendung gleicht der beschriebenen Art, sie bildet jedoch keine Ausläufer.

BLÜTENFARBE

BLÜTEZEIT

| Jan | Feb | März | April | Mai | Juni | Juli | Aug | **Sept** | **Okt** | Nov | Dez |

Thunberg-Prachtspiere

A.-Simplicifolia-Hybride 'Aphrodite'

Astilben gedeihen gut im Halbschatten.

Garten-Astilbe
Astilbe-Arendsii-Gruppe

Höhe
60–120 cm

Aussehen Die alten Bauerngartenpflanzen wachsen aufrecht buschig und bilden Horste.
Pflege Garten-Astilben mögen sandig-lehmige bis lehmige, frische Gartenböden mit mittlerem bis hohem Nährstoffgehalt. Die Pflanzen müssen vor praller Sonne und Bodentrockenheit geschützt werden. Starker Wurzeldruck von Gehölzen wird nicht vertragen. Verblühtes kann man regelmäßig entfernen. Alte Stängel werden im Frühjahr zurückgenommen.
Gestaltung Die Klassiker werden in Gruppen in bunte Beete und an den Gehölzrand gesetzt. Sie passen gut in Gärten, die als Bauerngarten

gestaltet sind. Die Pflanzen mit den filigranen Blüten kommen an schattigen Plätzen zu Recht und lassen sich für die Vase schneiden.
Nachbarn Eisenhut, Elfenblume, Hosta, Silberkerze, Schattengräser und Farne.
Sorten und Arten 'Brautschleier' blüht weiß, 'Cattleya' lilarosa. Die Blüten von *Astilbe arendsii* 'Grande' haben eine wunderschöne Mischung von Rot bis Cremeweiß. Weitere Arten sind die Thunberg-Prachtspiere (*A. thunbergii*), die Japanische Astilbe (*A.-Japonica*-Gruppe) und die Prachtspiere (*A. simplicifolia*).
Anderer Name Arends-Prachtspiere

BLÜTENFARBE

BLÜTEZEIT

Jan	Feb	März	April	Mai	Juni	Juli	Aug	Sept	Okt	Nov	Dez

Sorte 'Royal Violett'

Blaukissen

Frühlings-Blütenpracht

Blaukissen
Aubrieta-Cultivars

Höhe
8–15 cm

Aussehen Die hübsche, kleine Staude bildet flache Polster.

Pflege Blaukissen lieben durchlässige, mäßig trockene bis frische Gartenböden mit eher niedrigem Nährstoffgehalt. Nach der Blüte wird der Spross zurückgeschnitten. Das fördert den Wuchs und die Blühfreudigkeit. Die Pflanze kann durch Stecklinge und Teilung, die reinen Arten der Gattung auch durch Aussaat vermehrt werden.

Gestaltung Der Klassiker wird in Gruppen in Steingärten gesetzt oder als Einfassungspflanze verwendet. Schön sind die „hängenden farbigen Polster" in Mauerfugen oder in Trockenmauern. Sie können die dankbaren Stauden auch in Töpfe oder auf Gräber pflanzen. Die kleinen Blütchen locken Bienen und andere Insekten in den Garten.

Nachbarn Gänsekresse und Berg-Steinkraut.

Sorten und Arten Es gibt zahlreiche Sorten. 'Leichtlinii' blüht karminrosa, 'Royal Red' kardinalrot, 'Whitewell Gem' dunkelpurpurn und 'Royal Blue' blau. 'Blaumeise' ist ein blauvioletter Massenblüher, 'Red Carpet' blüht tief karminrot. Die Arten *A. columnae, A. deltoidea* und *A. intermedia* findet man selten im Handel.

BLÜTENFARBE

BLÜTEZEIT

| Jan | Feb | März | **April** | **Mai** | Juni | Juli | Aug | Sept | Okt | Nov | Dez |

Felsensteinkraut (rechts) mit *Iberis*

Felsensteinkraut
Aurinia saxatilis (syn. *Alyssum saxatile*)

   Höhe 20–40 cm

Aussehen Die leuchtend gelbe Pflanze wächst kissenartig und schnell. Sie ist auch unter dem botanischen Namen *Alyssum saxatile* im Handel erhältlich.

Pflege Das Felsen-Steinkraut bevorzugt durchlässige, sandig-kiesige, trockene Gartenböden mit mittlerem Nährstoffgehalt. Es kann durch Aussaat und Stecklinge vermehrt werden.

Gestaltung Wie der deutsche Name schon sagt, wächst das Felsen-Steinkraut gerne in Felsspalten oder auf Trockenmauern. Die Pflanze passt außerdem in Steingärten und wird als Einfassungspflanze verwendet. Schön sieht es aus, wenn sich dieser gelbe Blüher zwischen den Platten von Wegen und Treppen ansiedelt. Die Pflanze kann erfolgreich in Töpfen und Kästen kultiviert werden.

Sorten Beispiele sind 'Citrinum', 'Compactum', 'Goldkissen' und 'Flore Pleno', die alle in Gelbtönen blühen. Früher gehörte die beschriebene Art – wie schon oben gesagt – zur Gattung *Alyssum*. Daher soll an dieser Stelle zusätzlich auf das Berg-Steinkraut (*Alyssum montanum*) auf Seite 180 hingewiesen werden.

Anderer Name Felsen-Steinkresse

BLÜTENFARBE

BLÜTEZEIT

Jan	Feb	**März**	**April**	Mai	Juni	Juli	Aug	Sept	Okt	Nov	Dez

Die weiß blühende Sorte 'Silberlicht'

B. cordifolia | Bergenien blühen von April bis Mai.

Bergenie
Bergenia-Cultivars

   Höhe 30–40 cm

Aussehen Die immer- bis wintergrüne Blattschmuckstaude wächst breit und kriechend, aber aufrecht.

Pflege Bergenien lieben durchlässige, frische Gartenböden mit hohem Nährstoffgehalt. Lassen Sie sie ungestört wachsen. Im Herbst oder Winter gibt man Lauberde oder reifen Kompost dünn um die Pflanzen herum. Die Stauden sind insgesamt anspruchslos, können aber leicht wuchern. Auf eine gleichmäßige Bodenfeuchtigkeit ist zu achten. Staunässe wird genauso wenig vertragen wie Trockenheit.

Gestaltung In bunten Beeten können Sie Bergenien einzeln oder in Gruppen pflanzen. Und sie werden zur flächendeckenden Bodenbegrünung eingesetzt. Die alte Bauerngartenpflanze gibt es in vielen Sorten und Arten. Alle wirken durch ihre Blattmusterungen, die sich im Winter zum Teil rötlich verfärben.

Nachbarn Astilben, Silberkerze, Dickmännchen, Immergrün und Farne.

Sorten und Art Schöne Sorten sind 'Silberlicht', die weiß mit rotgrauem Auge blüht, 'Abendglocken' in Karminrot und 'Morgenröte' in Rosa. Die Altai-Herzblatt-Bergenie (*B. cordifolia*) ist eine schöne Art mit rosa Blüten.

BLÜTENFARBE

BLÜTEZEIT

Jan	Feb	März	April	Mai	Juni	Juli	Aug	Sept	Okt	Nov	Dez

B. macrophylla 'Jack Frost'

Kaukasus-Vergiss-meinnicht

Brunnera macrophylla

    Höhe 35–50 cm

Kaukasus-Vergissmeinnicht

Aussehen Die kleine Staude wächst buschig und bildet Horste.

Pflege Das Kaukasus-Vergissmeinnicht verlangt lehmige, durchlässige, frische bis feuchte Gartenböden mit mittlerem bis hohem Nährstoffgehalt. Bodentrockenheit wird nicht vertragen. Nach der Blüte entfernt man die Blütenstände, damit es nicht zur unkontrollierten Aussaat kommt. Die Pflanze kann durch Aussaat und Teilung vermehrt werden.

Gestaltung Pflanzen Sie diese Staude mit ihren dekorativen Blättern in bunte Beete und gemischte Rabatten. Oder unterpflanzen Sie Baum- und Strauchgruppen. Schön wirkt das Kaukasus-Vergissmeinnicht außerdem am Teichrand.

Nachbarn Gemswurz, Garten-Nelkenwurz, Waldsteinie und Elfenblumen-Arten.

Sorten 'Blaukuppel' blüht in Blau, 'Betty Bowring' in Weiß und 'Langtrees' besitzt silberne Blattflecken. 'Dawsons'White' entwickelt himmelblaue Blüten und besitzt Blätter mit cremefarbenem Rand, die bei zu viel Sonne jedoch unschön werden.

Anderer deutscher Name Großblättriges Kaukasus-Vergissmeinnicht

BLÜTENFARBE

BLÜTEZEIT

| Jan | Feb | **März** | **April** | **Mai** | Juni | Juli | Aug | Sept | Okt | Nov | Dez |

Karpaten-Glockenblume

C. portenschlagiana

Pfirsichblättrige Glockenblume

C. lactiflora 'Loddon Anne'

Pfirsichblättrige Glockenblume
Campanula persicifolia

    Höhe 60–80 cm

Aussehen Der Klassiker wächst aufrecht.
Pflege Diese Glockenblumen-Art bevorzugt durchlässige, sandig-lehmige, mäßig trockene bis frische Gartenböden mit mittlerem Nährstoffgehalt. Alle Glockenblumen sind gegen zu viel Nässe empfindlich. Die hohen Blütenstängel brauchen manchmal eine Stütze.
Gestaltung Pfirsichblättrige Glockenblumen sind mit ihren nickenden großen Glockenblüten wunderschöne Pflanzen für bunte Beete und Rabatten. Sie wachsen auch gut an Gehölz- und Heckenrändern und werden immer in Gruppen gesetzt.

Nachbarn Taglilien, Garten-Margerite, Frauenmantel, Akelei und Fingerhut (*Digitalis purpurea*).
Weitere Arten Es gibt zahlreiche Sorten und Arten der Glockenblumen. Die Karpaten-Glockenblume (*C. carpatica*) mit etwa 30 cm Höhe und die Dalmatiner-Glockenblume (*C. portenschlagiana*), die nur 20 cm hoch wird, findet man häufig.
Außerdem sind die bis zu 90 cm hohe Dolden-Glockenblume (*C. lactiflora*) und die halb so hohe Knäuel-Glockenblume (*C. glomerata*) zu erwähnen.

BLÜTENFARBE

   ungefüllt bis gefüllt

BLÜTEZEIT

| Jan | Feb | März | April | Mai | Juni | Juli | Aug | Sept | Okt | Nov | Dez |

Berg-Flockenblume

C. dealbata

Die auffälligen Blüten von
C. macrocephala

Berg-Flockenblume
Centaurea montana

    Höhe
30–50 cm

Aussehen Die hübsche Staude wächst aufrecht buschig und bildet Horste.

Pflege Berg-Flockenblumen bevorzugen durchlässige, sandig-lehmige, mäßig trockene bis frische Gartenböden mit mittlerem Nährstoffgehalt. Den Spross schneidet man im späten Herbst oder zeitigen Frühjahr zurück. Die Pflanze kann durch Aussaat und Teilung vermehrt werden.

Gestaltung Diese Blumen mit Wildstauden-Charakter eignen sich für naturnahe Beete und Rabatten. Außerdem wachsen sie hervorragend am Rand von Gehölzpflanzungen. Die filigranen Blüten locken Bienen und andere Insekten an und eignen sich für den Schnitt.

Nachbarn Die Pflanzen können gut mit Felberich, Sommer-Salbei und Nelkenwurz kombiniert werden.

Sorten und Arten Beispiele sind 'Alba' in Weiß, 'Grandiflora' in leuchtendem Blau und 'Rosea' in Rosa. Die Riesen-Flockenblume (*C. macrocephala*) fällt besonders durch ihre wunderschönen, gelben, artischockenartigen Blüten auf. Die Kaukasus-Flockenblume (*C. dealbata*) mit der bekannten Sorte 'Steenbergii' blüht schön purpurrosa mit weißer Mitte.

BLÜTENFARBE

BLÜTEZEIT

| Jan | Feb | März | April | **Mai** | **Juni** | **Juli** | Aug | Sept | Okt | Nov | Dez |

Filziges Hornkraut

Filziges Hornkraut
Cerastium tomentosum

  Höhe
10–25 cm

C. alpinum mit Glockenblumen

Aussehen Die kleine, bekannte Staude bildet schöne Teppiche und wächst schnell und kompakt.

Pflege Das Filzige Hornkraut bevorzugt durchlässige, trockene bis mäßig trockene Gartenböden, die einen sehr niedrigen Nährstoffgehalt aufweisen. Es ist dankbar, pflegeleicht und unkompliziert und gehört seit Jahren zum Standardsortiment des Gartenfachhandels. Die Pflanze kann leicht selbst durch Aussaat und Teilung vermehrt werden.

Gestaltung Pflanzen Sie diesen kleinen Blüher in Steingärten und auf oder in Trockenmauern. Er wird zudem gern als Bodendecker, Einfassungspflanze und zur Gestaltung von Gräbern verwendet.

Die kleinen Blütchen, die von Mai bis Juni erscheinen, locken Bienen und andere Insekten in den Garten.

Sorte und Arten *C. tomentosum* var. *columnae* 'Silberteppich' entwickelt reinweiße Blüten und oft silbriges Laub.

Das Hochgebirgs-Hornkraut (*C. alpinum*) ist eine interessante Liebhaberpflanze, die in Steingärten und auf kalkarmen Böden wachsen will.

BLÜTENFARBE

BLÜTEZEIT

| Jan | Feb | März | April | Mai | Juni | Juli | Aug | Sept | Okt | Nov | Dez |

Lanzen-Silberkerze

Lanzen-Silberkerze
Cimicifuga racemosa var. *cordifolia*

  | Höhe 90–150 cm

Aussehen Die hohe, zur Blütezeit auffällige Staude wächst straff aufrecht und bildet Horste.

Pflege Lanzen-Silberkerzen lieben durchlässige, humose, frische bis kühlfeuchte Gartenböden mit mittlerem bis hohem Nährstoffgehalt. Sie wollen keinesfalls trocken stehen und außerdem jahrelang ungestört bleiben. Die Pflanze kann durch Teilung vermehrt werden.

Gestaltung Die weithin sichtbaren Pflanzen setzt man am besten in den Hintergrund von bunten Beet- und Staudenpflanzungen. Sie lieben den Gehölzrand und können einzeln oder in Gruppen wachsen. Die aufrechten Blütenstände passen in Gärten, die im japanischen oder Bauerngarten-Stil gestaltet sind.

Nachbarn Eisenhut, Riesen-Kreuzkraut, Herbst-Anemonen.

Sorten und Art Die September-Silberkerze (*C. ramosa*) blüht von September bis Oktober in Weiß. Eine bekannte Sorte ist 'Atropurpurea', die Purpur-Silberkerze, mit purpurfarbenen Blättern. Die Oktober-Silberkerze (*Simplex-Gruppe*) mit einigen Abkömmlingen kann sortenabhängig bis in den Spätherbst blühen. 'White Pearl' zum Beispiel ist ein Spätblüher.

BLÜTENFARBE

BLÜTEZEIT

Jan	Feb	März	April	Mai	Juni	Juli	**Aug**	**Sept**	Okt	Nov	Dez

Blütenstand des Maiglöckchens

Maiglöckchen
Convallaria majalis

| | | Höhe 20–30 cm |

Aussehen Dieser bekannte Klassiker wächst aufrecht und neigt zum Wuchern.

Pflege Maiglöckchen lieben durchlässige, humose, frische Gartenböden mit mittlerem Nährstoffgehalt. Eine jährliche Gabe von Gartenkompost als Mulchauflage ist vorteilhaft. Die Pflanzen neigen dazu, sich überall auszubreiten.

Sie können durch Teilung der Rhizome im Herbst vermehrt werden.

Gestaltung Die hübsche, aber giftige Staude gehört seit Jahren zum Standardsortiment des Gartenfachhandels. Die „nickenden Glöckchenblüten" sind sehr hübsch. Die Pflanzen wachsen gerne am Fuß von Gehölzpflanzungen und Hecken. Auch an schattigen Plätzen kommen Maiglöckchen zu Recht. Die duftenden Blüten locken Bienen und andere Insekten in den Garten und können für die Vase geschnitten werden.

Nachbarn Die Pflanzen gedeihen gut unter Gehölzen.

Sorten 'Albostriata' wächst langsam und 'Grandiflora' ist weit verbreitet. 'Flore Plena' blüht weiß und gefüllt, 'Rosea' entwickelt schöne, blassrosa Blüten.

BLÜTENFARBE

  ungefüllt und gefüllt

BLÜTEZEIT

| Jan | Feb | März | April | **Mai** | Juni | Juli | Aug | Sept | Okt | Nov | Dez |

Großblumiges Mädchenauge

Eine Sorte des Kleinen Mädchenauges, *C. lanceolata*

C. verticillata 'Zagreb'

Großblumiges Mädchenauge
Coreopsis grandiflora

  Höhe 60–90 cm

Aussehen Die auffällige Staude wächst aufrecht buschig und bildet Horste.

Pflege Diese Mädchenauge-Art möchte in durchlässigen, sandig-lehmigen, frischen Gartenböden mit mittlerem Nährstoffgehalt wachsen. Manchmal müssen die hohen Stauden gestützt werden. Den Spross schneidet man im späten Herbst oder zeitigen Frühjahr zurück.

Gestaltung Die Klassiker beleben bunte Beet- und Staudenpflanzungen. Sie werden in Gruppen gesetzt, können auch in Töpfen kultiviert werden und sind Schnittblumen.

Nachbarn Rittersporn, Sommer-Salbei, Garten-Margerite und Montbretie.

Sorten und Arten 'Badengold', 'Schnittgold' und 'Sonnenkind' blühen goldgelb, 'Early Sunrise' ist gefüllt. 'Sunray' hat schöne gefüllte bis halb gefüllte Blüten von Juni bis Oktober. Das Kleine Mädchenauge (*C. lanceolata*) bleibt etwas kleiner als die beschriebene Art. Das Nadelblättrige Mädchenauge oder Netzblatt-Schönauge (*C. verticillata*) mit bekannten Sorten wie 'Grandiflora' und 'Zagreb' wird 60 bis 90 cm hoch und entwickelt nadelartig, gefiedertes Laub und sternförmige Blüten.

BLÜTENFARBE

 ungefüllt bis gefüllt

BLÜTEZEIT

Jan	Feb	März	April	Mai	Juni	Juli	Aug	Sept	Okt	Nov	Dez

Berühmte Sorte 'Finsteraahorn'

Sorte 'Rosenquarz'

Sorte 'Percival'

Hoher Garten-Rittersporn
Delphinium Elatum-Gruppe

Höhe
150–180 cm

Aussehen Die beliebten, aber giftigen Klassiker wachsen straff aufrecht und bilden Horste.
Pflege Der Hohe Garten-Rittersporn verlangt durchlässige, sandig-lehmige, frische Gartenböden mit mittlerem bis hohem Nährstoffgehalt. Ein Rückschnitt nach der ersten Blüte bis über dem Boden führt zu einer zweiten Blüte im Herbst. Nach Abwelken im Herbst werden die Pflanzen zurückgeschnitten. Die hohen Blütenstände müssen eventuell gestützt werden.
Gestaltung Die auffälligen Rittersporne sind die Blickpunkte in bunten Beeten und Rabat-

ten. Die Blütenstände sind weithin sichtbar.
Sorten und Art 'Finsteraahorn' blüht in Dunkelviolett mit brauner Mitte, 'Schildknappe' in Blauviolett mit weißem Auge und 'Ouvertüre' in Blau mit rosa Schimmer. Die Sorten der Belladonna-Gruppe bleiben mit bis zu etwa 110 cm kleiner als die beschriebene Art und haben verzweigte Blütenstände. Die Sorten der Pacific-Gruppe sind mittlerweile besser an unsere Klimaverhältnisse angepasst als frühere. Der Zwerg-Rittersporn (*D. grandiflorum*) wird nur etwa 50 cm hoch und eignet sich auch für Töpfe und Kübel.

BLÜTENFARBE

  ungefüllt und gefüllt, zweite Blütezeit von August bis Oktober durch Rückschnitt möglich

BLÜTEZEIT

Jan	Feb	März	April	Mai	Juni	Juli	Aug	Sept	Okt	Nov	Dez

Feder-Nelke

Feder-Nelke
Dianthus plumarius

  Höhe
20–30 cm

D. deltoides

Aussehen Die bekannte Staude wächst breit aufrecht bis niederliegend.

Pflege Feder-Nelken lieben durchlässige, sandig-lehmige, frische Gartenböden mit mittlerem bis hohem Nährstoffgehalt. Achten Sie auf eine gleichmäßige Wasserversorgung, da zu viel Nässe nicht vertragen wird. Die Pflanze lässt sich durch Aussaat, Teilung und Stecklinge vermehren. Blattläuse, Blasenfüße, Nelkenwickler und Nelkenrost können auftreten.

Gestaltung Pflanzen Sie diese duftende Staude in bunte Beete und Rabatten. Auch im Steingarten wächst der Klassiker gerne. Setzen Sie immer kleinere Gruppen im Beet zusammen.

Nachbarn Die Pflanzen können gut mit Schleifenblume (*Iberis sempervirens*), Hornveilchen, Sundermann-Silberwurz (*Dryas × suendermannii*) und Lavendel kombiniert werden.

Weitere Arten Die Heide-Nelke (*Dianthus deltoides*) wird 10 bis 20 cm hoch und blüht in Rot- und Rosatönen sowie in Weiß von Juni bis August. Pfingst-Nelken (*D. gratianopolitanus*) mit vielen Sorten und Hybriden blühen von Mai bis Juni und sind für Steingärten, Tröge und Töpfe sowie Einfassungen geeignet.

BLÜTENFARBE

 auch zweifarbig, ungefüllt bis gefüllt

BLÜTEZEIT

| Jan | Feb | März | April | Mai | Juni | Juli | Aug | Sept | Okt | Nov | Dez |

Die weiß blühende Sorte 'Alba'

Die auffälligen Blüten von *D. spectabilis*

Die Sorte 'Goldheart'

Tränendes Herz
Dicentra spectabilis

   Höhe 60–90 cm

Aussehen Die Staude mit den wunderschönen „Herzblüten" wächst buschig überhängend.

Pflege Die Herzblume bevorzugt durchlässige, humose, frische Gartenböden mit mittlerem bis hohem Nährstoffgehalt. Leider hinterlässt sie im Sommer eine Lücke im Beet, daher muss sie einzeln zwischen sommerblühende Stauden gesetzt werden. Ein windgeschützter Platz ist vorteilhaft. Im Winter und Frühjahr (Spätfröste) sind die Pflanzen für einen Winterschutz dankbar. Vermehrt wird durch Aussaat und Teilung.

Gestaltung Das Tränende Herz ist ein Klassiker und erfreut sich wegen der ungewöhnlichen Blüten großer Beliebtheit. Es passt in gemischte Beete, besonders in naturnahe und bauerngartenähnliche Pflanzungen. Die Stauden fühlen sich am Gehölzrand wohl und kommen auch an Schattenplätzen zu Recht.

Sorten und Art Die Sorten 'Alba' und 'Weißherz' blühen in Weiß. Die Zwerg-Herzblume (*D. eximia*) bleibt mit 15 bis 30 cm deutlich kleiner. Diese Art blüht von Mai bis Juli in Purpurrosa.

Andere Namen Herzblume, Herzlstock

BLÜTENFARBE

BLÜTEZEIT

| Jan | Feb | März | April | **Mai** | **Juni** | Juli | Aug | Sept | Okt | Nov | Dez |

Diptam

Diptam
Dictamnus albus

   Höhe 80–100 cm

Aussehen Die hoch wachsende und von weitem sichtbare Staude wächst aufrecht buschig und bildet Horste.

Pflege Geben Sie dem Diptam schwach alkalische bis alkalische, durchlässige, sandig-kiesige, trockene bis frische Gartenböden, die einen mittleren Nährstoffgehalt aufweisen. Und lassen Sie ihn ungestört an seinem Platz wachsen.
Der Spross wird im späten Herbst oder im zeitigen Frühjahr zurückgeschnitten. Die Pflanze kann durch Aussaat selbst vermehrt werden.

Gestaltung Schön wirken Einzelexemplare in gemischten Beeten und bunten Rabatten. Die auffälligen Blüten, die von Juni bis Juli in Weiß oder Rosa erscheinen, duften und passen gut in Gärten mit Bauerngarten-Charakter. Achtung: Die Pflanze ist heliotoxisch – das heißt, auf ungeschützter Haut können bei Berührung Verbrennungen mit Narbenbildung auftreten!

Sorte Die Sorte 'Albiflorus' entwickelt weiße Blüten.

Anderer deutscher Name Brennender Busch

BLÜTENFARBE

BLÜTEZEIT

| Jan | Feb | März | April | Mai | **Juni** | **Juli** | Aug | Sept | Okt | Nov | Dez |

Gemswurz

Gemswurz
Doronicum orientale

| | | | Höhe
40–60 cm |

Aussehen Der hübsche Frühlingsblüher wächst breit buschig und bildet Horste.

Pflege Die Gemswurz bevorzugt sandig-lehmige, frische Gartenböden, die einen mittleren Nährstoffgehalt aufweisen. Die Blütezeit wird durch ein Ausschneiden der verwelkten Blüten verlängert. Die Pflanze kann durch Aussaat und Teilung vermehrt werden.

Spinnmilben und Echter Mehltau können auftreten.

Gestaltung Für den Frühlingsgarten ist die Gemswurz sehr wichtig, denn sie zeigt ihre klaren Blüten schon ab April. Pflanzen Sie die dankbare Staude in Gruppen in Beete, Rabatten und auch in den Steingarten. Besonders gut passt sie in Beete mit Bauerngarten-Charakter.

Die Blüten werden gerne von Bienen besucht und eignen sich für den Vasenschnitt.

Sorten Beispiele sind 'Finesse' und 'Magnificum', die beide 50 cm hoch werden, sowie 'Goldcut', die eine Höhe von 60 cm erreicht. Alle blühen in Gelbtönen. 'Frühlingspracht' blüht goldgelb und gefüllt.

Andere deutsche Namen Kaukasus-Gemswurz, Gamswurz

BLÜTENFARBE

 ungefüllt und gefüllt

BLÜTEZEIT

| Jan | Feb | März | **April** | **Mai** | Juni | Juli | Aug | Sept | Okt | Nov | Dez |

E. purpurea setzt im Staudenbeet Akzente.

Roter Sonnenhut
Echinacea purpurea

  Höhe
80–100 cm

Rote und weiße Sorte

Aussehen Die auffällige und beliebte Staude wächst aufrecht und bildet Horste.
Pflege Setzen Sie diese Pflanzen in sandig-lehmige bis lehmige, frische Gartenböden mit mittlerem Nährstoffgehalt. Der Spross wird im späten Herbst oder zeitigen Frühjahr zurück-geschnitten. Der Rote Sonnenhut ist meist kurzlebig, daher sollte man im nächsten Jahr nachsäen oder -pflanzen. Die Art ist leider durch Schnecken gefährdet. Sie kann durch Aussaat und Teilung vermehrt werden.
Gestaltung Die wirklich attraktiven „Blüten-hüte" des Roten Sonnenhutes sind immer wie

der eine Augenweide. Sie ziehen die Blicke fast magisch an und werden gerne von Bienen besucht. Pflanzen Sie in Gruppen oder Einzel-exemplare.
Besonders schön wirken die Stauden in natur-nahen Beeten und Rabatten.
Nachbarn Die Pflanzen können gut mit Herbst-Astern, Phlox und Prachtscharte sowie Gräsern kombiniert werden.
Sorten Beispiele sind 'Alba' in Weiß, 'Magnus' in Rot und 'Leuchtstern' in Purpurrot.
Anderer deutscher Name Roter Scheinson-nenhut

BLÜTENFARBE

BLÜTEZEIT

| Jan | Feb | März | April | Mai | Juni | Juli | Aug | Sept | Okt | Nov | Dez |

E. bannaticus mit Lilien

Balkan-Kugeldistel
Echinops bannaticus

| Höhe |
| 80–160 cm |

Die Blütenkugeln

Aussehen Die hübsche Staude mit Wildstaudencharakter wächst aufrecht buschig und bildet Horste. Leider ist sie häufig standschwach.

Pflege Wählen Sie durchlässige, sandig-lehmige, frische Gartenböden mit mittlerem bis hohem Nährstoffgehalt für diese Pflanze aus. Die dankbare Staude ist pflegeleicht und unkompliziert, wenn sie den richtigen Platz bekommt. Verwelkte Blüten sollten zurückgeschnitten werden, da sie sich ansonsten stark versamen.

Gestaltung Die Balkan-Kugeldistel passt besonders gut in naturnahe Beet- und Staudenpflanzungen und in Bauerngartenrabatten. Sie können Einzelexemplare setzen oder Gruppen zusammenstellen. Die wunderschönen „Kugelblüten" locken Bienen und andere Insekten von weither an. Sie sind für den Vasenschnitt und für die Trockenfloristik geeignet.

Sorte und Art Die Griechische Kugeldistel (*E. ritro*) ist in Verwendung und Pflege der genannten Art ähnlich. Sie bleibt etwas kleiner und blüht nach einem Rückschnitt noch einmal. Eine Sorte ist 'Veitch's Blue'.

Anderer Name Banater Kugeldistel

BLÜTENFARBE

BLÜTEZEIT

| Jan | Feb | März | April | Mai | Juni | **Juli** | **Aug** | **Sept** | Okt | Nov | Dez |

E. pinnatum ssp. colchicum

Elfenblumen lieben den Halbschatten.

E. × youngianum 'Niveum'

Großblumige Elfenblume
Epimedium grandiflorum

Höhe
20–25 cm

Aussehen Die hübsche Staude mit den filigranen Blütchen wächst breit polsterförmig und kriechend.

Pflege Die Pflanzen lieben durchlässige, humose, frische bis feuchte Gartenböden mit mittlerem Nährstoffgehalt. Sie lassen sich gut durch Teilung vermehren. Auch Aussaat ist möglich.

Gestaltung Großblumige Elfenblumen passen in halbschattige Gehölzunterpflanzungen. Besonders schön wirken sie unter Laub abwerfenden Gehölzen und am Gehölzrand. Auch an Schattenplätzen kommen sie zu Recht.

Nachbarn Die Pflanzen können gut mit Kaukasus-Vergissmeinnicht und Gemswurz kombiniert werden.

Arten und Sorte Die Elfenblume (*E. pinnatum* ssp. *colchicum*) blüht sehr schön in Gelb und bildet dichte Bestände. Die Zierliche Elfenblume (*E. × youngianum* 'Niveum') erreicht eine Höhe von etwa 20 cm und blüht in Weiß. *Epimedium × rubrum* wird etwa 30 cm hoch und blüht in sehr hübschen, roten Blüten mit weißlichem Gelb.

Anderer deutscher Name Großblütige Sockenblume

BLÜTENFARBE

BLÜTEZEIT

| Jan | Feb | März | **April** | **Mai** | Juni | Juli | Aug | Sept | Okt | Nov | Dez |

Sorte 'Sommerneuschnee'

Sorte 'Wuppertal'

Feinstrahlaster

Feinstrahlaster

Erigeron-Speciosus-Gruppe

  | Höhe 50–70 cm |

Aussehen Die hübsche Staude wächst aufrecht buschig und bildet Horste.

Pflege Feinstrahlastern möchten auf durchlässigen, sandig-lehmigen, frischen Gartenböden mit mittlerem bis hohem Nährstoffgehalt wachsen. Sie sind dankbare und unkomplizierte Pflanzen, die einen mittleren Wasserbedarf haben. Schneiden Sie den Spross im späten Herbst oder zeitigen Frühjahr zurück. Die Pflanze kann durch Teilung vermehrt werden.

Gestaltung Setzen Sie die bunten Blüher in Gruppen in Beete und gemischte Rabatten. Meist finden Sie im Gartenfachhandel die zahlreichen Sorten, weniger die reine Art. Die schönen Blüten locken Bienen und andere Insekten in den Garten.

Nachbarn Die Pflanzen können gut mit Sonnenhut, Sonnenbraut und Schleierkraut kombiniert werden.

Sorten Beispiele sind die blau blühende 'Grandiflorus', die blauviolette 'Adria' und die lavendelfarbene 'Azurfee'. Rosa blühen 'Foersters Liebling' und 'Rosa Juwel'. 'Rotes Meer' ist tiefdunkelrot, 'Sommerneuschnee' weiß und 'Wuppertal' lila.

Andere Namen Berufkraut, Feinstrahl

BLÜTENFARBE

 ungefüllt und halb gefüllt, 2. Blüte im Herbst

BLÜTEZEIT

| *Jan* | *Feb* | *März* | *April* | *Mai* | **Juni** | **Juli** | *Aug* | *Sept* | *Okt* | *Nov* | *Dez* |

E. alpinum
'Blue Star' mit Lilien

Dekorative Fruchtstände von *E. planum*

E. bourgatii

Edeldistel
Eryngium alpinum

  Höhe
60–80 cm

Aussehen Die „bewehrte" Staude wächst aufrecht und bildet Horste.

Pflege Setzen Sie diese Pflanzen in schwach alkalische bis alkalische, durchlässige, sandiglehmige, frische Gartenböden mit hohem Nährstoffgehalt. Regelmäßige Wasserversorgung ist vorteilhaft. Staunässe wird nicht vertragen, der Spross im zeitigen Frühjahr zurückgeschnitten. Vermehrt wird durch Aussaat.

Gestaltung Edeldisteln schaffen durch ihre ungewöhnlichen Blüten Blickpunkte in bunten Beet- und Staudenpflanzungen. Die Blüten sind floristisch wertvoll und werden auch als Trockenblume verwendet. Die Pflanzen locken Bienen und andere Insekten in den Garten.

Weitere Arten Die Spanische Edeldistel (*E. bourgatii*) wird etwa 50 cm hoch, blüht silberblau und besitzt weiß gezeichnete Blätter. Die Hohe Edeldistel (*E. planum*) trägt zahlreiche, stahlblaue Blüten von Juli bis in den September.

Die Elfenbeindistel (*E. giganteum*) ist eine zweijährige Art, die etwa 90 cm hoch wird und von Juli bis August blüht.

Andere deutsche Namen Alpen-Mannstreu, Alpen-Distel

BLÜTENFARBE

BLÜTEZEIT

Jan	Feb	März	April	Mai	Juni	Juli	Aug	Sept	Okt	Nov	Dez

Walzen-Wolfsmilch, *E. myrsinites*

Gold-Wolfsmilch, *E. polychroma*

Feuer-Wolfsmilch, *E. griffithii* 'Fire Glow'

Gold-Wolfsmilch, Bunte Wolfsmilch
Euphorbia polychroma

     Höhe
30–40 cm

Aussehen Die schöne Staude wächst rundlich buschig bis halbkugelig und bildet Horste.
Pflege Die Gold-Wolfsmilch verlangt sandig-kiesige, mäßig trockene bis frische Gartenböden mit niedrigem Nährstoffgehalt. Tragen Sie bei allen Arbeiten Handschuhe, weil die Pflanze phototoxisch ist. Die Staude kann durch Aussaat und Teilung vermehrt werden.
Gestaltung Im Frühling kann man die gelbgrünen „Kissen" von weither sehen. Die Pflanzen werden einzeln in naturnahe Rabatten, an den Wegesrand und an Beetecken gesetzt. Außerdem passen sie in Steingärten. Die Blätter färben sich im Herbst schön gelb und rot.
Nachbarn Hübsch mit Frühjahrsblühern wie Nelkenwurz, Tulpen, Zwerg-Iris, Blaukissen.
Weitere Arten Die Walzen-Wolfsmilch (*E. myrsinites*) wird etwa 30 cm hoch und blüht in Gelb in dichten Dolden von Mai bis Juni. Die Mandel-Wolfsmilch (*E. amygdaloides*) ist eine heimische Art für schattige Plätze, die von April bis Mai in grünlichem Gelb blüht. Die Feuer-Wolfsmilch (*E. griffithii* 'Fireglow') ist eine wunderschön rot blühende Art, die in Gruppen gepflanzt von weither auffällt.
Anderer Namen Vielfarbige Wolfsmilch

BLÜTENFARBE

  unscheinbar, zierend sind die gelben Hochblätter

BLÜTEZEIT

Jan	Feb	März	April	Mai	Juni	Juli	Aug	Sept	Okt	Nov	Dez

F. vulgaris, eine heimische Staude

Mädesüß
Filipendula vulgaris

    Höhe 40–60 cm

Mädesüß

Aussehen Diese heimische Staude wächst locker aufrecht und bildet Horste.

Pflege Pflanzen Sie das Mädesüß in durchlässige, mäßig trockene bis frische Gartenböden, mit niedrigem Nährstoffgehalt. Beim Austrieb braucht die Pflanze viel Wasser, danach weniger. Der Spross wird im späten Herbst oder zeitigen Frühjahr zurückgeschnitten. Vermehrt wird durch Aussaat und Teilung.

Gestaltung Das Mädesüß ist eine bekannte und alte Staude, die in gemischte Beete passt. Sie gehört zum Standardsortiment des Gartenfachhandels und wird auch als Schnittblume verwendet. Pflanzen Sie größere oder kleinere Gruppen zusammen.

Sorte und Art Die Sorte 'Plena' ist eine sehr schöne, reinweiße und gefüllte Sorte. *F. ulmaria* mit weißen bis gelblich weißen Blüten von Juli bis August eignet sich gut zum Verwildern und liebt Teichränder. Das Rote Mädesüß (*Filipendula rubra* 'Venusta') entwickelt rosarote Blüten, die in federartigen Trugdolden zusammenstehen. Sie wird etwa 1,5 m hoch.

Andere deutsche Namen Kleines Mädesüß, Knollen Rüsterstaude

BLÜTENFARBE

BLÜTEZEIT

| Jan | Feb | März | April | Mai | **Juni** | **Juli** | Aug | Sept | Okt | Nov | Dez |

Kokardenblume 'Kobold'

Kokardenblume
Gaillardia-Hybriden in Sorten

Höhe
30–70 cm

Aussehen Die Staude mit ihren auffälligen, wunderschönen Blüten wächst aufrecht buschig und bildet Horste.

Pflege Durchlässige, sandig-lehmige, frische Gartenböden mit mittlerem bis hohem Nährstoffgehalt sind für Kokardenblumen geeignet. Entfernen Sie Verblühtes regelmäßig und schneiden Sie den Spross im späten Herbst oder zeitigen Frühjahr zurück. Die Pflanzen blühen unermüdlich, sind aber leider oft nur kurzlebig und müssen bald ersetzt werden. Vermehrt wird durch Teilung.

Gestaltung In bunten Beeten und gemischten Rabatten fallen diese prächtigen Blüher sehr auf. Pflanzen Sie immer mehrere Exemplare zusammen. Die Blüten locken Bienen an und eignen sich für den Vasenschnitt.

Nachbarn Skabiose (*Scabiosa caucasia*), Großblumiges Mädchenauge (*Coreopsis grandiflora*), *Erigeron*-Hybriden und Ruten-Hirse.

Sorten Beispiele sind die dunkelscharlachrote 'Bremen' mit gelben Spitzen und 'Fackelschein' in Dunkelrot mit gelben Spitzen. 'Burgunder' ist weinrot, 'Kobold' eine Zwergform, die etwa 30 cm hoch wird und in Rot mit gelbem Rand blüht.

BLÜTENFARBE

  auch zweifarbig

BLÜTEZEIT

| Jan | Feb | März | April | Mai | Juni | Juli | Aug | Sept | Okt | Nov | Dez |

Sommer-Enzian

G. acaulis 'Alba'

G. acaulis

Sommer-Enzian
Gentiana septemfida var. *lagodechiana*

Höhe
10–30 cm

Aussehen Die kleine Staude wächst niederliegend und bildet Horste.

Pflege Der Sommer-Enzian liebt kalkhaltige, durchlässige, sandig-lehmige, frische Gartenböden mit mittlerem bis hohem Nährstoffgehalt. Auf eine regelmäßige Wasserversorgung sollte man achten. Am besten bekommt die Staude einen Winterschutz, da ihre Frosthärte nicht immer ausreicht. Sie kann durch Aussaat und Teilung vermehrt werden.

Gestaltung Die schöne Staude mit den bekannten Blüten, die an Urlaub in den Bergen erinnert, wird am Rand oder zur Einfassung von Beeten oder im Steingarten verwendet. Da die Staude nur klein ist, muss sie im Vordergrund stehen. Auch in Töpfen und Kübeln kann sie kultiviert werden.

Weitere Arten Der Chinesische Herbst-Enzian (*G. sino-ornata*) wird etwa 20 cm hoch und blüht in Blau, Weiß oder Weiß mit blauen Flecken von September bis teilweise November. Er liebt sauren Boden.

Der Großblumige Frühlings-Enzian oder Stängelloser Enzian (*G. acaulis*) entwickelt schon von Mai bis Juni seine hübschen, enzianblauen Blüten.

BLÜTENFARBE

BLÜTEZEIT

| Jan | Feb | März | April | Mai | Juni | Juli | Aug | Sept | Okt | Nov | Dez |

Der blutrote *G. sanguineum*

Balkan-Storchschnabel,
G. macrorrhizum 'Witoscha'

G. × magnificum blüht violett

Pracht-Storchschnabel
Geranium × magnificum

Höhe
40–60 cm

Aussehen Die hübsche Staude mit Wildpflanzen-Charakter wächst aufrecht buschig und bildet Horste.

Pflege Setzen Sie diese Pflanzen in durchlässige, humose, frische Gartenböden mit mittlerem bis hohem Nährstoffgehalt. Auf eine gleichmäßige Wasserversorgung sollte man achten. Die Staude kann nur durch Teilung vermehrt werden.

Gestaltung Der Pracht-Storchschnabel passt in naturnahe Beete und Staudenrabatten. Er liebt Gehölz- und Heckenränder und kommt auch an Schattenplätzen zu Recht. Pflanzen Sie kleine Gruppen zusammen. Die Blüten ziehen Bienen und andere Insekten in den Garten.

Nachbarn Vor Gehölzen oder mit Großblütigem Frauenmantel, Garten-Margerite und Gold-Felberich kombinieren.

Weitere Arten Der Balkan-Storchschnabel (*G. macrorrhizum*) besitzt bodendeckende Eigenschaften und blüht von Mai bis Juli. Der Graue Storchschnabel (*G. renardii*) wächst flach und wird 20 bis 25 cm hoch. Der Blut-Storchschnabel (*G. sanguineum*) erreicht eine Höhe von bis zu 50 cm und blüht von Mai bis August in roten und rosa Tönen sowie in Weiß.

BLÜTENFARBE

BLÜTEZEIT

Jan	Feb	März	April	Mai	Juni	Juli	Aug	Sept	Okt	Nov	Dez

Die *Geum*-Hybride 'Carlskaer'

Nelkenwurz
Geum coccineum

Höhe
20–40 cm

Die Blüte von *G.* × *heldreichii* 'Werner Arends'

Aussehen Die hübsche Staude mit den kleinen, klaren Blüten wächst aufrecht und bildet Horste.

Pflege Der Nelkenwurz ist anpassungsfähig und pflegeleicht, bevorzugt aber durchlässige, nicht zu nasse, mäßig frische Gartenböden mit mittlerem Nährstoffgehalt. Vermehrt wird durch Aussaat oder auch durch Teilung.

Gestaltung Die Pflanzen sollte man am besten in den Vordergrund pflanzen, weil man sie ansonsten nicht sieht. Sie passen in gemischte Rabatten, an den Gehölzrand und in Steingärten. Man setzt sie immer in Gruppen.

Die Blüten werden gerne von Bienen und anderen Insekten besucht.

Nachbarn Gold-Wolfsmilch, Kaukasus-Vergissmeinnicht und Gemswurz.

Arten und Sorten *G.* × *cultorum* 'Georgenburg' wird etwa 30 cm hoch und blüht orangegelb. *G.* × *heldreichii* 'Feuermeer' wächst bis 30 cm hoch und blüht von Mai bis Juni. 'Werner Arends' besitzt halb gefüllte, orangerote Blüten. *G.* × *cultorum* 'Carlskaer' blüht gelborange und ist robust und wüchsig.

Andere deutsche Namen Rote Nelkenwurz, Garten-Nelkenwurz

BLÜTENFARBE

BLÜTEZEIT

| Jan | Feb | März | April | **Mai** | **Juni** | **Juli** | Aug | Sept | Okt | Nov | Dez |

G. hederacea wächst kriechend.

Gundermann
Glechoma hederacea

Höhe
10–15 cm

Die Sorte 'Variegata'
wird gerne für Balkonkästen verwendet.

Aussehen Der kleine Bodendecker wächst kriechend und Teppich bildend.

Pflege Der Gundermann wächst auf humosen, sandig-lehmigen, frischen bis feuchten Gartenböden mit hohem Nährstoffgehalt (Nährstoffanzeiger). Er braucht Platz und breitet sich rasch aus. Ein Rasenschnitt wird von den Pflanzen vertragen. Vermehrt wird durch Aussaat (Frühjahr) und Teilung (Frühjahr oder Herbst).

Gestaltung Der Gundermann ist Blattschmuckpflanze und Bodendecker. Er mag Gehölzränder und kommt auch an Schattenplätzen zu Recht. In Töpfen und Kästen pflanzt man ihn in Lücken oder verwendet ihn als Unterpflanzung von höheren Arten, zum Beispiel von Fuchsien.

Sorte Ein Beispiel ist 'Variegata', eine schöne Sorte mit weißgrünen Blättern.

BLÜTENFARBE

BLÜTEZEIT

Jan	Feb	März	April	Mai	Juni	Juli	Aug	Sept	Okt	Nov	Dez

Sorte 'Rosenschleier'

G. repens 'Rosa'

G. repens

Kriechendes Schleierkraut
Gypsophila repens

   Höhe 15–25 cm

Aussehen Die hübsche Staude wächst kompakt bis niederliegend.

Pflege Das Schleierkraut liebt durchlässige, sandig-kiesige, eher kühle, mäßig trockene bis frische Gartenböden mit sehr niedrigem Nährstoffgehalt. Es möchte eher trockener stehen.

Gestaltung Diese Pflanze wächst gerne über niedrige Begrenzungsmauern, im Steingarten oder mitten im Beet neben auffälligen Blütenstauden. Alle Sorten lassen sich trocknen und in Gestecken oder Sträußen verwenden.

Nachbarn Schön mit Rosen, Berufkraut und Glockenblumen. Höher wachsende Pflanzen, wie Bart-Iris und Lilien, kann man so setzen, dass sie durch das Schleierkraut hindurchwachsen.

Sorten und Art Beispiele sind die weiße 'Alba', die rosa 'Letchworth' und die dunkelrosa 'Rosa Schönheit'. 'Rosea' blüht hellrosa. Die Hybride 'Rosenschleier' entwickelt zartrosa Blütenschleier. Das Rispen-Schleierkraut (*Gypsophila paniculata*) erreicht eine Höhe von 1 m und blüht weiß oder rosa von Juli bis in den August.

Andere deutsche Namen Teppich-Schleierkraut, Kriechendes Gipskraut

BLÜTENFARBE

BLÜTEZEIT

Jan	Feb	März	April	Mai	Juni	Juli	Aug	Sept	Okt	Nov	Dez

'Blütentisch'

Die farbenfrohen Blüten
der Sonnenbraut

'Kupferzwerg'

Sonnenbraut
Helenium-Sorten

  Höhe
70–150 cm

Aussehen Die prächtigen Stauden wachsen aufrecht und bilden Horste.

Pflege Sonnenbräute bevorzugen sandig-lehmige, mäßig trockene bis frische Gartenböden mit hohem Nährstoffgehalt. Sie wollen nicht zu trocken stehen. Verblühtes kann man regelmäßig entfernen. Der Spross wird im späten Herbst oder zeitigen Frühjahr zurückgeschnitten. Die Pflanze kann durch Stecklinge vermehrt werden.

Gestaltung Pflanzen Sie diesen wunderschönen Blüher in Gruppen in bunte Beete und gemischte Rabatten. Die Pflanze mit Bauerngarten-Charakter lockt Bienen an und eignet sich für den Vasenschnitt.

Nachbarn Sie können mehrere Sonnenbraut-Sorten zusammenpflanzen oder mit Astern, Rittersporn, Sonnenhut und hohen Phlox-Arten kombinieren.

Sorten Früh blühen 'Moerheim Beauty' (kupferrot mit brauner Mitte) und 'Waltraut' (goldbraun). Mittelfrüh blühen 'Blütentisch' in Goldgelb, 'Rubinzwerg' in tiefem Rubinrot und 'Kanaria' in leuchtendem Gelb. Späte Sorten sind 'Baudirektor Linne' (rot mit brauner Scheibe) und 'Kupferzwerg' (rotbraun).

BLÜTENFARBE

BLÜTEZEIT

| Jan | Feb | März | April | Mai | Juni | **Juli** | **Aug** | **Sept** | Okt | Nov | Dez |

Apennin-Sonnenröschen in Weiß
und eine rosa Varietät

Sonnengelbe Sonnenröschen

'Blutströpfchen'

Sonnenröschen
Helianthemum-Cultivars

   Höhe 15–25 cm
sortenabhängig auch höher

Aussehen Die hübsche, kleine Staude wächst kompakt buschig und bildet Polster.

Pflege Sonnenröschen lieben durchlässige, sandig-kiesige, mäßig trockene bis frische Gartenböden mit mittlerem Nährstoffgehalt. Für viele Sorten ist ein Schutz vor der Wintersonne empfehlenswert. Die Pflanze kann durch Stecklinge und Absenker vermehrt werden.

Gestaltung Diese kleine und dankbare Pflanze wächst im Vordergrund von Beeten und gerne vorn an Begrenzungsmauern. Sie passt in den Steingarten und kann auch in Töpfen kultiviert werden. Die dekorativen Blütchen locken Bienen und andere Insekten in den Garten.

Nachbarn Die Pflanzen können gut mit kleinwüchsigen Gräsern, Zwerg-Gehölzen und Zwerg-Alant (*Inula ensifolia*) kombiniert werden.

Sorten und Art Beispiele sind die zitronengelbe 'Gelbe Perle' (= 'Sulphureum Plenum') die goldgelbe 'Sterntaler', die rosa 'Lawrenson's Pink' und die rote 'Rubin' (= 'Amabile Plenum'). Blutrot und ungefüllt ist 'Blutströpfchen'. Das Apennin-Sonnenröschen (*H. apenninum*) ist eine unempfindliche, wüchsige Art mit weißen Blüten von Mai bis August.

BLÜTENFARBE

   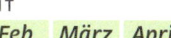

BLÜTEZEIT

| Jan | Feb | März | April | **Mai** | **Juni** | **Juli** | Aug | Sept | Okt | Nov | Dez |

Die Stauden-Sonnenblume 'Capenoch Star'

Stauden-Sonnenblume

Helianthus decapetalus

Höhe
120–160 cm

Aussehen Die hohen und weithin sichtbaren Stauden wachsen aufrecht buschig und werden hoch.

Pflege Setzen Sie diese Pflanzen in durchlässige, sandig-lehmige, mäßig trockene bis frische Gartenböden mit hohem Nährstoffgehalt. Der Spross wird im späten Herbst oder zeitigen Frühjahr zurückgeschnitten. Frühjahrspflanzung ist anzuraten. Stauden-Sonnenblumen sollte man alle vier bis sechs Jahre umpflanzen. Die Pflanze kann durch Aussaat und Teilung vermehrt werden.

Gestaltung Stauden-Sonnenblumen sind

Gefüllte Sorte

auffällige Pflanzen in bunten Beeten und gemischten Rabatten. Sie wirken besonders im Hintergrund. Die schönen Blüten locken Bienen und andere Insekten an und eignen sich für den Vasenschnitt.

Nachbarn Indianernessel, Skabiose und Gräser.

Sorten und Hybriden 'Capenoch Star' blüht in Lichtgelb, 'Soleil d'Or' in Goldgelb mit gefüllten Blüten. Beide Sorten werden *H.* × *multiflorus* zugeordnet.

BLÜTENFARBE

BLÜTEZEIT

Jan	Feb	März	April	Mai	Juni	Juli	Aug	Sept	Okt	Nov	Dez

Sorte 'Goldgefieder'

Sonnenauge

Halb gefüllte Sorte

Sonnenauge
Heliopsis helianthoides var. *scabra*

Höhe
60–150 cm

Aussehen Die auffällige Staude mit ihren ausdrucksstarken Blüten wächst aufrecht buschig und bildet Horste.

Pflege Sonnenaugen lieben sandig-humose, frische Gartenböden mit hohem Nährstoffgehalt. Die Pflanzen dürfen weder zu feucht, noch zu trocken stehen. Der Spross wird im späten Herbst oder zeitigen Frühjahr zurückgeschnitten. Vermehrt wird durch Teilung.

Gestaltung Die Pflanzen wirken besonders, wenn sie in Gruppen in gemischten Rabatten wachsen können. Sie gehören zum Standardsortiment des Gartenfachhandels. Die wunderschönen Blüten ziehen Bienen und andere Insekten an.

Nachbarn Sommer-Salbei, Rittersporn, Fackellilie, Taglilie, Sonnenbraut, hohe Gräser.

Sorten Beispiele sind die leuchtend gelbe 'Karat' und die ebenfalls goldgelbe 'Goldgefieder' mit gut gefüllten Blüten. 'Jupiter' blüht orangegelb und ungefüllt. 'Mars' entwickelt große, gelborangefarbene Blüten. Die goldgelbe 'Venus' ist eine Schnittsorte. 'Goldgrünherz' besitzt gelbe, gefüllte Blüten mit grünem Herz. Bei der 'Spitzentänzerin' sind sie gelb und außerdem halb gefüllt.

BLÜTENFARBE

  ungefüllt und gefüllt

BLÜTEZEIT

Jan	Feb	März	April	Mai	Juni	Juli	Aug	Sept	Okt	Nov	Dez
						Juli	Aug	Sept			

Beliebter Vorfrühlings- und Frühlingsblüher

Dunkle *H. orientalis*

Christrose

Christrose
Helleborus niger

    Höhe
25–30 cm

Aussehen   Der bekannte und viel gepflanzte Vorfrühlings- und Frühjahrsblüher wächst kompakt buschig und bildet Horste.

Pflege   Wählen Sie für diese Pflanze schwach alkalische bis alkalische, durchlässige, sandig-humose, frische Gartenböden mit hohem Nährstoffgehalt. Und lassen Sie sie jahrelang ungestört wachsen, dann können Sie sich jedes Jahr immer wieder an den wunderschönen Blüten erfreuen. Vermehrt wird durch Aussaat und Teilung.

Gestaltung   Die Schwarze Christrose passt in gemischte Rabatten, an den Gehölzrand, an den Fuß von Gehölzen und kommt auch im Schatten zu Recht. Sie passt gut in Gärten, die im Bauerngartenstil angelegt sind. In Gruppen wirken die Pflanzen schöner, als wenn sie einzeln stehen. Die Staude ist giftig.

Nachbarn   Mit Gehölzen, Farnen, Schattengräsern, Leberblümchen und Lungenkraut.

Weitere Art   Die Frühlings-Nieswurz oder Lenzrose (*Helleborus orientalis*) blüht grünlich weiß, cremefarben oder purpurrot. Sie ist weniger anspruchsvoll als die genannte Art.

Andere deutsche Namen   Schwarze Nieswurz, Schneerose

BLÜTENFARBE

im Verblühen rosa überlaufen

BLÜTEZEIT

| Jan | Feb | **März** | **April** | Mai | Juni | Juli | Aug | Sept | Okt | Nov | Dez |

'Berlin Lemon'

Orangefarbene Taglilie

Zweifarbig blühende Taglilie

Taglilien
Hemerocallis-Cultivars

☀	💧	Höhe 50–110 cm

Aussehen Die beliebten Stauden sieht man sehr häufig in den Gärten. Sie wachsen breit buschig bis überhängend und bilden Horste.

Pflege Sandig-humose oder sandig-lehmige, frische Gartenböden mit hohem Nährstoffbedarf sind für Taglilien geeignet. Verblühtes wird regelmäßig entfernt. Man kann im Frühjahr oder zeitigen Herbst pflanzen. Warmes Wetter verstärkt die Leuchtkraft der Blüten. Die Pflanze kann durch Teilung im Frühjahr vermehrt werden.

Gestaltung Die bekannten Blüher wachsen in bunten Beet- und Staudenpflanzungen, besonders gut in Bauerngartenrabatten. Sie sind Gruppenpflanzen und werden meist nicht einzeln gesetzt.

Nachbarn Die Pflanzen können gut mit Pfirsichblättriger Glockenblume, Sibirischer Schwertlilie und Sonnenauge kombiniert werden.

Sorten Es gibt mehr als 10.000 Sorten im Handel. Ständig kommen verbesserte Sorten (Trendsorten) dazu, daher wird in diesem Buch auf eine Sortennennung verzichtet. Das Sortiment wird nach Blütenform und Blütengröße unterteilt.

BLÜTENFARBE

      auch mehrfarbig

BLÜTEZEIT

Jan	Feb	März	April	Mai	**Juni**	**Juli**	**Aug**	**Sept**	Okt	Nov	Dez

'Capuccino'

Purpurglöckchen

'Oakington Jewel' blüht rot.

Purpurglöckchen
Heuchera-Cultivars

Höhe
50–80 cm

Aussehen Die vielseitigen und gerne verwendeten Stauden wachsen kompakt buschig. Die Blütenstände stehen bei vielen Sorten oft hoch über dem Laub.

Pflege *Heuchera* lieben sandig-humose oder sandig-lehmige, frische Gartenböden mit mittlerem bis hohem Nährstoffgehalt. Teilen Sie die Pflanzen alle drei bis fünf Jahre und pflanzen Sie sie um.

Gestaltung Purpurglöckchen passen in bunte Beete und Rabatten und wachsen gerne am Gehölzrand und im schattigen Steingarten. Die Pflanzen mit den auffälligen Blättern und den grazilen Blüten eignen sich für Gärten im Japan- und Bauerngartenstil.

Nachbarn Die Stauden können gut mit Berufkraut, Bergenien, Hosta und kleinwüchsigen Sonnenbraut-Sorten in halbschattigen Beeten kombiniert werden.

Sorten 'Red Sprangles' blüht scharlachrot von Juni bis Juli. 'Palace Purple' entwickelt kleine, weiße Blüten und purpurbraune Blätter. Viele der neuen Sorten werden als Blattschmuckpflanzen verwendet (rotes Laub, silbrige Zeichnung).

BLÜTENFARBE

BLÜTEZEIT

| Jan | Feb | März | April | Mai | Juni | Juli | Aug | Sept | Okt | Nov | Dez |

'Sum and Substance'

Blaublatt-Funkie,
H. sieboldiana

H. × 'Undulata Univittata'

Funkie
Hosta-Cultivars

Höhe
10–120 cm

Aussehen Die vielseitigen Blattschmuckstauden wachsen rundlich buschig bis überhängend und bilden Horste.

Pflege Funkien wollen auf sandig-humosen bis humosen, frischen Gartenböden mit mittlerem bis hohem Nährstoffgehalt wachsen. Leider werden sie von Schnecken sehr geliebt. In schneckenreichen Jahren oder an Standorten mit vielen Schnecken können – besonders Jungpflanzen – über Nacht einfach verschwinden. Nicht alle Sorten sind gleich gefährdet. Die Pflanzen sind meist sehr wüchsig und lassen Unkraut keine Chance.

Gestaltung Hostas wachsen in bunten Beet- und Staudenpflanzungen und eignen sich zur Unterpflanzung von Baum- und Strauchgruppen. Sie lieben einen Platz am Gehölzrand und können einzeln oder in Gruppen gesetzt werden. Die Pflanzen passen in Japangärten.

Nachbarn Gräser, Silberkerzen, Astilben.

Weitere Arten Es gibt ein riesiges Angebot an Züchtungen und Sorten. Die Blaublatt-Funkie (*H. sieboldiana*), die Schneefeder-Funkie (*Hosta* x 'Undulata Univittata') und die Lanzenblatt-Funkie (*H. lancifolia*) sind bekannte Arten beziehungsweise Sorten.

BLÜTENFARBE

BLÜTEZEIT

| Jan | Feb | März | April | Mai | Juni | Juli | Aug | Sept | Okt | Nov | Dez |

Felsen-Schleifenblume, *I. saxatilis*

Nahaufnahme der *I.-Sempervirens*-Blüten

Schleifenblume

Schleifenblume
Iberis sempervirens

Höhe
20–30 cm

Aussehen Die dankbare und unkomplizierte Pflanze wächst kompakt polsterförmig.

Pflege Setzen Sie Schleifenblumen in durchlässige, trockene bis frische Gartenböden mit mittlerem Nährstoffgehalt. Ältere und verkahlte Pflanzen werden am besten zurückgeschnitten. Nach der Blüte nimmt man die Pflanzen um etwa ein Viertel zurück.

Gestaltung Schleifenblumen sind immergrün und wachsen in gemischten Beeten, Steingärten und auf Trockenmauern. Sie werden als Einfassungspflanzen verwendet. Die kleinen Blütchen locken Bienen an.

Nachbarn Berg-Steinkraut, Blaukissen, Tulpen und Seifenkraut (*Saponaria ocymoides*).

Sorten und Art Beispiele sind die weiße 'Findel', die etwa 20 cm hoch wird, und 'Schneeflocke', die weiß blüht und 25 cm Wuchshöhe erreicht. 'Zwergschneeflocke' bleibt mit etwa 15 cm kleiner, wächst kompakt und blüht auch weiß. Die Felsen-Schleifenblume (*I. saxatilis*) wird ähnlich gepflegt und verwendet wie die genannte Art, wird aber nur 10 cm hoch und blüht etwa zwei Wochen früher.

Anderer deutscher Name Immergrüne Schleifenblume

BLÜTENFARBE

BLÜTEZEIT

Jan	Feb	März	April	Mai	Juni	Juli	Aug	Sept	Okt	Nov	Dez
			April	Mai	Juni						

Klassiker in Blau

Weiß blühende Bart-Iris

Zweifarbige Bart-Iris

Bart-Iris
Iris-Barbata-Gruppen

   Höhe 15–120 cm

Aussehen Die Iris gehört zu den beliebtesten Pflanzen überhaupt. Die Stauden wachsen aufrecht.

Pflege Durchlässige, humusarme, sandig-lehmige, trockene bis frische Gartenböden mit hohem Nährstoffgehalt sind für diese Stauden geeignet. Pflanzen Sie die Rhizome so, dass sie nach dem Angießen gerade noch aus der Erde herausschauen. Abgeblühtes wird regelmäßig entfernt und die braunen Blätter im Frühjahr abgeschnitten. Die Pflanze kann durch Teilung der Rhizome nach der Blüte vermehrt werden.

Gestaltung Die Bart-Iris wächst in bunten Beet- und Staudenpflanzungen. Sie werden als Gruppe gesetzt und passen besonders in Bauerngartenrabatten.

Nachbarn Die hohen Sorten können gut mit Lavendel, *Euphorbia*, Katzenminze, Heiligenkraut und Garten-Salbei kombiniert werden. Die niedrigen Sorten mit Thymian, *Sempervivum*, *Sedum*, Katzenpfötchen und kleinwüchsigen Nelken.

Gruppen Man unterteilt in Barbata-Elatior-Gruppe (Hohe Bart-Iris), Barbata-Media-Gruppe (Mittelhohe Bart-Iris) und Barbata-Nana-Gruppe (Zwerg-Iris), jeweils mit vielen Sorten.

BLÜTENFARBE

 auch mehrfarbig

BLÜTEZEIT

 Jan Feb  März April  **Mai** **Juni** Juli Aug Sept Okt Nov Dez

Fackellilien sind auffällige Stauden.

Fackellilie
Kniphofia-Cultivars

   Höhe bis 100 cm

Sorte 'Goldelse'

Aussehen Die auffälligen, hohen Stauden wachsen straff aufrecht und bilden Horste.

Pflege Fackellilien lieben durchlässige, mäßig trockene bis frische Gartenböden mit mittlerem Nährstoffgehalt. Vor winterlicher Staunässe und starken Frösten müssen sie geschützt werden. Am besten bindet man die Blätter wie ein Zelt zusammen und deckt noch zusätzlich ab, damit die Triebspitze trocken bleibt. Fackellilien werden im Frühjahr gepflanzt und können durch Teilung bei Austrieb im Frühjahr vermehrt werden.

Gestaltung Diese schönen Gruppenpflanzen wachsen in gemischten Beeten und Rabatten. Besonders gut wirken sie in Gärten mit Steppen-Charakter. Die Blütenstände locken Bienen an und eignen sich für den Schnitt.

Nachbarn Rittersporn, Sonnenhut, Sonnenauge und Goldrute.

Sorten Beispiele sind 'Alcazar' in Feuerrot, 'Express' in Orangerot, 'Royal Standard' in Gelborange und 'Safranvogel' in Lachsrosa mit Cremegelb.

BLÜTENFARBE

BLÜTEZEIT

| Jan | Feb | März | April | Mai | Juni | Juli | Aug | Sept | Okt | Nov | Dez |

Goldnessel

Goldnessel
Lamiastrum galeobdolon

    Höhe
20–30 cm

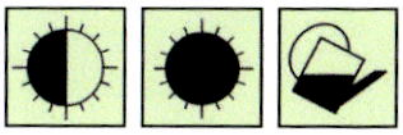

Aussehen Die hübsche, kleine Staude wächst breit flach und schnell. Achtung, sie kann wuchern.

Pflege Goldnesseln bevorzugen frische Gartenböden, die einen mittleren Nährstoffgehalt aufweisen, sind aber insgesamt anspruchslos und kommen fast überall zu Recht. An ihnen zusagenden Orten verbreiten sie sich von selbst. Vermehrt werden kann durch Aussaat und Stecklinge.

Gestaltung Die Pflanze mit den silbrig glänzenden Blättern wird als Bodendecker, Einfassungspflanze und am Gehölzrand verwendet.

Sie wächst auch gut an Schattenplätzen und kann zur Grabgestaltung eingesetzt werden. Sie können die hübschen Blattschmuckpflanzen außerdem in Töpfen und Kästen pflegen.

Sorten und Art Für die Gartenkultur gibt es einige Sorten, zum Beispiel 'Silver Spangled' und 'Ronsdorf'.

Die Florentiner Goldnessel (*L. galeobdolon* 'Florentinum', auch *L. argentatum* genannt) ist noch anspruchsloser als die besprochene Art.

Andere deutsche Namen Taubnessel, Echte Goldnessel, Gewöhnliche Goldnessel

BLÜTENFARBE

BLÜTEZEIT

| Jan | Feb | März | April | *Mai* | *Juni* | Juli | Aug | Sept | Okt | Nov | Dez |

Alpen-Edelweiß

Alpen-Edelweiß
Leontopodium alpinum

   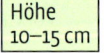

Höhe
10–15 cm

Zwergiges China-
Edelweiß, *L. souliei*

Aussehen Die kleine Staude, die wir aus den Urlaubsprospekten der Berge kennen, wächst flach bis polsterförmig.

Pflege Pflanzen Sie das Alpen-Edelweiß in neutrale bis alkalische, durchlässige, sandig-kiesige Gartenböden, die mäßig trocken bis frisch sind. Und wählen Sie unbedingt nähr-stoffarmes Erdreich. Wegen dieser Ansprüche ist die Pflanze für die meisten unserer Stau-denbeete und Rabatten nicht sehr geeignet. Die Pflanze kann durch Aussaat und Teilung vermehrt werden.

Gestaltung Vom Alpen-Edelweiß werden Nachzuchten im Gartenfachhandel angeboten. Die Stauden passen in Steingärten oder ins Alpinum. Man kann die hübschen Pflanzen mit den ungewöhnlichen Blüten, die von Juni bis Juli erscheinen, und den weißgraufilzigen Blät-tern auch in Töpfen und Kästen pflegen.

Weitere Art Das Zwergige China-Edelweiß (*L. souliei*) eignet sich für Töpfe und blüht reich von Juni bis August in Silbrigweiß. Diese Art benötigt etwas mehr Feuchtigkeit.

Anderer deutscher Name Edelweiß

BLÜTENFARBE

BLÜTEZEIT

| Jan | Feb | März | April | Mai | **Juni** | **Juli** | Aug | Sept | Okt | Nov | Dez |

Margeriten wirken am schönsten in Gruppen.

Margerite
Leucanthemum-Superbum-Gruppe
(syn. *Leucanthemum maximum*)

  Höhe
60–100 cm

Gefüllt blühende Sorte

Aussehen Der Klassiker wächst aufrecht.
Pflege Garten-Margeriten lieben fruchtbare, sandig-lehmige, frische Gartenböden mit mittlerem bis hohem Nährstoffgehalt. Verblühtes sollte man regelmäßig entfernen. Das sieht einfach schöner aus. Alle paar Jahre sollten Sommer-Margeriten umgepflanzt werden. Die Pflanze kann durch Teilung (im Frühling) oder Risslinge im Spätsommer vermehrt werden.
Gestaltung Margeriten werden vielseitig im Garten verwendet und gehören seit Jahren zum Standardsortiment des Gartenfachhandels. Sie passen in bunte Beet- und Stauden-pflanzungen und sehen am schönsten in Gruppen aus. Außerdem kann man sie am Rand von Wegen und Treppen platzieren. Die großen Blüten eignen sich für den Vasenschnitt.
Nachbarn Rittersporn, Phlox und Lupinen.
Sorten Im Handel bekommen Sie meistens die Sorten, nicht die reine Art. Beispiele sind die weiße, ungefüllte 'Beethoven' und die gefüllte, reinweiße 'Christine Hagemann'. 'Harry Pötschke' ist eine gute Schnittsorte.
Andere Namen Garten-Margerite, Sommer-Margerite, Pyrenäen-Margerite, Edelweiß-Margerite

BLÜTENFARBE

 ungefüllt und gefüllt, bei Rückschnitt Blüte bis September (Oktober)

BLÜTEZEIT

Jan	Feb	März	April	Mai	Juni	Juli	Aug	Sept	Okt	Nov	Dez
						Juli	Aug				

Prachtscharte

Prachtscharte
Liatris spicata

  Höhe
60–120 cm

Sorte 'Floristan Weiß'

Aussehen Diese zur Blütezeit auffälligen Stauden wachsen straff aufrecht und bilden Horste.

Pflege Wählen Sie durchlässige, sandig-lehmige, mäßig trockene Gartenböden mit mittlerem bis hohem Nährstoffgehalt. Der Wasserbedarf der Pflanzen ist mittelhoch und höher als allgemein angenommen. Der Spross wird im späten Herbst oder zeitigen Frühjahr zurückgeschnitten. Die Staude kann durch Aussaat und Teilung vermehrt werden.

Gestaltung Prachtscharten sind klassische Pflanzen für bunte Beete und gemischte Rabatten. Sie werden in Gruppen gepflanzt und gehören seit Jahren zum Standardsortiment des Gartenfachhandels. Die langen, kerzenartigen Blütenstände sind ein Magnet für Insekten und für den Vasenschnitt geeignet.

Nachbarn Glockenblume, Gräser und Roter Sonnenhut.

Sorten Beispiele sind die violette 'Floristan Violett' die weiße 'Floristan Weiß' und der kleiner bleibende, violettrosa 'Kobold'.

Anderer Name Ährige Prachtscharte

BLÜTENFARBE

 blühen von oben nach unten auf

BLÜTEZEIT

| Jan | Feb | März | April | Mai | Juni | Juli | Aug | Sept | Okt | Nov | Dez |

Przewalski-Kerzengoldkolben

Przewalski-Kerzen-goldkolben

Ligularia przewalskii

Höhe
80–150 cm

Ligularien sind
mit ihren „Kerzenblüten" im Staudenbeet weithin sichtbar.

Aussehen Die beliebte und bekannte Staude wächst straff aufrecht und bildet Horste.

Pflege Przewalski-Kerzengoldkolben verlangen sandig-humose oder sandig-lehmige, frische bis feuchte Gartenböden mit mittlerem bis hohem Nährstoffgehalt. Bodentrockenheit wird von der Pflanze nicht toleriert. Den Spross schneidet man im späten Herbst oder zeitigen Frühjahr zurück. Die Pflanze kann durch Aussaat und Teilung vermehrt werden.

Gestaltung Das Kreuzkraut wächst in bunten Beet- und Staudenpflanzungen, die nicht trocken werden. Es liebt den Teichrand und feuchte Bachränder. Am schönsten wirken Gruppenpflanzungen. Die Blütenstände locken Bienen und andere Insekten an.

Nachbarn Eisenhut und Nelkenwurz.

Sorten und Arten Die *Ligularia*-Hybriden mit Sorten, wie zum Beispiel 'Zepter' oder 'Weihenstephan', haben ähnliche Ansprüche wie die genannte Art. Der Japanische Goldkolben (*L. dentata*) ist eine hübsche Art mit rundlich bis herzförmigen Blättern. Der Hesse-Goldkolben (*L. × hessei*) besitzt goldgelbe Blüten von August bis September.

Anderer Name Kreuzkraut, Ligularie

BLÜTENFARBE

BLÜTEZEIT

Jan	Feb	März	April	Mai	Juni	Juli	Aug	Sept	Okt	Nov	Dez

Stauden-Lobelien lieben einen sonnigen Platz.

L. × speciosa blüht leuchtend rot.

'Fan® Scharlach'

Stauden-Lobelie
Lobelia siphilitica

   Höhe 60–80 m

Aussehen Die hübsche Staude mit Wildstauden-Charakter wächst aufrecht und bildet Horste.

Pflege Diese Lobelien-Art liebt sandig-humose oder sandig-lehmige, frische bis feuchte Gartenböden mit hohem Nährstoffgehalt. Auf genügend Bodenfeuchtigkeit muss geachtet werden. Die Pflanze kann durch Aussaat und Teilung vermehrt werden.

Gestaltung Stauden-Lobelien mit ihren schönen, meist blauen Blüten wachsen in gemischten Rabatten. Sie sind Gruppenpflanzen und können gut an den Teichrand und an die Teich-anschlusszone gesetzt werden.

Sorten und Arten Die Kardinals-Lobelie (*L. cardinalis*) braucht Winterschutz und genügend Feuchtigkeit. Außerdem darf sie nicht neben stark wachsende Partner gesetzt werden. *L. splendens* (Stauden-Lobelie), meist einjährig gepflegt, braucht ebenfalls Winterschutz und blüht rot von Juli bis Oktober. In der Hybrid-Gruppe (*L. × speciosa*), die oft auch nur einjährig kultiviert wird, gibt es einige Sorten und Sortenserien, wie zum Beispiel 'Fan®', die für Beete und Rabatten geeignet sind.

Anderer Name Blaue Kardinals-Lobelie

BLÜTENFARBE

BLÜTEZEIT

| Jan | Feb | März | April | Mai | Juni | Juli | **Aug** | **Sept** | **Okt** | Nov | Dez |

Lupine

Lupine
Lupinus-Cultivars

Höhe
70–100 cm

Aussehen Der Klassiker wächst straff aufrecht und entwickelt sehr auffällige Blüten.
Pflege Die alten Bauerngartenpflanzen wollen in tiefgründigen, sandig-lehmigen, frischen Gartenböden mit niedrigem Nährstoffgehalt wachsen. Ältere Pflanzen, die in der Blüte nachlassen, werden durch junge ersetzt. Abgeblühtes muss entfernt werden, damit die Pflanze ihre Kraft nicht in die Samenbildung steckt. Am besten schneidet man nach der Blüte zurück und schont die neu austreibenden Blätter.
Gestaltung Lupinen wachsen in gemischten

Zweifarbige blühende Hybride

Beeten und Rabatten, vor oder hinter dem Haus. Am besten setzt man sie in kleineren oder größeren Gruppen. Die auffallenden Blüten locken Bienen und andere Insekten an.
Nachbarn Schön sehen verschiedenfarbige Sorten zusammen aus oder man kombiniert mit Garten-Margeriten, Frauenmantel, Pracht-Storchschnabel und Fackellilien.
Andere deutsche Namen Garten-Lupine, Vielblättrige Lupine

BLÜTENFARBE

BLÜTEZEIT

| Jan | Feb | März | April | Mai | **Juni** | **Juli** | **Aug** | Sept | Okt | Nov | Dez |

L. nummularia

Nahaufnahme der Felberich-Blüten

Gold-Felberich

Gold-Felberich
Lysimachia punctata

    Höhe 60–80 cm

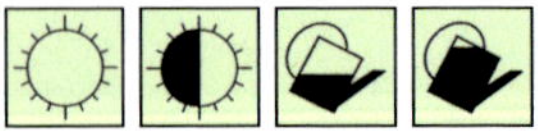

Aussehen Die bekannte Staude wächst aufrecht buschig und kann leicht wuchern.

Pflege Der Gold-Felberich ist anpassungsfähig, bevorzugt jedoch frische bis feuchte Gartenböden mit mittlerem bis hohem Nährstoffgehalt. Die Horste müssen Sie immer wieder verkleinern (Spaten), weil sich die Pflanzen ansonsten zu sehr ausbreiten.

Gestaltung Sie werden diese Pflanze oft in den Gärten finden, einerseits weil sie fast überall zu Recht kommt, andererseits, weil man sie fast nicht mehr los wird, wenn sie sich einmal für einen Garten entschieden hat. Der Gold-

Felberich wächst in Beeten, am Gehölzrand und auch an Schattenplätzen. Allerdings blüht er hier nicht so üppig und im tiefen Schatten gar nicht mehr. Die Blüten ziehen Bienen an und sind für den Vasenschnitt geeignet.

Nachbarn Frauenmantel, Pracht-Storchschnabel, Nelkenwurz und Eisenhut.

Sorte und Art 'Alexander' ist eine sehr schöne Sorte mit grünweißen Blättern. Das Pfennigkraut (*Lysimachia nummularia*) wird als Bodendecker verwendet und wächst etwa 10 cm hoch. Es eignet sich auch für den Teichrand.

Anderer Name Punktierter Gilbweiderich

BLÜTENFARBE

BLÜTEZEIT

| Jan | Feb | März | April | Mai | **Juni** | **Juli** | **Aug** | **Sept** | Okt | Nov | Dez |

Blut-Weiderich wächst am Teich

Blut-Weiderich

Blut-Weiderich
Lythrum salicaria

			Höhe 100–120 cm

Aussehen Die Wildstaude wächst straff aufrecht und bildet Horste.

Pflege Der Blut-Weiderich liebt humose, sandig-lehmige, frische bis feuchte Gartenböden mit mittlerem Nährstoffgehalt. Bodentrockenheit muss vermieden werden. Der Spross wird im späten Herbst oder zeitigen Frühjahr zurückgeschnitten. Vermehrt wird durch Aussaat und Teilung.

Gestaltung Diese Stauden passen in naturnahe Pflanzungen, an den Teichrand und auf Feuchtwiesen. Sie wirken nur als Gruppe schön. Oft sieht man große Bestände am Rand von öffentlichen Teichen. Die Blüten, die von Juli bis August in Rosa und Rot erscheinen, locken Bienen und andere Insekten an. Die Pflanze gehört zum Standardsortiment des Gartenfachhandels.

Nachbarn Der Blut-Weiderich kann sehr schön mit Sibirischer Schwertlilie und Frauenmantel sowie mit verschiedenen Gräsern kombiniert werden.

Sorten 'Feuerkerze' blüht tiefrosa, 'Robert' bleibt mit 60 cm Wuchshöhe kleiner als die genannte Art und besitzt karminrote Blüten.

Anderer deutscher Name Weiderich

BLÜTENFARBE

BLÜTEZEIT

Jan	Feb	März	April	Mai	Juni	Juli	Aug	Sept	Okt	Nov	Dez

Federmohn

Federmohn
Macleaya cordata

    Höhe 2–3 m

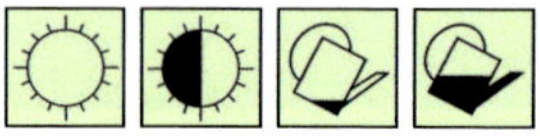

Aussehen Die Riesenstaude wächst locker aufrecht bis überneigend und schnell. Sie bildet Horste und kann eine Höhe von 3 m erreichen.

Pflege Der Federmohn bevorzugt durchlässige, sandig-lehmige, mäßig trockene bis frische Gartenböden mit mittlerem bis hohem Nährstoffgehalt. Leider neigt der Federmohn zum Wuchern. Eine starke Ausbreitung kann nur durch das Eingraben von „Wurzel- oder Rhizomsperren" verhindert werden. Wegen der Wuchereigenschaften und seiner Größe ist die Staude daher nur für große Gärten geeignet.

Der Spross wird im späten Herbst oder zeitigen Frühjahr zurückschnitten.
Die Pflanze kann durch Aussaat und Teilung vermehrt werden.

Gestaltung Die Riesenpflanze mit ihren dekorativen Blättern und Blüten sieht man schon von weitem.
Sie wächst in großen Rabatten oder Beeten, außerdem am Gehölzrand. Die Blüten ziehen Bienen und auch andere Insekten in den Garten.

Sorten 'Alba' blüht in Weiß, 'Flamingo' in Rosa.

BLÜTENFARBE

BLÜTEZEIT

Jan	Feb	März	April	Mai	Juni	Juli	Aug	Sept	Okt	Nov	Dez

Sorte 'Blaustrumpf'

Indianernessel
Monarda-Cultivars

  Höhe
70–130 cm

Aussehen Die hübsche Staude mit den auffälligen Blüten wächst aufrecht buschig und bildet Horste.

Pflege Indianernesseln bevorzugen durchlässige, sandig-lehmige, frische Gartenböden mit mittlerem bis hohem Nährstoffgehalt. Bodentrockenheit ist zu vermeiden und Winternässe wird nicht gut vertragen. Den Spross muss man im späten Herbst oder zeitigen Frühjahr zurückschneiden. Die Pflanze kann durch Stecklinge und Teilung vermehrt werden.

Gestaltung Setzen Sie diese Pflanzen in bunte Beete und gemischte Rabatten. Die Blüten

Die bezaubernden Blüten von *M. fistulosa*

locken Bienen und andere Insekten an und eignen sich für den Vasenschnitt.

Nachbarn Die Pflanzen können gut mit Gelber Flockenblume, Sonnenauge und Wiesenraute kombiniert werden.

Sorten und Arten Beispiele sind 'Blaustrumpf' in Dunkellila, 'Cambridge Scarlet' in Rot und 'Schneewittchen' in Weiß. Auch die beiden Arten *Monarda didyma* und *M. fistulosa* findet man häufig in Gartenkultur.

BLÜTENFARBE

BLÜTEZEIT

Jan	Feb	März	April	Mai	Juni	Juli	Aug	Sept	Okt	Nov	Dez

Vergissmeinnicht

Vergissmeinnicht
Myosotis palustris
(syn. *M. scorpioides*)

   Höhe
30–40 cm

M. sylvatica, Sorte 'Weiße Kugel'

Aussehen Die bekannte Staude wächst kissenförmig und breitet sich durch Ausläufer langsam aus.

Pflege Die Pflanzen lieben humose, feuchte und sumpfige Gartenböden mit mittlerem bis hohem Nährstoffgehalt. Sie breiten sich an ihnen zusagenden Plätzen gerne aus, an den anderen Standorten verschwinden sie schnell. Insgesamt eine unkomplizierte und pflegeleichte Pflanze, die durch Aussaat und Teilung vermehrt werden kann.

Gestaltung Das Vergissmeinnicht findet man in bunten Beet- und Staudenpflanzungen, am Wegesrand, vor Gehölzen und Hecken sowie im Sumpf- und Randgebiet von Gartenteichen. Die Blütchen werden gerne von Bienen besucht.

Nachbarn Frühlings-Knotenblume, Sommer-Knotenblume, *Iris pseudacorus* und *Iris laevigata*.

Sorten und Art Beispiele sind die weiße 'Ice Pearl', die dunkelblaue 'Perle von Ronnenberg' und die ebenfalls dunkelblaue 'Thüringen'. Die Art *M. sylvatica*, die auch sehr häufig angeboten wird, ist eine zweijährige Sommerblume.

Anderer deutscher Name Gewöhnliches Sumpf-Vergissmeinnicht

BLÜTENFARBE

BLÜTEZEIT

Jan	Feb	März	April	Mai	Juni	Juli	Aug	Sept	Okt	Nov	Dez

Katzenminze, *Nepeta* × *faassenii*

Katzenminze
Nepeta × *faassenii*

   Höhe
25–35 cm

Aussehen Die Staude ist bei Katzen beliebt. Sie wächst kompakt buschig und bildet Horste.
Pflege Die Katzenminze liebt durchlässige, mäßig trockene bis frische Gartenböden mit niedrigem Nährstoffgehalt. Sie sollte vor winterlicher Nässe geschützt werden. Der Spross wird im späten Herbst oder zeitigen Frühjahr zurückgeschnitten. Die Pflanze kann durch Stecklinge (Frühsommer) und Teilung vermehrt werden.
Gestaltung Sie finden die Blaue Katzenminze in bunten Beet- und Staudenpflanzungen sowie in Steingärten. Die Staude ist ein uner-

Sorte 'Six Hills Giant'

müdlicher Sommerblüher mit schönen silbrig- bis graugrünen Blättern. Man kann die duftende Pflanze gut im Topf oder Kasten kultivieren. Die hübschen Blütchen locken Bienen und andere Insekten an.
Sorten Die Sorte 'Alba' blüht weiß. Die beliebte Sorte 'Six Hills Giant' mit lavendelblauen Blüten wird insgesamt höher.
Andere deutsche Namen Blauminze, Blaue Katzenminze

BLÜTENFARBE

   intensiv duftend

BLÜTEZEIT

Jan	Feb	März	April	Mai	Juni	Juli	Aug	Sept	Okt	Nov	Dez

'Sonnenwende'

Nachtkerze
Oenothera fruticosa
(syn. *Oe. tetragona*)

| Höhe |
| 30–80 cm |

Aussehen Die beliebte Staude wächst aufrecht und bildet Horste.

Pflege Die bekannten Pflanzen lieben durchlässige, mäßig trockene bis frische Gartenböden mit mittlerem Nährstoffgehalt. Sie können durch Aussaat und Stecklinge vermehrt werden.

Gestaltung Nachtkerzen wachsen im Steingarten, in Beeten und Rabatten, am Rand oder mittendrin und werden meistens in kleinen Gruppen gesetzt.

Nachbarn Rittersporn, Berg-Aster (*Aster amellus*) und Sommer-Salbei (*Salvia nemorosa*).

Missouri-Nachtkerze

Sorten und Art 'Sonnenwende' ist eine gute Beetpflanze, die man auch für die Vase schneiden kann. Die Sorte 'Hohes Licht' blüht mit großer Leuchtkraft in Gelb. Die Missouri-Nachtkerze (*Oe. macrocarpa, syn. Oe. missourensis*) bleibt mit 20 bis 25 cm kleiner als die beschriebene Art und blüht von Mai bis September, also länger als *Oe. fruticosa*.

BLÜTENFARBE

BLÜTEZEIT

Jan	Feb	März	April	Mai	Juni	Juli	Aug	Sept	Okt	Nov	Dez

Gedenkemein

Gedenkemein
Omphalodes verna

   | Höhe 15–20 cm

Aussehen Die kleine, dankbare Staude wächst flach und wuchert.

Pflege Das Gedenkemein kommt in fast jedem Gartenboden mit mittlerem Nährstoffgehalt zu Recht. Es kann durch Aussaat und Teilung vermehrt werden.

Gestaltung Setzen Sie diese Pflanze mit den spitzen Blättern in bunte Beete und gemischte Rabatten. Sie eignet sich als Flächendecker, außerdem fühlt sie sich am Gehölz- und Teichrand wohl. Gedenkemein kann auch für die Gestaltung von Gräbern verwendet werden. Die Blütchen locken Bienen an.

Gedenkemein kann wuchern.

Sorten und Art Beispiele sind die weiße 'Alba' und das türkisblaue 'Elfenauge'. Das Kappadozische Gedenkemein (*O. cappadocica*) in Blau mit heller Mitte ist weniger frosthart als die genannte Art.

Anderer deutscher Name Frühlings-Nabelnüsschen

BLÜTENFARBE

BLÜTEZEIT

| Jan | Feb | **März** | **April** | **Mai** | Juni | Juli | Aug | Sept | Okt | Nov | Dez |

Wald-Sauerklee, *O. acetosella*

Sauerklee
Oxalis depressa

    Höhe
8–12 cm

Aussehen Die hübsche Staude mit ihren „Kleeblättern" wächst flach polsterförmig und kompakt. Sie entwickelt Knollen und könnte daher auch im Kapitel Zwiebel- und Knollenpflanzen stehen.

Pflege Sauerklee verlangt saure bis schwach saure, durchlässige, mäßig trockene bis frische Gartenböden mit mittlerem Nährstoffgehalt. Er ist leider nur mäßig frosthart und braucht im Winter einen Schutz. Die Pflanze kann durch Teilung vermehrt werden.

Gestaltung Die schönen Blätter sind das Auffälligste an dieser Staude, aber auch die Blüten

Zartrosa Blüten von *O. depressa*

sind schön anzusehen. Die Pflanzen gehören zum Sortiment des Gartenfachhandels und lassen sich gut in Töpfen und Kübeln kultivieren.

Weitere Art Der Wald-Sauerklee (*O. acetosella*) ist ein Bodendecker unter Gehölzen für halbschattige bis schattige Plätze. Er kann sich an zusagenden Orten sehr stark ausbreiten.

BLÜTENFARBE

BLÜTEZEIT

| Jan | Feb | März | April | Mai | Juni | Juli | Aug | Sept | Okt | Nov | Dez |

Pfingstrose

Pfingstrosen
*Paeonia-Lactiflora-*Gruppe

   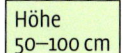

Höhe
50–100 cm

Europäische Wild-Pfingstrose, *P. officinalis*

Aussehen Die bekannten und beliebten Klassiker wachsen aufrecht buschig.

Pflege Pfingstrosen brauchen durchlässige, fruchtbare, mäßig trockene bis frische Gartenböden mit hohem Nährstoffgehalt. Sie sollten im Herbst gepflanzt werden und können ungestört jahrzehntelang an einem Platz bleiben. Ältere Pflanzen werden geteilt und an anderer Stelle wieder eingesetzt. Vermehrt wird durch Teilung. Grauschimmel kann auftreten.

Gestaltung Edel-Päonien sind so wunderbare Blüher, dass sie das Auge des Betrachters immer erst einmal auf sich lenken. Sie wachsen in Beeten und Rabatten, meist einzeln. Für die Vase schneidet man die Blumen, wenn die äußersten Blütenblätter schon Farbe zeigen, aber die Blüte noch nicht aufgegangen ist.

Nachbarn Frauenmantel, Pracht-Storchschnabel und Sommer-Salbei.

Sorten und Art Sie können sehr viele Sorten in unterschiedlichen Blütenfarben und Größen sowie Wuchseigenschaften kaufen. Es gibt gefüllte, halb gefüllte und ungefüllte Sorten. Die Bauern-Pfingstrose oder Europäische Wild-Pfingstrose (*P. officinalis*) bildet wunderschöne Blüten im Mai.

BLÜTENFARBE

    auch mehrfarbig, ungefüllt und gefüllt

BLÜTEZEIT

Jan	Feb	März	April	Mai	Juni	Juli	Aug	Sept	Okt	Nov	Dez

Sorte 'Royal Wedding'

Orientalischer Mohn mit seinen wunderschönen Blüten

Orientalischer Mohn

Orientalischer Mohn
Papaver orientale

    Höhe 60–100 cm

Aussehen Die Staude mit den wunderschönen Blüten wächst aufrecht buschig.

Pflege Geben Sie den Pflanzen durchlässige, trockene bis frische Gartenböden mit mittlerem Nährstoffgehalt. Staunässe wird nicht vertragen. Verblühtes kann man regelmäßig entfernen. Die Pflanze zieht nach der Blüte ein. Sie kann durch Aussaat und Teilung vermehrt werden.

Gestaltung Diese Mohn-Art fühlt sich in gemischten Beet- und Staudenpflanzungen wohl und wird dort nicht in den Vordergrund gepflanzt. Die tollen Blüten locken jede Menge Bienen in den Garten. Die Blütezeit des Mohns ist nur kurz, aber einmalig schön. Durch die Wahl verschiedener Sorten kann man die Gesamtblütezeit verlängern.

Nachbarn Die Pflanzen können gut mit Astern, Sommer-Salbei und Woll-Ziest kombiniert werden.

Sorten Es gibt sehr viele Sorten. Beispiele sind die lachsrosa 'Catharina', der karminrosa 'Rosenpokal', der leuchtend orangerote 'Sindbad' und die alte, bekannte, feuerrote Sorte 'Sturmfackel'.

Anderer deutscher Name Türkischer Mohn

BLÜTENFARBE

BLÜTEZEIT

| Jan | Feb | März | April | Mai | Juni | Juli | Aug | Sept | Okt | Nov | Dez |

'Züriblau'

Großblumiger Bartfaden
Penstemon-Cultivars

  Höhe 40–80 cm

Bartfaden der Barbatus-Gruppe

Aussehen Die dankbare Staude wächst aufrecht und bildet Horste.

Pflege Der Großblumige Bartfaden liebt fruchtbare, durchlässige, frische Gartenböden mit hohem Nährstoffgehalt. Er verschwindet auf schwerem Erdreich schnell. Da die Stauden nicht sicher winterhart sind, werden sie meist einjährig gezogen. In milden Gegenden können sie mit Winterschutz auch ausdauernd sein. Die Pflanze wird durch Stecklinge vermehrt.

Gestaltung Diese Staude wächst in bunten Beeten und gemischten Rabatten. Besonders gut passt sie in Bauerngartenbeete. Man setzt sie immer in Gruppen, einzeln wirken sie nicht. Die Blüten, die in vielen Farben von Juli bis September erscheinen, ziehen Bienen und andere Insekten in den Garten.

Nachbarn Die Pflanzen können gut mit Margeriten (*Leucanthemum maximum*) und Glattblatt-Aster kombiniert werden.

Sorten Einige Sorten der *Penstemon-Barbatus*-Gruppe finden wir im Gartenfachhandel. Sie blühen von Juli bis September in roten, rosa und blauvioletten Tönen und Weiß. 'Züriblau' ist eine verbreitete, schöne, blaue Sorte mit 50 cm Höhe.

BLÜTENFARBE

    auch zweifarbig

BLÜTEZEIT

| Jan | Feb | März | April | Mai | Juni | **Juli** | **Aug** | **Sept** | Okt | Nov | Dez |

Brandkraut, *P. russeliana*

Brandkraut
Phlomis russeliana

   Höhe
80–120 cm

Aussehen Die auffällige Staude wächst aufrecht. Sie ist stark wüchsig und kann ihre Nachbarn leicht verdrängen.

Pflege Das Brandkraut kommt auf fast allen Böden zu Recht, bevorzugt jedoch trockene bis frische Gartenböden mit mittlerem Nährstoffgehalt. Die Pflanze bildet im Laufe der Jahre dichte Blattteppiche. Darüber stehen die auffälligen Blütenstiele.
Vermehrt wird durch Teilung und grundständige Stecklinge.

Gestaltung An dieser Pflanze ist fast alles auffallend: Die Gestalt, die Blüten und auch die Früchte, die sie fast den ganzen Winter über schmücken. Die Brandkraut-Art wirkt sehr schön am Rand von gemischten Rabatten und im Kiesbeet.
Die Blüten locken Bienen an und eignen sich für den Vasenschnitt. Sie werden gerne in der Floristik verwendet.

Weitere Art Das Brandkraut (*Phlomis tuberosa*) erreicht eine Höhe von 150 cm und blüht rosa bis violett von Juni bis Juli. Die Blätter sind lanzettlich bis herzförmig und haben einen langen Stiel.

BLÜTENFARBE

BLÜTEZEIT

Jan	Feb	März	April	Mai	Juni	Juli	Aug	Sept	Okt	Nov	Dez

Kissen-Phlox, *P.-Subulata-*Gruppe, Sorte 'Scarlet Flame'

Wiesen-Flammenblume, *P. maculata*

*P.-Paniculata-*Gruppe, Sorte 'The King'

Phlox
*Phlox-Paniculata-*Gruppe

Höhe
80–150 cm

Aussehen Die bekannte Bauerngartenstaude wächst aufrecht und bildet Horste.

Pflege Phlox bevorzugt sandig-humose, frische Gartenböden mit hohem Nährstoffgehalt. Bodentrockenheit sollte vermieden werden, daher sollte man in heißen Sommern immer regelmäßig wässern. Hohe Blütentriebe muss man eventuell stützen.

Gestaltung Der Klassiker wächst in bunten Bauerngartenbeeten und gemischten Rabatten. Die hübschen Blüten locken Bienen an und eignen sich für den Vasenschnitt.

Nachbarn Rittersporn, Roter Sonnenhut.

Sorten und Arten Viele Sorten sind im Handel erhältlich, die reine Art findet man kaum. Der Polster-Phlox (*P.-Douglasii-*Gruppe) wird nur 5 bis 15 cm hoch und eignet sich für Steingärten und Tröge. Die Wiesen-Flammenblume (*P. maculata*) erreicht eine Höhe von bis zu 1 m. Sie wird in sonnigen Rabatten verwendet. Der Kissen-Phlox (*P.-Subulata-*Gruppe) ist wiederum eine niedrige Art mit 5 bis 15 cm Wuchshöhe. Er bildet teppichartige Polster, die auch von Mauern herabwachsen können.

Andere deutsche Namen Hohe Flammenblume, Stauden-Phlox

BLÜTENFARBE

   auch mehrfarbig

BLÜTEZEIT

| Jan | Feb | März | April | Mai | Juni | Juli | Aug | Sept | Okt | Nov | Dez |

Die hübsche Blüte von *P. grandiflorus*

Ballonblume
Platycodon grandiflorus

  Höhe
40–60 cm

Ballonblume

Aussehen Die hübsche Staude wächst aufrecht und bildet Horste.

Pflege Ballonblumen lieben durchlässige, sandig-lehmige, frische Gartenböden mit mittlerem Nährstoffgehalt. Die Pflanze wird zurückgeschnitten, wenn sie vergilbt. Sie kann durch Aussaat im Frühjahr vermehrt werden.

Gestaltung Diese Pflanze mit den auffälligen Blüten, die in Blau, Rosa und Weiß von Juli bis August erscheinen, findet man in bunten Beeten und gemischten Rabatten. Sie ist ein schöner Sommerblüher im Steingarten. Und sie gehört zum Standardsortiment des Gartenfachhandels. Die großen „Glocken-Blüten" locken Bienen und andere Insekten an.

Nachbarn Mädchenauge (*Coreopsis verticillata*) und Kissen-Aster (*Aster dumosus*).

Sorten Beispiele sind 'Albus' in Weiß, 'Blaue Glocke' in Blau, 'Mariesii' in Blauviolett und 'Perlmuttschale' in Hellrosa.

Anderer Name Großblütige Ballonblume

BLÜTENFARBE

BLÜTEZEIT

| Jan | Feb | März | April | Mai | Juni | Juli | Aug | Sept | Okt | Nov | Dez |

Himmelsleiter in Blau

Himmelsleiter
Polemonium caeruleum

    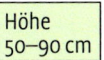
Höhe
50–90 cm

Aussehen Die hohe Staude mit Wildstauden-Charakter wächst aufrecht buschig.
Pflege Die Himmelsleiter bevorzugt durchlässige, sandig-lehmige, frische bis feuchte Gartenböden mit mittlerem Nährstoffgehalt. Der Spross wird im späten Herbst oder zeitigen Frühjahr zurückgeschnitten. Vermehrt wird durch Aussaat und Teilung.
Gestaltung Die Stauden mit dem hübschen deutschen Namen, der von den leiterartigen Blättern stammt, wachsen in gemischten Rabatten sowie an Weg- und Gehölzrändern. Sie sollten in Gruppen gesetzt werden.

Weiß blühende Himmelsleiter

Weitere Art Die Kriechende Jakobsleiter (*P. reptans*) ist eine 20 bis 40 cm hohe Art mit kriechendem Wurzelstock (Rhizom). Sie blüht blau oder weiß von Mai bis Juni.
Andere Namen Jakobsleiter, Sperrkraut

BLÜTENFARBE

BLÜTEZEIT

| Jan | Feb | März | April | Mai | Juni | Juli | Aug | Sept | Okt | Nov | Dez |

Gold-Fingerkraut

Erdbeerblättriges Fingerkraut

P. 'Gibson's Scarlet'

Fingerkraut
Potentilla × cultorum

Höhe
30–70 cm

Aussehen Die dankbare Staude in zahlreichen ungefüllten und gefüllten Sorten wächst breit und buschig und bildet Horste. Sie kann eine Höhe von 70 cm erreichen.

Pflege Wählen Sie durchlässige, sandig-lehmige, frische Gartenböden mit mittlerem Nährstoffgehalt für diese Pflanze aus. Vermehrt wird durch Teilung.

Gestaltung Die vielen verschiedenen Sorten passen besonders gut in Beete und Rabatten zwischen Prachtstauden.

Die hübschen Blütchen ziehen Bienen und andere Insekten an.

Sorten und Arten Es gibt viele Sorten, die aus Kreuzungen von *P. argyrophylla, P. atrosanguinea, P. nepalensis, P. recta* und anderen entstanden sind.

Das Erdbeerblättrige Fingerkraut, *P. megalantha*, entwickelt goldgelbe Blüten von Mai bis Juli.

Das Blutrote Fingerkraut (*P.* 'Gibson's Scarlet') wird 40 cm hoch und blüht wunderschön scharlachrot von Juni bis Juli.

Das Gold-Fingerkraut (*P. aurea*) wächst flach und wird 10 bis 15 cm hoch. Es blüht goldgelb von Juni bis Juli.

BLÜTENFARBE

 auch mehrfarbig, ungefüllt und gefüllt

BLÜTEZEIT

Jan	Feb	März	April	**Mai**	**Juni**	**Juli**	Aug	Sept	Okt	Nov	Dez

Die heimische
Schlüsselblume, *P. veris*

Die besondere
Kugelblüte von *P. denticulata*

Rosa blühende Kissen-Primel

Kissen-Primel
Primula vulgaris mit Sorten

  | Höhe
8–20 cm

Teppich-Primel,
P.-Juliae-Gruppe 'Wanda'

Aussehen Die Staude, die man schon als Kind kennen lernt, wächst kissenartig und kann bei empfindlichen Personen Hautreizungen hervorrufen.

Pflege Kissen-Primeln lieben sandig-humose oder sandig-lehmige, frische Gartenböden mit mittlerem Nährstoffgehalt.

Gestaltung Die Pflanzen findet man in Beeten und Rabatten, am Weges- und Treppenrand, vor Gehölzen und Hecken sowie in Natur- und Steingärten. Man kann Primeln gut in Töpfen kultivieren. Der Klassiker wird als Einfassung oder zur Grabgestaltung verwendet.

Nachbarn Busch-Windröschen, Trauben-Hyazinthe, Elfenblumen, Christrose, Leberblümchen, Farne und Schattengräser.

Weitere Arten Schön sind ist die Kugel-Primel (*Primula denticulata*) mit den kugeligen Blütenständen und die Etagen-Primel (*P. Bullesiana*-Gruppe) mit ihren in Etagen angeordneten Blüten. Die Teppich-Primeln (*P.-Juliae*-Gruppe) bleiben mit 5 bis 15 cm niedrig und blühen von März bis April. Die Echte Schlüsselblume (*P. veris*) ist eine heimische Art.

Andere deutsche Namen Primel, Kissen-Schlüsselblume

BLÜTENFARBE

BLÜTEZEIT

| Jan | Feb | **März** | **April** | Mai | Juni | Juli | Aug | Sept | Okt | Nov | Dez |

Schöne Frühlingsboten

Gewöhnliche Küchenschelle

Die filigranen Fruchtstände von *P. vulgaris*

Gewöhnliche Küchenschelle
Pulsatilla vulgaris

Höhe
20–25 cm

Aussehen Dieser wichtige Frühjahrsblüher wächst buschig und bildet Horste.

Pflege Küchenschellen bevorzugen durchlässige, sandig-lehmige, mäßig trockene bis frische Gartenböden mit sehr niedrigem Nährstoffgehalt. Verblühtes wird nicht entfernt, weil sich die Pflanzen nach der Blüte mit den schönen Früchten schmücken. Vermehrt werden kann durch Aussaat und Wurzelschnittlinge.

Gestaltung Man findet diese Staude in bunten Beet- und Staudenpflanzungen sowie im Steingarten. Man setzt sie in kleineren Gruppen. Nicht nur die dekorativen Blüten, die von März bis April erscheinen, sind schön, sondern auch die wunderschönen, flauschig aussehenden Fruchtstände.

Nachbarn Die Pflanzen können gut mit Frühlings-Adonisröschen und Blaustrahlhafer kombiniert werden. Setzen Sie keine stark wachsenden Pflanzen daneben.

Sorten 'Alba' blüht weiß und wird etwa 20 cm hoch. 'Röde Klokke' erreicht dieselbe Höhe und besitzt purpurrote Blüten.

Andere deutsche Namen Kuhschelle, Küchenschelle, Windblume

BLÜTENFARBE

BLÜTEZEIT

Jan	Feb	**März**	**April**	Mai	Juni	Juli	Aug	Sept	Okt	Nov	Dez

Schöner Blütenstand
eines Schaublattes

R. 'Elegans'

R. podophylla

Bronze-Schaublatt
Rodgersia podophylla

Höhe
130–150 cm

Aussehen Die imposante Staude wächst aufrecht und bildet Horste.

Pflege Wählen Sie sandig-humose oder sandig-lehmige, frische bis feuchte Gartenböden, die einen hohen Nährstoffgehalt aufweisen. Im Frühjahr werden abgestorbene Pflanzenteile entfernt. Die Pflanze breitet sich im Laufe der Jahre langsam aus. Sie kann durch Aussaat und Teilung vermehrt werden.

Gestaltung Die Riesenstauden wachsen in gemischten, größeren Rabatten, am Gehölzsowie Teichrand. Sie passen gut in waldartige Partien und auf die Gebäudenordseite. Es sind Blattschmuckstauden, die auch im Schatten zu Recht kommen.

Nachbarn Silberkerze, verschiedene Schattengräser und Farne.

Sorte und Arten Die Sorte 'Rotlaub' treibt schön rötlich aus, später ist sie jedoch grün. Das Fiederblättrige Schaublatt (*R. pinnata*) wird bis 1,2 m hoch und blüht von Juli bis August in Weiß. Diese Art braucht durchlässiges Erdreich. Pflege und Verwendung ähneln der oben beschriebenen Art. Die Blätter von *R. aesculifolia* erinnern an die von Rosskastanien. Die Art blüht von Juni bis August in Weiß.

BLÜTENFARBE

BLÜTEZEIT

Jan	Feb	März	April	Mai	Juni	Juli	Aug	Sept	Okt	Nov	Dez

Prächtiger Sonnenhut

Prächtiger Sonnenhut
Rudbeckia fulgida 'Goldsturm'

   Höhe 50–80 cm

Langer Heinrich, *R. laciniata*

Aussehen Der beliebte Klassiker wächst aufrecht buschig und bildet Horste.
Pflege Die Pflanzen lieben sandig-lehmige bis lehmige, frische bis feuchte Gartenböden mit mittlerem bis hohem Nährstoffgehalt. Der Boden darf nie austrocknen. Der Spross wird im späten Herbst oder zeitigen Frühjahr zurückgeschnitten. Verblühtes sollte man regelmäßig entfernen.
Gestaltung Der deutsche Name sagt es schon, dieser Sonnenhut entwickelt prächtige Blüten, die man schon von weitem sehen kann. Die Staude wächst in gemischten Beeten und wird immer in größeren Gruppen gesetzt. Die Blüten werden gerne von Bienen besucht.
Nachbarn Hohe Flammenblume, Rittersporn und Sonnenbraut.
Weitere Arten Der Sonnenhut oder Lange Heinrich (*R. laciniata*) wird je nach Sorte 150 bis 200 cm hoch und blüht von Ende Juli bis September in Gelbtönen. Der Fallschirm-Sonnenhut (*R. nitida* 'Herbstsonne') erreicht eine Höhe von bis zu 2 m. Er wird vor Zäunen und Wänden verwendet, in Rabatten und am Teichrand.
Andere deutsche Namen Goldsturm-Rudbeckie, Goldsturm-Sonnenhut

BLÜTENFARBE

BLÜTEZEIT

Jan	Feb	März	April	Mai	Juni	Juli	Aug	Sept	Okt	Nov	Dez

Sternmoos

Sternmoos
Sagina subulata

Höhe
2–3 cm

Aussehen Der niedrige Bodendecker wächst Polster bildend und kompakt. Er erreicht eine Höhe von nur 3 cm und entwickelt sich zu einem dichten Rasen.

Pflege Das Sternmoos bevorzugt durchlässige, mäßig trockene bis frische Gartenböden, die einen niedrigen Nährstoffgehalt aufweisen. Das Erdreich darf keinesfalls ganz austrocknen.
Die Pflanze kann durch Aussaat und Teilung vermehrt werden.

Gestaltung Dieser unkomplizierte Bodendecker eignet sich besonders gut zur Begrünung zwischen Pflastersteinen, Wegplatten und Plätzen.
Er wird auch gerne zur Gestaltung von Gräbern verwendet. Besonders schön sieht die kleine Pflanze im Steingarten aus, wenn sie ganze Bereiche mit einem hübschen, grünen Teppich überzieht.

Sorte 'Aurea' besitzt schönes, hellgrün gelblich gefärbtes Laub, was sehr schön aussieht, wenn man es mit der grünen Form zusammenpflanzt.

Anderer deutscher Name Mastkraut

BLÜTENFARBE

BLÜTEZEIT

Jan	Feb	März	April	Mai	Juni	Juli	Aug	Sept	Okt	Nov	Dez

Sorte 'Viola Klose'

Sorte 'Tänzerin'

Sorte 'Blauhügel'

Sommer-Salbei
Salvia nemorosa

| Höhe 50–70 cm |

Aussehen Die beliebte Staude, die in wunderschönen, bis zu 70 cm hohen Blütenständen blüht, wächst aufrecht buschig.

Pflege Geben Sie den Pflanzen durchlässige, frische Gartenböden mit mittlerem bis hohem Nährstoffgehalt. Ein Rückschnitt, kurz bevor die Pflanzen verblüht sind, führt zur Nachblüte. Abgestorbene Pflanzenteile werden im Herbst entfernt. Die Pflanze kann durch Aussaat und Teilung vermehrt werden.

Gestaltung Der Sommer-Salbei ist ein klassischer Sommerblüher, den man überall in den Gärten und öffentlichen Parks sehen kann. Er wächst in gemischten Beeten, im Steingarten und auch in Töpfen und Kästen auf Balkon und Terrasse. Die Blüten werden gerne von Bienen besucht und eignen sich für den Vasenschnitt.

Nachbarn Die Pflanzen können gut mit Pfingstrosen, Rosen und Mädchenauge kombiniert werden.

Sorten 'Blauhügel' blüht von Juni bis Oktober in Blau und erreicht eine Höhe von 50 cm. 'Tänzerin' kann 70 cm hoch werden und blüht blauviolett. 'Viola Klose' mit 40 cm Höhe blüht dunkelviolett.

Anderer deutscher Name Steppen-Salbei

BLÜTENFARBE

   2. Blüte bis September nach Rückschnitt

BLÜTEZEIT

| Jan | Feb | März | April | *Mai* | *Juni* | *Juli* | *Aug* | Sept | Okt | Nov | Dez |

S. officinalis,
Sorte 'Rosea Plena'

Seifenkraut, *S. ocymoides*

Echtes Seifenkraut

Seifenkraut
Saponaria ocymoides

Höhe
10—20 cm

Aussehen Die hübsche Staude wächst niederliegend bis kissenförmig und bildet Horste.

Pflege Diese Seifenkraut-Art liebt durchlässige, sandig-kiesige, mäßig trockene bis frische Gartenböden mit sehr niedrigem Nährstoffgehalt. Sie ist unkompliziert und pflegeleicht und kann durch Aussaat, Stecklinge und Teilung vermehrt werden.

Gestaltung Das Seifenkraut wächst am besten in Trockenmauern und in Steingärten. Es kann auch in Töpfen und Kübeln kultiviert werden. Man setzt kleinere oder größere Gruppen, einzeln wirken die Pflanzen nicht.

Nachbarn Die Stauden können gut mit Teppich-Phlox (*Phlox douglasii*), Kissen-Phlox (*Phlox subulata*) und Schleifenblume kombiniert werden.

Sorten und Art Das Echte Seifenkraut (*S. officinalis*) liebt sonnige Plätze in feuchten, durchlässigen Böden mit mittlerem Nährstoffbedarf und kann wuchern. Es gibt insbesondere gefüllte Sorten im Handel, zum Beispiel 'Alba Plena' in Weiß sowie 'Rosea Plena' in Hellrosa.

Andere deutsche Namen Kleines Seifenkraut, Rotes Seifenkraut, Teppich-Seifenkraut

BLÜTENFARBE

BLÜTEZEIT

Jan	Feb	März	April	Mai	Juni	Juli	Aug	Sept	Okt	Nov	Dez

S. paniculata

Moos-Steinbrech

S. umbrosa

Moos-Steinbrech
Saxifraga-Arendsii-Gruppe

Höhe
5–15 cm

Aussehen Die dankbare Staude wächst flach Polster bildend.

Pflege Diese Steinbrech-Art bevorzugt durchlässige, sandig-humose, frische Gartenböden mit mittlerem Nährstoffgehalt. Im Herbst werden abgestorbene Blattrosetten vorsichtig herausgenommen.
Die Pflanze kann durch das Abnehmen von Tochterrosetten leicht vermehrt werden.

Gestaltung Der Moos-Steinbrech ist ein pflegeleichter Frühjahrsblüher, den man in absonnigen Mauern, am Gehölzrand, im Steingarten sowie in Töpfen und Kübeln leicht pflegen kann.

Nachbarn Setzen Sie verschiedene Farbsorten zusammen oder kombinieren Sie mit Purpurglöckchen, Seggen und Farnen.

Sorten und Arten Es gibt viele *Saxifraga*-Arten und Sorten im Handel. Der Trauben-Steinbrech (*S. paniculata*) wird bis zu 20 cm hoch und blüht weiß von Mai bis Juni. Das Porzellanblümchen (*S. × urbium*) erreicht eine Höhe von 10 bis 30 cm und besitzt filigrane weiße bis weißrosa Blüten.
Der Krusten-Steinbrech (*Saxifraga crustata*), eine Steingartenpflanze, blüht weiß von Mai bis Juni.

BLÜTENFARBE

BLÜTEZEIT

| Jan | Feb | März | **April** | **Mai** | Juni | Juli | Aug | Sept | Okt | Nov | Dez |

Skabiose

Skabiose
Scabiosa caucasica

   Höhe
40–80 cm

Die Blüte von *S. graminifolia*

Aussehen Die Staude mit den hübschen Blüten wächst aufrecht und bildet breite Horste.
Pflege Skabiosen mögen durchlässige, sandig-lehmige, trockene bis frische Gartenböden, die einen mittleren Nährstoffgehalt aufweisen. Der Spross wird im späten Herbst oder zeitigen Frühjahr zurückgeschnitten. Die Pflanze kann durch Aussaat, Stecklinge und Teilung vermehrt werden.
Gestaltung Die Bauerngartenpflanze passt in bunte Beete und Staudenrabatten. Die dekorativen Blüten werden nicht nur von uns, sondern auch von Bienen geliebt.

Nachbarn Die Pflanzen können gut mit Berg-Aster (*Aster amellus*), Sommer-Salbei und Mädchenauge (*Coreopsis grandiflora*) kombiniert werden.
Sorten und Art Die Art wird eher selten angeboten. Es gibt aber viele wertvolle Sorten. 'Kompliment' blüht in Dunkellavendel, 'Fama' in intensivem Blau und 'Perfecta Alba' in Weiß. Die Grasblättrige Skabiose (*S. graminifolia*) blüht helllila bis rosa. Diese Art liebt Wärme und Trockenheit.
Andere deutsche Namen Garten-Skabiose, Krätzkraut, Große Skabiose

BLÜTENFARBE

BLÜTEZEIT

Jan	Feb	März	April	Mai	Juni	Juli	Aug	Sept	Okt	Nov	Dez

S. floriferum
'Weihenstephaner Gold'

Fetthenne, S. telephium

S. spurium, karminrote Sorte

Fetthenne
Sedum telephium

| ☀ | 💧 | Höhe 40–60 cm |

Aussehen Die dankbare Staude wächst aufrecht buschig und kompakt und bildet Horste.
Pflege Fetthennen lieben durchlässige, sandig-kiesige, trockene bis frische Gartenböden mit mittlerem Nährstoffgehalt. Der Spross wird im zeitigen Frühjahr zurückgeschnitten. Die Pflanze kann durch Aussaat und Teilung vermehrt werden.
Gestaltung Diese *Sedum*-Art wird im Steingarten oder auf Mauerkronen verwendet. Sie entwickelt schöne Blüten, die deutlich über dem Laub stehen und gerne von Bienen besucht werden. Man kann die Pflanzen auch erfolgreich in Töpfen und Kübeln auf Balkon und Terrasse kultivieren.
Sorten und Arten Es gibt sehr viele *Sedum*-Arten und Sorten. Die Gold-Fetthenne (*Sedum floriferum* 'Weihenstephaner Gold') schmückt sich mit schönen sternförmigen, goldgelben Blüten von Juli bis August. Der Teppich-Sedum (*S. album*) wird als Bodendecker verwendet und blüht zur gleichen Zeit. Die Kaukasus-Fetthenne blüht rosa von Juni bis Juli, wächst schnell und wird 10 bis 15 cm hoch. Der Teppich-Sedum, *S. spurium*, blüht weiß oder karminrot von Juli bis August.

BLÜTENFARBE

BLÜTEZEIT

| Jan | Feb | März | April | Mai | Juni | Juli | Aug | Sept | Okt | Nov | Dez |

Hauswurz, *S. tectorum*

Hauswurz
Sempervivum tectorum

  Höhe 10–15 cm

Aussehen Die kleine, unkomplizierte Staude wächst kissenförmig und kompakt und bildet Rosetten.

Pflege Der Hauswurz bevorzugt durchlässige, sandig-kiesige, trockene bis mäßig trockene Gartenböden mit niedrigem Nährstoffgehalt. Jede Einzelrosette stirbt nach der Blüte ab.

Gestaltung Diese Staude gehört in Steingärten, ins Alpinum und auf die Trockenmauer. Setzen Sie sie immer in Gruppen.

Nachbarn Die Pflanzen können gut mit *Jovibarda*, anderen *Sempervivum* Arten, *Sedum*- und *Saxifraga*-Arten kombiniert werden. Sie

Spinnweben-Hauswurz, *S. arachnoideum*

dürfen nur neben schwach wüchsigen Pflanzen stehen.

Weitere Art Die Spinnweben-Hauswurz (*Sempervivum arachnoideum*) besitzt wunderschöne Rosetten, die wie von einem silbrigen Spinnennetz überzogen aussehen. Sie blüht sternförmig von Juni bis Juli in Karminrot.

BLÜTENFARBE

BLÜTEZEIT

| Jan | Feb | März | April | Mai | **Juni** | **Juli** | **Aug** | Sept | Okt | Nov | Dez |

'Golden Shower'

Goldrute

'Goldkind'

Goldrute
Solidago-Cultivars

Höhe
60–80 cm

Aussehen Die hohen Gruppenstauden wachsen aufrecht buschig und bilden Horste, ohne zu wuchern.

Pflege Goldruten lieben durchlässige, mäßig trockene bis frische Gartenböden mit mittlerem bis hohem Nährstoffgehalt. Der Spross wird im späten Herbst oder zeitigen Frühjahr zurückgeschnitten. Die Pflanze kann durch Stecklinge und Teilung vermehrt werden.

Gestaltung Diese Pflanzen mit Wildstauden-Charakter wachsen in gemischten Beeten und Rabatten, vor Hecken und am Gehölzrand. Die schönen Blütenstände leuchten mit der Sonne um die Wette und, wenn man sich einen Strauß ins Haus holt, könnte man meinen, man habe sich die „Sonne eingefangen". Die Blüten locken Bienen und andere Insekten in den Garten. Die Pflanzen wirken nur in Gruppen.

Nachbarn Die Stauden können gut mit Salbei, Margeriten, Pfirsischblättriger Glockenblume und Sonnenhut kombiniert werden.

Sorten 'Golden Shower' entwickelt große, locker überhängende Blüten, 'Goldwedel' blüht früh und 'Strahlenkrone' hat einen straff aufrechten Horst. 'Goldkind' und 'Frühgold' sind zwei weitere gelbe Sorten.

BLÜTENFARBE

BLÜTEZEIT

Jan	Feb	März	April	Mai	Juni	Juli	Aug	Sept	Okt	Nov	Dez

Die Blüten des Woll-Ziestes

Woll-Ziest
Stachys byzantina

  Höhe
10–40 cm

Aussehen Die auffallende Blattschmuckstaude wächst niederliegend bis kriechend.
Pflege Die Pflanze braucht durchlässige, mäßig trockene Gartenböden mit mittlerem Nährstoffgehalt. Der Spross wird im späten Herbst oder zeitigen Frühjahr zurückgeschnitten. Vermehrt werden kann durch Teilung.
Gestaltung Der Woll-Ziest ist schon eine ungewöhnliche Pflanze mit den weißwolligen oder silbergrauen Blättern. Man setzt ihn in Beetpflanzungen, am besten in Gruppen. Er wird als Einfassung, auf Gräbern, in Steingärten und auf Trockenmauern verwendet.

Die Blätter der Sorte 'Silver Carpet'

Nachbarn Die Pflanzen können gut mit Lavendel, Salbei, Hoher Bart-Iris, Katzenminze, und Blaustrahlhafer kombiniert werden.
Sorten 'Silvercarpet' ist ein dichter grauer Bodendecker, der kaum blüht. 'Cotton Boll' wächst kompakter und wird bis 10 cm hoch.

BLÜTENFARBE

BLÜTEZEIT

| Jan | Feb | März | April | Mai | Juni | Juli | Aug | Sept | Okt | Nov | Dez |

Sorte 'Robinson Rot'

Bunte Margerite

Rainfarn, *T. vulgare*

Bunte Margerite
Tanacetum coccineum

Höhe
40–90 cm

Aussehen Die hübsche Staude wächst aufrecht buschig und bildet Horste. Sie ist leider nicht immer standfest.

Pflege Bunte Margeriten lieben durchlässige, sandig-lehmige, frische Gartenböden mit mittlerem bis hohem Nährstoffgehalt. Auf schweren Böden sind sie kurzlebig. Die Pflanzen sollten alle paar Jahre geteilt werden, da sie schnell in der Blüte nachlassen. Entfernen Sie regelmäßig verblühte Pflanzenteile. Vermehrt werden kann durch Teilung.

Gestaltung Die bunten Blüher wachsen in gemischten Beet- und Staudenpflanzungen.

Man setzt sie in Gruppen zusammen. Die hübschen Blüten ziehen Bienen und andere Insekten in den Garten und eignen sich für den Vasenschnitt.

Weitere Arten Die Mutterkraut-Wucherblume (*T. parthenium*) ist eine Verwandte mit einigen Sorten, die teilweise nur kurzlebig sind. Sie werden gerne in Töpfen und Kästen verwendet, aber auch in Beeten ausgepflanzt. Ein einheimischer Verwandter ist der Rainfarn (*T. vulgare*), den man immer wieder wild am Wegesrand, auf Böschungen und an Bahndämmen finden kann.

BLÜTENFARBE

    ungefüllt und gefüllt

BLÜTEZEIT

Jan	Feb	März	April	Mai	Juni	Juli	Aug	Sept	Okt	Nov	Dez

Sorte 'Bärbel'

Dreimasterblume
Tradescantia-Andersoniana-Gruppe

   Höhe
40–60 cm

Aussehen Die Staude entwickelt viel Blattmasse, aus denen die kleinen Blüten hervor-
leuchten. Sie wächst aufrecht buschig.
Pflege Dreimasterblumen bevorzugen durchlässige, sandig-lehmige, frische bis feuchte
Gartenböden mit hohem Nährstoffgehalt.
Nach der Blüte sollten Sie die Pflanze vorsichtig um ein Drittel zurückschneiden. Das sieht
besser aus und verhindert bei einigen Sorten
eine unkontrollierte Selbstaussaat.
Gestaltung Diese *Tradescantia*-Gruppe
gehört seit Jahren zum Standardsortiment des
Gartenfachhandels. Man findet sie in bunten

Dreimasterblume

Beet- und Staudenpflanzungen, im Bauerngar-
ten und am Teichrand. Die Pflanzen sollten
immer in Gruppen gesetzt werden, damit die
Blüten richtig zur Geltung kommen können.
Sorten Beispiele sind 'Gisela' in Weiß, 'Kar-
minglut' in Karminrot, 'J.C. Weguelin' in hellem
Lavendelblau und 'Leonora' in Dunkelviolett.
Anderer Name Garten-Tradeskantie

BLÜTENFARBE

BLÜTEZEIT

Jan	Feb	März	April	Mai	Juni	Juli	Aug	Sept	Okt	Nov	Dez

Dreiblatt

Dreiblatt
Trillium grandiflorum

Höhe bis 30 cm
Rarität

Aussehen Die Staude mit den auffälligen Blättern und Blüten wächst aufrecht.

Pflege Geben Sie diesen Pflanzen saure bis neutrale (kalkmeidend), humusreiche (Lauberde), durchlässige, feuchte Gartenböden mit mittlerem Nährstoffgehalt. Bodentrockenheit muss man vermeiden. Abgestorbene Blätter werden abgeschnitten. Das kurze, knolligdicke Rhizom älterer Pflanzen kann vorsichtig geteilt werden.

Gestaltung Das Dreiblatt wächst gerne unter Laub abwerfenden Gehölzen und Büschen, an Gehölzrändern sowie vor Hecken. Es kommt

Dreiblatt-Typ ohne Blütenstiel

am besten im lichten Schatten zu Recht. Die Pflanze ist ein „Gartenschatz" für Liebhaber und ist oft nur in Spezialgärtnereien zu bekommen.

Weitere Art Die Art *Trillium sessile* bevorzugt kalkreiche Böden und blüht von Mai bis Juni.

Anderer deutscher Name Waldlilie

BLÜTENFARBE

  im Verblühen rosa färbend

BLÜTEZEIT

Jan	Feb	März	April	Mai	Juni	Juli	Aug	Sept	Okt	Nov	Dez

T. chinensis

Nahaufnahme der
T-Chinensis-Blüte

Trollblume wildwachsend in der freien Natur

Trollblume
Trollius-Cultivars

    Höhe
50–70 cm

Aussehen Die Pflanze wächst aufrecht buschig und bildet Horste.

Pflege Die Stauden brauchen saure bis schwach saure, durchlässige, frische bis feuchte Gartenböden mit hohem Nährstoffgehalt. Die Trollblume liebt Feuchtigkeit. Je sonniger der Standort ist, desto feuchter muss der Boden sein. An zu trockenen Standorten verschwindet die Pflanze schnell.

Gestaltung Trollblumen fallen durch ihre runden, kugeligen Blüten in bunten Beet- und Staudenpflanzungen auf. Sie passen in wiesenartige Pflanzungen und wachsen am Gehölz-

und Teichrand. Auch an Schattenplätzen kommen sie zu Recht. Setzen Sie immer mehrere Exemplare als Gruppe zusammen.

Nachbarn Lungenkraut, Sibirische Schwert-Iris, Tränendes Herz, Kaukasus-Vergissmeinnicht und Wiesenraute.

Sorten und Art Beispiele sind 'Earliest of All' als früheste Sorte in Gold, 'Frühlingsbote' in Orangegelb, 'Lemon Queen' in Zitronengelb und 'Maigold' in leuchtendem Gelb. Die Chinesische Trollblume (*T. chinensis*) besitzt grazilere Blüten, blüht etwas später und hat ähnliche Ansprüche wie die besprochene Art.

BLÜTENFARBE

BLÜTEZEIT

| Jan | Feb | März | April | Mai | Juni | Juli | Aug | Sept | Okt | Nov | Dez |

Die kleinen, bunten Blüten des Hornveilchens

Hornveilchen
Viola cornuta

   Höhe
10–15 cm

Aussehen Die kleine und bekannte Staude wächst kriechend bis horstbildend.

Pflege Hornveilchen lieben durchlässige, frische Gartenböden mit mittlerem Nährstoffgehalt. Sie sind genügsame und dankbare Pflanzen, die kaum Pflege brauchen. Vermehrt wird durch Aussaat und Teilung.

Gestaltung Setzen Sie dieses hübsche Gewächs in bunte Beet- und Staudenpflanzungen. Auch in Töpfen, Kübeln und Ampeln sehen die kleinen Blüten, die oft alle in eine Richtung „schauen", sehr hübsch aus.

Nachbarn Die Pflanzen können gut mit

Duft-Veilchen, *V. odorata*

Zwerg-Herzblume (*Dicentra eximia*), Nelkenwurz und Steingartenpflanzen kombiniert werden.

Sorten und Art Es gibt zahlreiche Sorten, die sich in den Blütenfarben und den Wuchseigenschaften unterscheiden. Beispiele sind 'Blaulicht' in Blau und 'Hansa' in Dunkelviolett. Das Duft-Veilchen (*V. odorata*) verströmt von März bis April einen wunderbaren Duft. Es blüht lavendelblau, hat schöne herzförmige Blätter und wird 10 bis 20 cm hoch.

Anderer deutscher Name Gehörntes Veilchen

BLÜTENFARBE

      auch mehrfarbig, bei Rückschnitt Nachblüte im September/Oktober

BLÜTEZEIT

| Jan | Feb | März | April | Mai | Juni | Juli | Aug | Sept | Okt | Nov | Dez |

Waldsteinia mit blauen Hyazinthen

Waldsteinie
Waldsteinia geoides

    Höhe 15–25 cm

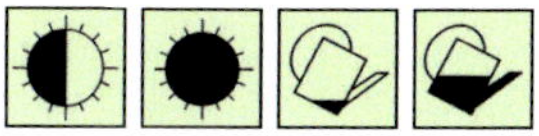

W. ternata

Aussehen Der unkomplizierte, gelbe Bodendecker wächst flach bis kissenförmig und bildet Horste.

Pflege Geben Sie dieser Pflanze durchlässige, humose, mäßig trockene bis frische Gartenböden mit mittlerem Nährstoffgehalt. Die Staude braucht kaum Pflege und ist langlebig. Vermehrt wird durch Aussaat und Teilung.

Gestaltung Die Waldsteinie wird als Bodendecker verwendet. Sie liebt den Gehölzrand und eignet sich für waldartige Partien.

Nachbarn Die Pflanzen wachsen gut im Schatten von Laub abwerfenden Gehölzen und können schön mit Traubenhyazinthe, Christrose und Immergrün kombiniert werden.

Weitere Art Die Teppich-Golderdbeere (*W. ternata*) wird ähnlich gepflegt und verwendet wie die beschriebene Art. Sie ist allerdings wintergrün im Vergleich zu *W. geoides* und breitet sich durch Absenker zum Teil stark aus.

Andere Namen Golderdbeere, Ungarwurz

BLÜTENFARBE

BLÜTEZEIT

Jan	Feb	März	April	Mai	Juni	Juli	Aug	Sept	Okt	Nov	Dez

Blütenstände von *Y. filamentosa*

Die Palmlilie ist eine Solitärstaude.

Palmlilien-Blüten

Palmlilie
Yucca filamentosa

Höhe 60–120 cm,
Blüten bis 180 cm

Aussehen Die Pflanze mit „Wüstencharakter" wächst aufrecht und fällt im Staudenbeet sehr auf.

Pflege Setzen Sie die Yucca in durchlässige, sandig-kiesige, trockene bis frische Gartenböden mit mittlerem bis hohem Nährstoffgehalt. Der Wasserbedarf ist eher niedrig. Staunässe wird nicht vertragen. Eine lockere Fichtenreisig-Abdeckung im Winter schützt vor Frosttrocknis.

Die Palmlilie blüht nach einigen Jahren zum ersten Mal. Sie kann durch Aussaat und Teilung vermehrt werden.

Gestaltung Palmlilien sind Solitärstauden, brauchen also einen Einzelplatz.

In gemischten Beeten sind sie sehr auffällig und ziehen, besonders zur Blütezeit von Juli bis September, aber auch wegen der Blätter und des Wuchses, die Blicke des Betrachters schnell auf sich.

Nachbarn Die Pflanzen können gut mit Mädchenauge, Lavendel, Katzenminze und Fetthenne kombiniert werden. Lassen Sie aber genug Platz.

Andere deutsche Namen Yucca, Fädige Palmlilie

BLÜTENFARBE

BLÜTEZEIT

| Jan | Feb | März | April | Mai | Juni | Juli | Aug | Sept | Okt | Nov | Dez |

Zwiebel-
und Knollen-
pflanzen

Riesenlauch, *Allium giganteum*

Sternkugellauch, *Allium christophii*

Gold-Lauch

Gold-Lauch, Pyrenäen-Gold-Lauch
Allium moly

     Höhe 15–25 cm

Aussehen Der Gold-Lauch wächst aufrecht und kompakt. Er bildet Horste und besitzt blaugrünes Laub.

Pflege Die klein bleibende Zwiebelblume liebt durchlässige, nicht zu trockene Gartenböden mit niedrigem Nährstoffgehalt. In kalten Gegenden ist ein Winterschutz empfehlenswert. Die Pflanze kann sich durch Selbstaussaat an zusagenden Orten vermehren, wenn man die Samen ausreifen lässt.

Pflanzung Die Zwiebeln werden im Herbst 5 bis 10 cm tief an Ort und Stelle in den Boden gelegt.

Gestaltung Die hübschen Pflanzen wachsen gerne an lichten Gehölzrändern oder im Steingarten und können leicht in Töpfen und Kästen gepflegt werden. Die sternförmigen, goldgelben Blüten locken Bienen in den Garten.

Arten Der Riesenlauch (*A. giganteum*) kann bis zu 1,5 m hoch werden und blüht in riesigen Blütenbällen. Schön ist auch der Blauzungenlauch (*A. karataviense*), der nur bis zu 25 cm hoch wird und blassrosa blüht. Oder der Sternkugellauch (*A. christophii*), der mit seinen Sternen-Blütenkugeln zu den schönsten Arten zählt.

BLÜTENFARBE

    reich blühend

BLÜTEZEIT

Jan	Feb	März	April	Mai	Juni	Juli	Aug	Sept	Okt	Nov	Dez

Strahlen-Anemone, Sorte 'White Splendour'

Kronen-Anemone, *A. coronaria*

Lila Sorte

Strahlen-Anemone
Anemone blanda

   Höhe 10–25 cm

Aussehen Die Strahlen-Anemone ist ein Bodendecker, der flächig und schnell wächst.
Pflege Die Pflanzen lieben durchlässige, humose, frische bis feuchte Gartenböden mit mittlerem Nährstoffgehalt. Sie können an ihnen zusagenden Orten leicht verwildern. Auf ausreichende Feuchtigkeit sollte man während der Wachstums- und Blütezeit achten. Dieser schließt sich eine trockenere Ruhephase an. Winterschutz ist ratsam.
Pflanzung Die knolligen Wurzeln werden im Herbst 5 cm tief an Ort und Stelle in den Boden gelegt (Winterschutz ratsam). Vor der Pflan-

zung 24 Stunden in Wasser legen und quellen lassen.
Gestaltung Strahlen-Anemonen wachsen bodendeckend und können so schnell auch größere Flächen in Weiß, Blau, Rosa oder Violett tauchen.
Weitere Art Die Kronen- oder Garten-Anemone (*Anemone coronaria*) zählt mit zu den beliebtesten Arten, braucht aber einen sehr geschützten Standort. Sie blüht in Rosa-, Rot-, Purpur- und Blautönen sowie Weiß.
Andere deutsche Namen Schönes Windröschen, Reizendes Windröschen

BLÜTENFARBE

BLÜTEZEIT

Jan	Feb	März	April	Mai	Juni	Juli	Aug	Sept	Okt	Nov	Dez

Die gefüllte Sorte 'Waterlily'

Herbst-Zeitlose
Colchicum autumnale

     Höhe 20–25 cm

Aussehen Die Herbst-Zeitlose ist eine aufrechte, kleine Staude, die im Frühjahr Blätter bildet. Sie zieht dann ein und erst im Herbst erscheinen die Blüten ohne das Laub.

Pflege Die Pflanzen lieben sandig-humose oder sandig-lehmige, frische bis feuchte Gartenböden mit mittlerem bis hohem Nährstoffgehalt. Sie entwickeln sich um so schöner, je ungestörter sie wachsen dürfen. Wenn die Zwiebelblumen im Rasen gepflanzt werden, muss man mit dem ersten Mähen warten, bis die Blätter anfangen gelb zu werden. Oder man mäht um sie herum.

Herbst-Zeitlose

Pflanzung Die zwiebelförmigen, trockenhäutigen Knollen werden im Spätsommer 10 bis 15 cm tief an Ort und Stelle in den Boden gelegt.

Gestaltung Die kleinen Zwiebelpflanzen fühlen sich im Steingarten wohl und können im Rasen ausgewildert werden. Sie sind pflegeleicht, aber auch sehr giftig.

Sorten und Art Sortenbeispiele sind die weiße 'Album' und die gefüllte, weiße 'Alboplenum'. 'Pleniflorum' ist amethystlila und gefüllt. Die Hybride 'Waterlily' hat gefüllte, große, lilarosa Blüten. Die Herbst-Zeitlose, *C. speciosum*, ist in der Pflege der oben genannten Art ähnlich.

BLÜTENFARBE

BLÜTEZEIT

Jan	Feb	März	April	Mai	Juni	Juli	Aug	Sept	Okt	Nov	Dez

Violette Sorte

Schön sind die gestreiften Krokusse.

Klassiker Krokus

Krokus, Frühlings-Krokus, Garten-Krokus
Crocus-Hybriden

    Höhe 10–15 cm

Aussehen Krokusse sind bekannte Klassiker, die zu mehreren zusammenstehen und sich durch Brutzwiebeln und Aussaat leicht vermehren können.

Pflege Die bekannten, kleinen Stauden lieben durchlässige, mäßig trockene bis frische Gartenböden mit gutem Wasserabzug und niedrigem Nährstoffgehalt. Wenn Krokusse im Rasen wachsen, muss man um die Pflanzen herum mähen. Erst wenn die Blätter gelb geworden sind, dürfen sie "übermäht" werden (das ist frühestens Ende Mai). Die Samen werden durch Ameisen verbreitet.

Pflanzung Die Zwiebeln der Frühlings-Krokusse werden im Spätsommer oder Frühherbst 6 bis 10 cm tief in den Boden gelegt.

Gestaltung Krokusse eignen sich hervorragend für den ersten Frühlingsgruß in Töpfen und Kästen. Sie können aber auch im Rasen oder in Beeten schön wachsen, wenn die Bodenbedingungen erfüllt sind.

Weitere Arten Es gibt viele Arten, die grob in Frühlings- und Herbstblüher unterschieden werden. Zu ersteren zählen *Crocus biflorus*, *C. chrysanthus* und *C. tommasinianus*, die alle Frühlings-Krokusse genannt werden. Zu den Herbstblühern zählen *Crocus speciosus* oder *Crocus pulchellus*. Die Herbst-Krokusse werden im Juli/August gelegt.

BLÜTENFARBE

     auch gestreift

BLÜTEZEIT

Jan	Feb	März	April	Mai	Juni	Juli	Aug	Sept	Okt	Nov	Dez

Herbst-Alpenveilchen, *C. hederifolium*

Herbst-Alpenveilchen
Cyclamen hederifolium
(syn. *Cyclamen neapolitanum*)

☼	♤	Höhe 10–15 cm

Frühlings-Alpenveilchen, *C. coum*, hier weiße Sorte

Aussehen Herbst-Alpenveilchen sind hübsche, flache Stauden, die kompakte Horste bilden.

Pflege Die grazilen Blüher lieben durchlässige, humose, trockene bis frische Gartenböden mit mittlerem Nährstoffgehalt. Staunässe wird nicht vertragen. Wenn man die Pflanzen in Ruhe lässt, können sie verwildern. Vorsorglich werden sie in kalten Wintern durch Abdecken geschützt.

Pflanzung Die Knollen legt man von Mai bis September 3 bis 5 cm tief an Ort und Stelle in den Boden.

Gestaltung Eine ungewöhnliche Staude, die sich am Gehölzrand wohl fühlt.

Nachbarn Laub abwerfende Gehölze, wie Haselnuss; auch in Kombination mit Wurmfarn, Maiglöckchen und Herbst-Krokus.

Weitere Art Das Vorfrühlings- oder Frühlings-Alpenveilchen (*C. coum*) blüht reinweiß bis rosarot schon im Februar und März.

Andere Namen Alpenveilchen, Saubrot

BLÜTENFARBE

BLÜTEZEIT

Jan	Feb	März	April	Mai	Juni	Juli	Aug	Sept	Okt	Nov	Dez

Ungefüllte Dahlien-Sorte

Pompon-Dahlie

Kaktus-Dahlie

Dahlien
Dahlia-Cultivars

Höhe
60–130 cm

Aussehen Dahlien sind bekannte, aufrechte, buschige Stauden, die schnell wachsen.

Pflege Die vielseitigen Pflanzen lieben durchlässige, sandig-lehmige, frische bis feuchte Gartenböden mit hohem Nährstoffgehalt (Kalium betont düngen, weniger Stickstoff). Staunässe sollte vermieden werden. Man sollte nicht über die Blüten gießen. Hohen Sorten müssen Sie eine Stütze geben. Und Verblühtes wird regelmäßig entfernt. Dahlien sind nicht winterhart und müssen frostfrei überwintert werden. Vor dem ersten Frost schneidet man den gesamten Spross 10 cm über dem Boden ab und gräbt die Wurzelstöcke aus. Sie kommen in einen Kasten mit Torf oder Sand an einen gut durchlüfteten, frostfreien, kühlen Platz (5 Grad).

Pflanzung Die Wurzelknollen werden im Frühjahr nach den letzten Frösten 10 bis 15 cm tief an Ort und Stelle in den Boden gelegt.

Gestaltung Dahlien sind äußerst beliebte Gartenpflanzen. Sie passen in bunte Beet- und Staudenpflanzungen und können auch in Töpfen und Kübeln gepflegt werden.

Gruppen Semikaktus-, Kaktus- und Halskrausen-Dahlien, Ungefüllte Dahlien, Vermischte Dahlien, Seerosenblütige Dahlien, Schmuck-Dahlien, Anemonenblütige Dahlien und Pompon-Dahlien.

BLÜTENFARBE

      ungefüllt und gefüllt

BLÜTEZEIT

Jan	Feb	März	April	Mai	Juni	Juli	Aug	Sept	Okt	Nov	Dez

Schöner Winterling

Winterling
Eranthis hyemalis

Höhe 5–10 cm

Aussehen Die kleine, kompakte, giftige Staude bildet Horste und wächst an zusagenden Standorten flächig.

Pflege Der pflegeleichte Winterling liebt durchlässige, mäßig trockene, frische Gartenböden mit niedrigem Nährstoffgehalt. Die hübschen Winterblüher neigen an zusagenden Orten zum Verwildern. Sie können sich im ganzen Garten verbreiten, was aber sehr hübsch aussieht.

Pflanzung Die Knollen werden im Herbst 5 bis 7 cm tief an Ort und Stelle in den Boden gelegt.

Gestaltung Winterlinge passen in Steingärten, vor Hecken, unter Gehölze und in Blumenbeete. Außerdem lassen sie sich in Kästen und Töpfen pflegen. Wählen Sie einen Platz mit leichtem Schatten. Am besten setzt man die Stauden in kleine oder größere Gruppen.

Nachbarn Schneeglöckchen, Gehölze.

Sorten und weitere Art Die Sorte 'Aurantiaca' blüht orangegelb, 'Schwefelglanz' schwefelgelb. Der Winterling (*E. cilicica*) blüht auch in Gelb, etwa 14 Tage später als die oben genannte Art. Er ist etwas empfindlicher, aber insgesamt in Pflege und Verwendung ähnlich.

Anderer deutscher Name Winterakonit

BLÜTENFARBE

BLÜTEZEIT

Jan	Feb	März	April	Mai	Juni	Juli	Aug	Sept	Okt	Nov	Dez

Riesen-Steppenkerze, *E. robustus*

Steppenkerzen sind
wirklich auffällige Stauden, hier 'Pinokkio'.

Steppenkerze
Eremurus-Hybriden

  Höhe
80–200 cm

Aussehen Die auffälligen Riesen wachsen straff aufrecht und sind weithin sichtbar.

Pflege Durchlässige, sandig-lehmige, mäßig trockene Gartenböden mit mittlerem bis hohem Nährstoffgehalt sind für Steppenkerzen geeignet. Ein guter Wasserabzug ist Voraussetzung für dauerhaftes Wachstum. Der seesternartige Wurzelstock darf beim Hacken nicht verletzt werden. Die Pflanzen ziehen früh ein und hinterlassen ein Lücke, die man mit Schleierkraut oder Berg-Astern füllen kann.

Gestaltung Diese wunderschönen Prachtstauden passen in bunte Steppen- und Staudenpflanzungen. Sie können einzeln gesetzt werden, aber auch kleine Gruppen sind beeindruckend.

Weitere Arten Die Gruppe wird auch unter dem botanischen Namen *Eremurus* × *isabellinus* oder nach ihren Züchtern Eremurus-Shelford-Hybriden und Eremurus-Ruiter-Hybriden gehandelt. Die Riesen-Steppenkerze (*E. robustus*) kann eine Höhe von 2,5 m erreichen. Sie ist eine beeindruckende Staude, die Platz braucht. Die Schmalblättrige Steppenkerze (*E. stenophyllus*) wird nur etwa halb so groß und blüht von Juni bis Juli in Gelb.

BLÜTENFARBE

BLÜTEZEIT

| Jan | Feb | März | April | Mai | **Juni** | **Juli** | Aug | Sept | Okt | Nov | Dez |

Schachbrettblume, *F. meleagris*

Gelbe Sorte | Typisch orangefarbene Kaiserkrone

Kaiserkrone
Fritillaria imperialis

    Höhe 70–120 cm

Aussehen Die aufrechte Staude bildet Horste.

Pflege Die Kaiserkrone liebt durchlässige, sandig-lehmige, mäßig trockene, frische Gartenböden mit mittlerem bis hohem Nährstoffgehalt. Der Boden sollte immer feucht gehalten werden, Staunässe wird aber nicht vertragen. Lassen Sie die Kaiserkronen die ersten Jahre ungestört wachsen. Sie danken es mit üppiger Blütenpracht. Angeblich sollen die Zwiebeln Wühlmäuse abhalten, aber hier gehen die Meinungen auseinander.

Pflanzung Die Zwiebeln werden möglichst schon im August 15 bis 25 cm tief an Ort und Stelle in den Boden gesetzt. Legen Sie sie beim Pflanzen etwas schief in den Boden ein, damit kein Wasser in die hohle Spitze läuft und Fäulnis verursacht.

Gestaltung Die Gartenstaude passt gut in bunte Beet- und Staudenpflanzungen. Man pflanzt in kleineren und locker verteilten Gruppen, um Lücken zu vermeiden. Die Art und die Sorten ziehen bald nach der Blüte ein. Die Pflanzen sind giftig.

Weitere Arte Bekannt ist die Schachbrettblume (*F. meleagris*). Das Schachbrettmuster auf den Blüten gab ihr den Namen. Diese Art muss ungestört an feuchten Stellen wachsen, damit sie ihre zauberhaften, weiß/violetten Blüten immer wieder entwickeln kann.

BLÜTENFARBE

BLÜTEZEIT

| Jan | Feb | März | April | Mai | Juni | Juli | Aug | Sept | Okt | Nov | Dez |

Gefüllte Sorte

Schneeglöckchen
Galanthus nivalis

  Höhe
10–15 cm

Schneeglöckchen

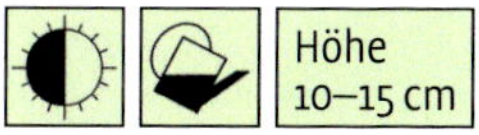

Aussehen Schneeglöckchen sind kleine, überhängende Stauden, die Horste bilden.

Pflege Diese Staude für sandig-humose oder sandig-lehmige, frische Gartenböden mit mittlerem bis hohem Nährstoffgehalt ist in unseren Gärten unentbehrlich. Da die Blätter lange grün sind, eignet sich keine Rasenpflanzung, außer man mäht um die Pflanzen herum. Lückiger Rasen im Schatten ist wiederum geeignet.

Pflanzung Die Zwiebeln werden im Frühherbst 5 bis 10 cm tief an Ort und Stelle in den Boden gelegt.

Gestaltung Schneeglöckchen sind unkomplizierte Stauden, die sich am Gehölzrand, vor Hecken, am Rand von Beeten und unter Gehölzen wohl fühlen. Man setzt sie in Gruppen. Die Pflanzen soll man ungestört wachsen lassen. Dann verwildern sie sehr schön zu größeren Flächen. Die Samen werden von Ameisen verbreitet. Achtung: Die Pflanze ist giftig.

Nachbarn Winterling, Christrose, Elfen-Krokus (*Crocus tommasinianus*), unter Laubgehölzen pflanzen; in Balkonkästen zwischen die Dauerbepflanzung setzen.

BLÜTENFARBE

 auch Sorten mit Grün ungefüllt und gefüllt

BLÜTEZEIT

Jan	Feb	März	April	Mai	Juni	Juli	Aug	Sept	Okt	Nov	Dez

Sorte 'Mademoiselle de Paris'

Sorte 'Jacksonville'

Sorte 'Victor Borge'

Gladiole
Gladiolus-Hybriden

		Höhe 50–150 cm

Aussehen Gladiolen sind schmale, aufrechte und hoch wachsende Stauden, die frostfrei überwintert werden müssen.

Pflege Die Pflanzen lieben durchlässige, sandig-humose, frische Gartenböden mit mittlerem bis hohem Nährstoffgehalt. Ein windgeschützter und sonniger Platz sollte gewählt werden. Die hohen Pflanzen brauchen eine Stütze. Schneiden Sie die Blüten nach dem Verwelken ab. Im Herbst nimmt man die Zwiebeln aus dem Boden und überwintert sie trocken, luftig und frostfrei.

Grauschimmel, Blatt- und Stängelfäule sowie Blasenfüße können an den Pflanzen vorkommen.

Pflanzung Die zwiebelartigen Knollen werden Anfang Mai 10 bis 15 cm tief an Ort und Stelle in den Boden gelegt.

Gestaltung Die Klassiker setzt man in bunte Beet- und Staudenpflanzungen. Die wunderschönen Blüten locken Bienen an und eignen sich für den Vasenschnitt.

Nachbarn Verschiedene Farbsorten zusammensetzen, außerdem Dahlien und Phlox.

Anderer deutscher Name Siegwurz

BLÜTENFARBE

BLÜTEZEIT

Jan	Feb	März	April	Mai	Juni	Juli	Aug	Sept	Okt	Nov	Dez

Spanischer Glocken-Blaustern

Spanischer Glocken-Blaustern

Hyacinthoides hispanica

| Höhe 20–30 cm |

Sorte 'Dainty Maid'

Aussehen Die kleine Staude wächst aufrecht und bildet Horste.

Pflege Der Spanische Glocken-Blaustern liebt durchlässige, humose, frische Gartenböden mit hohem Nährstoffgehalt. Die Zwiebeln müssen nach dem Kauf so schnell wie möglich gepflanzt werden, weil sie leicht austrocknen. Wählen Sie einen geschützten Platz und lassen Sie den Spanischen Glocken-Blaustern mehrere Jahre ungestört wachsen.

Pflanzung Die Zwiebeln werden im Herbst 7 bis 10 cm tief an Ort und Stelle gelegt.

Gestaltung Eine hübsche Pflanze, die sich in waldartigen Gartenteilen wohl fühlt. Sie eignet sich auch für schattige Steingärten und Plätze im Mauerschatten.

Sorten und Art 'Alba' blüht weiß, 'Rose Queen' hat rosa Blüten. Blaue Sorten sind 'Blue Queen', 'Excelsior' und 'Sky Blue'. Bekannt ist auch Waldhyazinthe oder Hasenglöckchen (*Hyacinthoides non-scripta*), die im Garten an zusagenden Plätzen verwildern kann (kühle, waldähnliche Bereiche).

Andere Namen Glocken-Blaustern, Spanischer Blaustern, Glockenscilla, Spanisches Hasenglöckchen, Blauglöckchen

BLÜTENFARBE

BLÜTEZEIT

| Jan | Feb | März | April | **Mai** | Juni | Juli | Aug | Sept | Okt | Nov | Dez |

Rosa Sorte

Blaue Hyazinthen mit weißen Gänseblümchen und gestreiften Tulpen

Hyazinthen sind beliebte Frühlingsblüher.

Hyazinthe
Hyacinthus orientalis in Sorten

     Höhe
20–30 cm

Aussehen Hyazinthen sind schmale und aufrechte Stauden für draußen und drinnen.

Pflege Die Pflanzen lieben durchlässige, sandig-lehmige, mäßig trockene bis frische Gartenböden mit niedrigem Nährstoffgehalt. Vor strengem Frost und Nässe müssen die Pflanzen durch Reisig geschützt werden. Winternässe wird nicht vertragen. Im Winter können Sie die Zwiebeln zur Weihnachtsblüte im Haus vortreiben.

Pflanzung Die Zwiebeln werden im Herbst 10 cm tief an Ort und Stelle in den Boden gelegt.

Gestaltung Die Klassiker verströmen einen intensiven Duft. Wenn man sie im Zimmer pflegt, kann das für manche Menschen zu intensiv werden. Im Garten werden diese auffälligen Blüher in Gruppen in gemischte Beete und Rabatten gesetzt. Sehr hübsch wirken sie in Töpfen und Kästen.

Nachbarn Verschiedene Farbsorten zusammenpflanzen, außerdem Stiefmütterchen, Vergissmeinnicht, Wildtulpen, Schleifenblume Gänsekresse. In Balkonkästen kann man Hyazinthen schön mit Stiefmütterchen und Vergissmeinnicht kombinieren.

BLÜTENFARBE

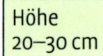

BLÜTEZEIT

| Jan | Feb | März | **April** | **Mai** | Juni | Juli | Aug | Sept | Okt | Nov | Dez |

Die wunderschönen, blauen und auffälligen Blüten

Netz-Iris
Iris reticulata

   Höhe 10–20 cm

Iris reticulata

Aussehen Die hübsche aufrechte Staude wächst kompakt und bildet Horste.

Pflege Diese Iris-Art liebt durchlässige, sandig-kiesige, mäßig trockene Gartenböden mit mittlerem Nährstoffgehalt. Man sollte sie viele Jahre ungestört wachsen lassen. Nach dem Einziehen müssen Sie sie trockener halten.

Pflanzung Die Zwiebeln werden vom Spätsommer bis Herbst 5 bis 10 cm tief an Ort und Stelle in den Boden gelegt.

Gestaltung Die Blüten der *Iris reticulata* erscheinen sehr früh im Jahr, wenn es noch nicht viele Farbtupfer im Garten gibt. Die kleinen Pflanzen wachsen in Beeten und Rabatten und eignen sich für den Steingarten.

Weitere Arten *Iris danfordiae* blüht in Gelb von Februar bis März. Ausreichende Nährstoffversorgung ist für die Blüte wichtig. Wählen Sie warme und im Sommer trockene Plätze für die Pflanzung. Die Zwiebel-Iris (*Iris × hollandica*) blüht in vielen Gelb-, Purpur- und Violetttönen sowie Weiß von Juni bis Juli und ist meist nicht sehr langlebig. Sie braucht Winterschutz durch eine Reisigabdeckung.

Anderer Name Kaukasus-Zwiebel-Schwertlilie

BLÜTENFARBE

BLÜTEZEIT

Jan	Feb	März	April	Mai	Juni	Juli	Aug	Sept	Okt	Nov	Dez

Frühlings-Knotenblume

Märzenbecher
Leucojum vernum

     Höhe
15–30 cm

Märzenbecher

Aussehen Die Frühlings-Knotenblume ist eine überhängende Staude, die Horste bildet.
Pflege Der Klassiker liebt gut fruchtbare, lehmige, frische bis feuchte Gartenböden mit mittlerem bis hohem Nährstoffgehalt. Die Zwiebeln sollten sofort nach dem Kauf gesetzt werden, sonst trocknen sie aus.
Pflanzung Die Zwiebeln werden im Spätsommer oder Herbst 8 bis 10 cm tief an Ort und Stelle in den Boden gelegt.
Gestaltung Die pflegeleichte Pflanze passt gut in bunte Beet- und Staudenpflanzungen und wirkt schön an Gehölzrändern. Auch für Steingärten eignen sich diese kleinen Zwiebelblumen.
Weitere Art Die Sommer-Knotenblume (*Leucojum aestivum*) blüht von Mai bis Juni. Pflege und Verwendung sind der beschriebenen Art ähnlich.
Anderer Name Frühlings-Knotenblume

BLÜTENFARBE

BLÜTEZEIT

Jan	Feb	März	April	Mai	Juni	Juli	Aug	Sept	Okt	Nov	Dez

'Fireking'

Königs-Lilie, *L. regale*

'Conneticut King'

Lilien
Lilium-Hybriden

  Höhe
30–150 cm

Aussehen Diese wunderschönen Stauden wachsen aufrecht.

Pflege Lilien lieben durchlässige, sandig-lehmige, frische Gartenböden mit hohem Nährstoffgehalt. Ein windgeschützter Standort ist vorteilhaft. Nach dem Kauf sollte man die Zwiebeln baldmöglichst setzen. Staunässe wird nicht vertragen und nach der Blüte darf man nicht mehr gießen. Verblühtes muss regelmäßig entfernt werden. Außerdem ist ein Schutz vor Spätfrost, Schnecken und Wühlmäusen angeraten. Hohe Sorten werden gegebenenfalls gestützt.

Pflanzung Die Zwiebeln werden im Spätsommer bis Herbst 10 bis 15 cm tief an Ort und Stelle in den Boden gelegt.

Weitere Arten Es gibt hunderte Arten und Sorten. Die weiße Madonnen-Lilie (*L. candidum*, Pflanztiefe 3 cm), eine mäßig frostharte Liebhaberpflanze, ist einfach wunderschön. Die heimische Feuer-Lilie (*L. bulbiferum*) mit ihren orangeroten Blüten kann man in vielen Gärten von Juni bis Juli bewundern. Eine der schönsten Lilien ist die Königs-Lilie (*L. regale*, Pflanztiefe 15 cm), die von Juni bis Juli in Weiß mit gelbem Schlund blüht. Türkenbund-Lilien (*L. martagon*, Pflanztiefe 10 bis 12 cm) fallen durch ihre zurückgelegten Blütenblätter auf.

BLÜTENFARBE

auch mehrfarbig, Punkte und Streifen

BLÜTEZEIT

| Jan | Feb | März | April | Mai | Juni | Juli | Aug | Sept | Okt | Nov | Dez |

Frühlingsblüher *Muscari*

Traubenhyazinthe
Muscari botryoides

   Höhe
10–20 cm

Aussehen Diese hübsche und bekannte Staude bildet Horste und wächst aufrecht.

Pflege Traubenhyazinthen lieben durchlässige, mäßig trockene bis frische Gartenböden mit mittlerem Nährstoffgehalt. Die pflegeleichten Pflanzen breiten sich von selbst aus, wenn sie nicht gestört werden.

Pflanzung Die Zwiebeln werden im Spätsommer oder Herbst 5 bis 8 cm tief an Ort und Stelle in den Boden gelegt.

Gestaltung Traubenhyazinthen sind hübsche kleine Blüher, die im Topf und Kästen genauso gut aussehen wie in gemischten Beeten oder am Rand von Rabatten. Man setzt sie in Gruppen. Auch schön im Steingarten.

Nachbarn Tulpen, Narzissen, Kissen-Primeln; in Balkonkästen zwischen die Dauerbepflanzung setzen.

Weitere Arten Eine weitere Art ist die Armenische Traubenhyazinthe (*Muscari armeniacum*), deren blaue Blüten durch einen weißen Saum geziert werden. Pflege und Verwendung gleichen der vorher beschriebenen Art. Die Breitblättrige Traubenhyazinthe (*Muscari latifolium*) entwickelt Blütenstände, die oben hell- und unten dunkelblau sind.

BLÜTENFARBE

BLÜTEZEIT

| Jan | Feb | **März** | **April** | **Mai** | Juni | Juli | Aug | Sept | Okt | Nov | Dez |

Klassiker Osterglocke

N. bulbocodium, für Steingärten

Gefüllte Sorte

Narzissen
Narcissus-Hybriden

    Höhe bis 70 cm

Aussehen Narzissen sind aufrechte Stauden mit etwas überhängenden Blättern.

Pflege Die bekannten Pflanzen lieben durchlässige, mäßig trockene bis frische Gartenböden mit mittlerem Nährstoffgehalt. Verblühtes wird regelmäßig entfernt. Das Laub muss man stehen lassen, bis die Pflanze eingezogen ist, also die Blätter verwelken. Wildnarzissen lässt man einfach in Ruhe, so vermehren sie sich selbst auch über Samen.

Pflanzung Die Zwiebeln werden im Spätsommer 10 bis 15 cm tief an Ort und Stelle in den Boden gelegt.

Gestaltung Narzissen sind Klassiker und aus unseren Gärten nicht wegzudenken. Sie passen in bunte Beete, gemischte Rabatten, in Wiesen als Tuffs, in den Steingarten und in Kästen und Töpfe. Sie sind giftig.

Nachbarn Tulpen, Traubenhyazinthen, frühlingsblühende Sträucher; im Balkonkasten mit Stiefmütterchen, Gänseblümchen, Vergissmeinnicht und Kissenprimeln.

Sorten und Hybriden Narzissen werden in Gruppen unterteilt. Und es gibt sehr viele Sorten und Hybriden.

Anderer deutscher Name Osterglocken

BLÜTENFARBE

 auch mehrfarbig, ungefüllt und gefüllt, viele Blütenformen

BLÜTEZEIT

| Jan | Feb | **März** | **April** | **Mai** | Juni | Juli | Aug | Sept | Okt | Nov | Dez |

Milchstern

Milchstern
Ornithogalum umbellatum

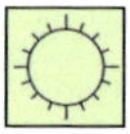

 Höhe
10–25 cm

Aussehen Diese kleine Staude wächst aufrecht und bildet Horste.

Pflege Der Milchstern liebt durchlässige, sandig-lehmige, mäßig trockene Gartenböden mit mittlerem Nährstoffgehalt. Er zieht bald nach der Blüte ein.

Pflanzung Die Zwiebeln werden im Herbst 7 bis 10 cm tief an Ort und Stelle in den Boden gelegt.

Gestaltung Die dankbare, kleine Pflanze trägt auch den deutschen Namen „Stern von Bethlehem". Die hübschen Sternblütchen schmücken Beete und Rabatten, Töpfe und Kästen. Auch in der Wiese oder im Steingarten ist der Milchstern verwendbar. Die Pflanze wird gerne von Bienen besucht. An zusagenden Orten kann sie sich von alleine einstellen.

Nachbarn Schön wirkt der Milchstern unter spät austreibenden Sträuchern und großen Bäumen.

Weitere Arten Andere *Ornithogalum*-Arten, wie zum Beispiel der Kugel-Milchstern (*O. arabicum*) oder der Milchstern (*Ornithogalum thyrsoides*), sind nicht winterhart.

Andere deutsche Namen Stern von Bethlehem, Dolden-Milchstern

BLÜTENFARBE

BLÜTEZEIT

| Jan | Feb | März | April | Mai | Juni | Juli | Aug | Sept | Okt | Nov | Dez |

Blaustern

Blaustern
Scilla siberica

Höhe
10–20 cm

Nahaufnahme der grazilen Blütchen

Aussehen Die aufrechten, hübschen Stauden wachsen oft in großen Kolonien.

Pflege Das Blausternchen liebt durchlässige, sandig-lehmige, mäßig trockene bis frische Gartenböden mit hohem Nährstoffgehalt. Wenn man zum ersten Mal diese hübschen Blüher im eigenen Garten pflegen will, dann pflanzt man die Zwiebeln in Gruppen zusammen. Sie vermehren sich danach von selbst, wenn sie ungestört wachsen können. Auf Flächen, in denen die Blausternchen verwildert vorkommen, darf man das Laub von Bäumen nur vorsichtig rechen. Die Zwiebeln sitzen nicht sehr tief und können leicht mit ausgerissen werden.

Pflanzung Werden im September bis Oktober 8 bis 10 cm tief an Ort und Stelle gelegt.

Gestaltung Diese pflegeleichte Pflanze wächst in Beeten und Rabatten genauso gut wie in Kästen und Töpfen. Sie verwildert unkompliziert an Gehölz- und Heckenrändern, in der Wiese oder auf Abhängen und sogar zwischen den Steinen von Treppen und Wegen.

Weitere Art Der Zweiblättrige Blaustern (*Scilla bifolia*) ist heimisch und verwildert leicht.

BLÜTENFARBE

BLÜTEZEIT

| Jan | Feb | **März** | **April** | Mai | Juni | Juli | Aug | Sept | Okt | Nov | Dez |

Die Sternbergie ist eine Liebhaberpflanze, die man nicht sehr häufig findet.

Sternbergie
Sternbergia lutea

  Höhe 10–20 cm
Liebhaberpflanze

Aussehen Die Sternbergie ist eine ausgesprochene Liebhaberpflanze. Die hübschen, aufrechten Stauden bilden Horste und wachsen kompakt.

Pflege Sternbergien lieben durchlässige, sandig-lehmige, mäßig trockene bis frische Gartenböden mit mittlerem Nährstoffgehalt. Ein geschützter Standort ist von Vorteil. Nach der Blattwelke müssen die Stauden trockener gehalten werden. Die Pflanzen können unter höheren Gehölzen verwildern.
Im Winter ist Nässe- und Kälteschutz nötig. Wer sicher gehen will, der nimmt die Zwiebeln im Oktober aus dem Boden und überwintert sie trocken und kühl, aber frostfrei.

Pflanzung Die Zwiebeln werden von Juli bis maximal August 10 bis 12 cm tief an Ort und Stelle in den Boden gelegt.

Gestaltung Sternbergien sind Liebhaberpflanzen für Gehölzränder. Sie passen gut in den Steingarten und sommertrockene Plätze.

Andere deutsche Namen Goldkrokus, Gewitterblume

BLÜTENFARBE

BLÜTEZEIT

Jan	Feb	März	April	Mai	Juni	Juli	Aug	Sept	Okt	Nov	Dez
								Sept	Okt		

Klassische rote Tulpe

Papagei-Tulpe

Gefüllte Sorte

Tulpen
Tulipa-Hybriden

   Höhe
30–60 cm

Wildtulpe, *Tulipa tarda*

Aussehen Diese Klassiker sind schmale und aufrechte Stauden mit aufrechten Blättern.
Pflege Tulpen lieben sandig-humose oder sandig-lehmige, mäßig trockene bis frische Gartenböden mit mittlerem Nährstoffgehalt. Ein sonniger Standort ist empfehlenswert, manche Arten vertragen aber auch Halbschatten. Auf schweren, staunassen Böden können Tulpen nicht wachsen. Sie verschwinden hier schnell. Abgeblühtes wird immer sofort entfernt, damit die Kraft nicht in die Samenbildung geht. Das Laub muss man unbedingt stehen lassen, bis die Pflanze eingezogen ist.

Pflanzung Im Spätsommer oder Herbst 10 bis 15 cm tief an Ort und Stelle in den Boden legen.
Gestaltung Tulpen gehören mit zu den beliebtesten Gartenpflanzen überhaupt. Und das zu Recht. Die vielen verschiedenen Farben und Blütenformen schmücken jede Gartenecke. Die Klassiker werden immer zu mehreren gesetzt. Sie passen in Beete, vor Zäune, an den Rand von Wegen sowie in Töpfe und Kästen. Die dekorativen Blüten locken Bienen an.
Sorten und Arten Es gibt viele Arten und Sorten. Zur besseren Übersicht werden die *Tulipa*-Züchtungen in Klassen eingeteilt.

BLÜTENFARBE

    auch mehrfarbig, ungefüllt und gefüllt, verschiedene Blütenformen

BLÜTEZEIT

Jan	Feb	März	April	Mai	Juni	Juli	Aug	Sept	Okt	Nov	Dez

Das Lampenputzergras im Blumenbeet

Farne
und Gräser

Diese beiden Pflanzengruppen haben gemeinsam, dass man sie wegen ihrer Blätter auswählt, bei den Gräsern zusätzlich noch wegen der Blütenstände. Ansonsten jedoch gibt es eher Unterschiede.

Farne haben immer etwas Urzeitliches an sich. Sie bevorzugen halbschattige Plätze und kommen auch im Schatten meist gut klar. Wichtig ist ein feuchter Boden. Hohe Luftfeuchte ist für viele Arten vorteilhaft. Farne sind mehrjährig und bleiben jahrelang an ihnen zusagenden Orten erhalten. An geeigneten Plätzen sind die Pflanzen pflegeleicht und unkompliziert.

Bei den Gräsern gibt es Zwerge, wie den Bärenfellschwingel, und Riesen, wie der Chinaschilf. Die meisten Vertreter diese Gruppe sind am besten im Staudenbeet aufgehoben. Mit dem Kontrast der eher schlichten Gräser mit prächtig blühenden Blumen lassen sich tolle Gestaltungen zaubern. Die meisten Gräser sind mehrjährig. Die Einjährigen müssen Sie jedes Jahr neu aussäen oder pflanzen. Hohe Gräser brauchen oft einen Einzelplatz und der steht ihnen auch zu, weil sie sowohl durch mächtige Blatthorste als auch durch auffällige Blütenstände einen Platz beherrschen können. Achtung: Viele Pflanzen dieser Gruppe wuchern. Das kann in kleinen Gärten zum Problem werden. Hier ist eine Pflanzung im eingesenkten Topf empfehlenswert.

Farne

Heimischer Straußfarn mit Akelei

Hufeisenfarn, als Jungpflanze

Hufeisenfarn
Adiantum pedatum

    Höhe 30–50 cm

Aussehen Dieser hübsche Farn wächst breit buschig bis überhängend. Die Blätter sind mittelgrün, breit lanzettlich und geteilt. Im Herbst färben sie sich hell- bis goldgelb.

Pflege Der Hufeisenfarn liebt saure bis schwach saure, humose bis sandig-humose, frische bis feuchte Gartenböden mit mittlerem Nährstoffgehalt. Das Erdreich sollte locker sein, die Pflanzung wegen der flachen Rhizome nicht zu tief.

Gestaltung Dieser Farn fühlt sich auf nordseitigen Natursteinmauern wohl. Man findet ihn an Gehölzrändern, und auch in Töpfen und Kübeln kann er gepflegt werden. Er wirkt schön in Gruppen, kann aber genauso gut einzeln stehen.

Der Hufeisenfarn kommt an schattigen Plätzen gut zu Recht und gehört zum Standardsortiment des Gartenfachhandels.

Weitere Art Der Himalaya-Frauenhaarfarn (*A. venustum*) ist ein hübscher und graziler Farn, der den Halbschatten liebt. Geben Sie dieser Art im Winter einen Schutz aus Fichtenreisig.

Andere deutsche Namen Pfauenradfarn, Streifenfarn, Frauenhaarfarn

Heimischer Frauenhaarfarn

Brokatfarn, *A. niponicum* 'Pictum'

A. filix-femina zwischen Steinen

Heimischer Frauenfarn
Athyrium filix-femina

     Höhe 50–90 cm

Aussehen Der bekannte Farn wächst breit buschig bis überhängend. Die Blätter sind hellgrün, am Rand eingeschnitten bis gezähnt.

Pflege Setzen Sie den Heimischen Frauenfarn in saure bis neutrale, durchlässige, humose, frische bis feuchte (bis dauerfeuchte) Gartenböden mit mittlerem Nährstoffgehalt. Der Farn muss vor Austrocknung geschützt werden.

Gestaltung Die Pflanze wird als Unterpflanzung von Baum- und Strauchgruppen verwendet, außerdem steht sie gut in der Nachbarschaft von Rhododendren. Der Farn wächst gut am Gehölzrand.

Sorten und Art Es gibt viele Sorten mit abweichenden Wedelformen und Farben. Beispiele sind 'Cristatum', der Hahnenkamm-Frauenfarn, 'Cruciatum', der Kreuzfieder-Frauenfarn und 'Minor', eine klein bleibende Form. 'Minutissimum', der Zwerg-Frauenfarn, besitzt lindgrüne Blätter und wird etwa 40 cm hoch. 'Rotstiel', der Rotstielige Wald-Frauenfarn, hat eine rotbraune Wedelmittelrippe. Der Brokatfarn oder Japanischer Regenbogenfarn (*A. niponicum* 'Pictum') besitzt metallisch bläulich grau schimmernde Blätter.

Anderer deutscher Name Wald-Frauenfarn

Rippenfarn, Sporen bildende Wedel

Rippenfarn
Blechnum spicant

    Höhe
25–30 cm

Aussehen Der pflegeleichte Farn wächst eher flach. Die Blätter sind dunkelgrün und wintergrün. Die lanzettlichen, gefiederten Wedel werden bis zu 50 cm lang.

Pflege Der Rippenfarn liebt saure bis schwach saure, durchlässige, humose, frische bis gut feuchte Gartenböden mit niedrigem Nährstoffgehalt.

Gestaltung Die Farn-Art wird zur flächendeckenden Bodenbegrünung verwendet. Man unterpflanzt Baum- und Strauchgruppen und setzt ihn ins Rhododendronbeet. Der Rippenfarn mag die sonnenabgewandte Seite von Gartenteichen. Er kann an schattigen Plätzen gepflanzt werden und macht sich gut am Gehölzrand.

Sorten und weitere Art 'Cristatum' (Gabel-Rippenfarn) besitzt mehrfach eingeschnittene, gegabelte Wedelenden. Die Seefeder (*B. penna-marina*), auch Feuerlandfarn genannt, ist eine klein bleibende Art, die schattige, humose Plätze liebt. Sie wächst rasenartig und wird daher nicht einzeln gepflanzt. Im Winter sollte sie einen Schutz mit Fichtenreisig bekommen.

Andere deutsche Namen Gewöhnlicher Rippenfarn, Geißleiterli

Rotschleierfarn, *D. erythrosora*

Heimischer Goldschuppenfarn | Gewöhnlicher Wurmfarn, *D. filix-mas*

Heimischer Goldschuppenfarn
Dryopteris affinis

    Höhe
50–100 cm

Aussehen Der imposante Farn wächst aufrecht buschig. Die Blätter sind dunkelgrün, oft wintergrün. Die untere Hälfte der Mittelspreiten sind mit gelblich braunen Schuppen besetzt.

Pflege Setzen Sie diese Pflanze in schwach saure bis alkalische, durchlässige, humose, frische bis feuchte Gartenböden mit mittlerem bis hohem Nährstoffgehalt.

Gestaltung Der Heimische Goldschuppenfarn kann zur Ergänzung in Staudenpflanzungen gesetzt werden. Schön sieht eine Unterpflanzung von Baum- und Strauchgruppen

aus. Der Farn fühlt sich in Teichnähe wohl und kann gut einzeln stehen.

Weitere Arten Der Gewöhnliche Wurmfarn (*Dryopteris filix-mas*) ist eine sehr bekannte Art, die auch wild in der Natur vorkommt. Er ist anspruchlos, wird bis 140 cm hoch und liebt halbschattige bis schattige Plätze. Der Breitwedel-Dornfarn (*Dryopteris dilatata*) ist eine Hybride, deren bis 90 cm langen Wedel breit überhängen. Der Rotschleierfarn (*D. erythrosora*) wird etwa einen Meter hoch und treibt sehr hübsch rötlich aus.

Anderer Name Spreuschuppiger Wurmfarn

Heimischer Straußfarn

Heimischer Straußfarn, Trichterfarn
Matteuccia struthiopteris

 Höhe
100–150 cm

Aussehen Der Heimische Straußfarn wächst straff aufrecht als auffallender Trichter und bildet viele Ausläufer. Die Blätter sind olivgrün und bis 150 cm lang.

Pflege Geben Sie dieser Pflanze saure bis schwach saure, humose bis sandig-humose, frische bis feuchte Gartenböden mit niedrigem Nährstoffgehalt. Der Wasserbedarf ist hoch. Vorsicht, die Pflanze kann sich stark ausbreiten und sollte daher nur in einen eingesenkten Kübel gesetzt werden.

Gestaltung Der Heimische Straußfarn wird in Beeten mit Einfassung verwendet. Da er starke Ausläufer entwickelt, sollte er nur neben starken Pflanzennachbarn stehen oder flächig wachsen. Schön ist eine Unterpflanzung von Baum- und Strauchgruppen. Außerdem fühlt sich der Farn in Teichnähe und am Gehölzrand wohl. Wegen seines Ausbreitungsdranges ist er eher etwas für große Gärten.

Weitere Art Der Amerikanische Straußfarn (*M. pensylvanica*) gleicht der beschriebenen Art in Verwendung und Pflege. Er benötigt etwas weniger Feuchtigkeit und breitet sich weniger rasch aus.

Anderer Name Deutscher Straußfarn

Königsfarn

Königsfarn
Osmunda regalis

     Höhe
80–200 cm

Aussehen Der schöne Farn wächst breit aufrecht und besitzt armdicke Wurzelstöcke. Er ist einer unserer höchsten einheimischen Farne. Die Blätter sind gelblich- bis hellgrün.

Pflege Die Pflanzen lieben saure bis neutrale, durchlässige, humose, frische bis feuchte Gartenböden mit mittlerem bis hohem Nährstoffgehalt. Für alle Arten von *Osmunda* gilt: Je feuchter, desto mehr Sonne wird vertragen.

Gestaltung Der Königsfarn fühlt sich in Teichnähe und im Moorbeet wohl. Er passt in die Rhododendron-Anlage und unter Baumgruppen.

Hier sieht man schön, wie sich der Königsfarn ausrollt.

Sorten Es gibt einige Sorten. Zum Beispiel 'Gracilis', der Zwerg-Königsfarn, der kompakter wächst als die Art und mit etwa 60 cm kleiner bleibt. 'Purpurascens', der Purpur-Königsfarn, treibt mit purpurroten Stielen und rötlichem Laub aus. 'Cristata', der Hahnkamm-Königsfarn, besitzt gegabelte Fiederspitzen.

Anderer Name Gewöhnlicher Rispenfarn

Hirschzungenfarn im Austrieb

Hirschzungenfarn
Phyllitis scolopendrium
(syn. *Asplenium scolopendrium*)

  Höhe
30–70 cm

Hirschzungenfarn

Aussehen Der hübsche Farn wächst aufrecht und bildet Horste. Die Blätter sind glänzend grün und wintergrün.

Pflege Die Pflanze liebt durchlässige, kalkreiche, humose, frische Böden mit mittlerem Nährstoffgehalt. Achten Sie auf ausreichende Bodenfeuchtigkeit und einen windgeschützten Platz. Ein Winterschutz ist anzuraten.

Gestaltung Sie können den Farn zur Unterpflanzung von Baum- und Strauchgruppen verwenden oder an den Gehölzrand setzen. Neben Baumstümpfen oder zwischen Steinen sehen die Wedel sehr schön aus.

Sorten Die Sorte 'Crispa' (Krauser Hirschzungenfarn) entwickelt am Rand stark gewellte Blätter, die sehr auffällig sind. 'Angustifolia' (Schmaler Hirschzungenfarn, gültiger Name 'Augustatum', der aber im Handel unüblich ist) besitzt 4 cm breite Blätter, die damit nur halb so breit sind wie die der Art. 'Capitata' (Kamm-Hirschzungenfarn) zeigt am Wedelende Verbreiterungen und Kämme.

P. polyblepharum

Sorte 'Plumosum Densum'

Sorte 'Dahlem'

Schildfarn
Polystichum setiferum

Höhe
60–100 cm

Aussehen Der unkomplizierte Farn wächst aufrecht buschig bis überhängend. Die Blätter sind mattgrün und in geschützten Lagen wintergrün. Die Wedel werden bis 1,2 m lang.

Pflege Der Filigranfarn möchte in humosen bis sandig-humosen, frischen Gartenböden mit mittlerem Nährstoffgehalt wachsen. Achten Sie auf eine regelmäßige Bodenfeuchtigkeit und einen windgeschützten Standort.

Gestaltung Setzen Sie diesen Farn in den Waldgarten oder auf die Nordseite von Gebäuden. Er passt an den Gehölzrand und verträgt einen Einzelplatz.

Sorten und Arten Bekannte Sorten sind 'Dahlem', 'Herrenhausen', 'Plumosum Densum' und 'Proliferum'. Der Japanische Glanz-Schildfarn (*P. polyblepharum*) ist eine sehr schöne Art. Er besitzt stark glänzende Wedel, die fast wie mit Lack überzogen aussehen. Leider ist er spätfrostgefährdet, daher sollte er geschützt werden, genauso wie vor starker Märzsonne bei gefrorenem Boden. Der Glanz-Schildfarn oder Heimische Glanzfarn (*P. aculeatum*) ist eine unkomplizierte Pflanze und kann einzeln oder in Gruppen gesetzt werden.

Anderer Name Weicher Schildfarn

Gräser

Gold-Japanberggras neben *Euonymus*, im Vordergrund Ilex

B. maxima

Zittergras
Briza media

    Höhe bis 30 cm (Horst), bis 70 cm (Blütenstand)

Aussehen Dieses hübsche Gras wächst aufrecht buschig und bildet Horste. Die Blätter sind blaugrün und spitz.

Pflege Das Zittergras liebt schwach saure bis neutrale, durchlässige, trockene bis frische Gartenböden mit geringem Nährstoffgehalt. Es eignet sich für den Schnitt.

Gestaltung Setzen Sie diese Pflanze in bunte Beet- und Staudenpflanzungen. Sie passt gut in Gärten im Bauerngartenstil oder in Heidegärten und kommt auch im Steingarten zu Recht.

Sorten und Arten Die Sorte 'Zitterzebra'

Zittergras, B. media

besitzt weißgelb gestreifte Blätter. *Briza minor* mit kleinen Blüten und *Briza maxima* mit großen Blüten sind einjährige Ziergräser, die sich für Sträuße, Gebinde und zum Trocknen sehr gut eignen.

Andere deutsche Namen Gemeines Zittergras, Mittleres Zittergras, Herz-Zittergras

BLÜTENFARBE

BLÜTEZEIT

| Jan | Feb | März | April | *Mai* | *Juni* | *Juli* | *Aug* | Sept | Okt | Nov | Dez |

'Karl Foerster' im Frühjahr

Sandrohr
Calamagrostis × acutiflora

   Höhe bis 60 cm (Horst), bis 150 cm (Blütenstand)

Aussehen Das bekannte Gras wächst straff aufrecht und bildet Horste. Die Blätter sind leicht glänzend, schmal, überhängend und mittelgrün. Die Pflanze treibt früh aus.

Pflege Das Sandrohr mag durchlässige, trockene bis frische Gartenböden mit mittlerem Nährstoffgehalt. Abgeblühte Blütenstände werden im zeitigen Frühjahr zurückgeschnitten. Das Gras ist für den Schnitt geeignet.

Gestaltung Setzen Sie dieses Gras in bunte Beet- und Staudenpflanzungen. Es verträgt dort einen Einzelplatz und passt in Gärten im Bauerngartenstil.

'Overdam'

Weitere Sorten 'Karl Foerster' (= 'Stricta') mit 60 cm hohen Blättern und 140 cm hohen Blütenständen entwickelt breite, grüne Blätter. 'Overdam' hat 40 cm hohe, weiß gestreifte Blätter und 110 cm hohe Blütenstände.

Andere deutsche Namen Spitzblütiges Reitgras, Moor-Reitgras, Garten-Sandrohr

BLÜTENFARBE

BLÜTEZEIT

| Jan | Feb | März | April | Mai | **Juni** | **Juli** | **Aug** | **Sept** | Okt | Nov | Dez |

Morgenstern-Segge

Morgenstern-Segge
Carex grayi

    Höhe 50–100 cm
(Horst und Blütenstand)

C. morrowii 'Variegata'

Aussehen Dieses Gras mit den auffälligen Fruchtständen wächst aufrecht buschig und bildet Horste. Die Blätter sind sattgrün und schmal.

Pflege Morgenstern-Seggen lieben durchlässige, frische bis feuchte Gartenböden mit mittlerem Nährstoffgehalt. Achten Sie auf genügend Bodenfeuchtigkeit.

Gestaltung Die Pflanze passt in bunte Beet- und Staudenpflanzungen. Sie wird am Teich- und Gehölzrand verwendet und kann einzeln oder in Gruppen gesetzt werden. Besonders schön sind die Fruchtstände, die wie Morgen-

sterne aussehen. Daher kommt auch der deutsche Name.

Weitere Arten Es gibt viele schöne und empfehlenswerte *Carex*-Arten. Die Fuchsrote Segge (*Carex buchananii*) wird 40 cm hoch und verlangt einen sonnigen Platz in nährstoffreichem, durchlässigem Erdreich. Die Weißbunte Japan-Segge (*Carex morrowii* 'Variegata') liebt halbschattige bis schattige Standorte und frische, sandig-humose Böden. Sie ist wintergrün und verträgt viel Trockenheit. *Carex hachijoensis* wird etwa 30 cm hoch und ist ein Liebhabergras. *Carex elata* 'Aurea' liebt den Teichrand.

BLÜTENFARBE

 zierend ist der Fruchtstand von Juni bis Juli

BLÜTEZEIT

| Jan | Feb | März | April | Mai | Juni | Juli | Aug | Sept | Okt | Nov | Dez |

Das Hohe Pampasgras gehört zu den Riesengräsern.

Schön wirkt das Hohe Pampasgras vor dunklem Hintergrund.

Hohes Pampasgras
Cortaderia selloana

  Höhe bis 80 cm (Horst), bis 250 cm (Blütenstand)

Aussehen Das beeindruckende Gras wächst bogig überhängend, die Blüten sind aufrecht. Es bildet Horste. Die Blätter sind mittel bis bläulich grün, schmal und bereift. Sie können bis 250 cm lang werden. Die Blütenstände erscheinen nur an weiblichen Pflanzen.

Pflege Durchlässige, sandig-lehmige, frische Gartenböden mit hohem Nährstoffgehalt sind der richtige Platz für diese Riesengräser. Geben Sie der Pflanze einen Schutz vor der Nässe im Winter. Dazu werden die Halme oben zu einem Zelt zusammengebunden und mit Schilfmatten ummantelt. Oder man gibt einen Gitter-mantel um die Pflanze herum, der mit viel trockenem Laub gefüllt wird.

Gestaltung Das Hohe Pampasgras wirkt durch seine Größe und die interessanten Blätter. Es braucht einen Einzelplatz in der Sonne.

Sorten ʻArgenteaʼ entwickelt große, silberweiße Wedel. ʻPumilaʼ ist eine kompaktere, besonders frostharte Form, deren Blätter nur etwa 50 cm und die Blütenstände 120 cm hoch wachsen. ʻRoseaʼ entwickelt bräunlich rosa Wedel und rostige „Federbüsche". ʻSunningdale Silverʼ ist eine stattliche Sorte mit dekorativen, großen Blüten, die sich für den Schnitt eignet.

BLÜTENFARBE

BLÜTEZEIT

| Jan | Feb | März | April | Mai | Juni | Juli | Aug | **Sept** | **Okt** | Nov | Dez |

Rasenschmielen-Horst

Rasenschmiele
Deschampsia cespitosa

    Höhe bis 60 cm (Horst), bis 100 cm (Blütenstand)

Aussehen Das pflegeleichte Gras wächst überhängend und bildet bis zu 60 cm hohe Horste. Die Blätter sind mittelgrün und schmal.

Pflege Rasenschmielen lieben saure bis schwach saure, durchlässige, frische bis feuchte Gartenböden mit mittlerem Nährstoffgehalt. Sie sind anspruchslose Gräser, die sich selbst aussäen.
Durch den Rückschnitt der Blütenstände lässt sich das verhindern.

Gestaltung Dieses hübsche Gras wächst auf Feuchtwiesen und am Teich- beziehungsweise Bachrand, aber auch vor Gehölzpflanzungen. Es eignet sich für den Schnitt und wird in der Trockenfloristik verwendet.
Es gehört zum Standardsortiment des Gartenfachhandels.

Weitere Art Die Draht-Schmiele (*Deschampsia flexuosa*) bleibt mit etwa 20 cm Blatthorst- und 60 cm Blütenstandhöhe deutlich kleiner als die beschriebene Art. Sie will halbschattig bis schattig stehen, bevorzugt magere, saure Böden und verträgt mehr Trockenheit.

BLÜTENFARBE

BLÜTEZEIT

| Jan | Feb | März | April | Mai | **Juni** | **Juli** | **Aug** | Sept | Okt | Nov | Dez |

Schirm-Bambus

Schirm-Bambus
Fargesia murieliae

Höhe bis 4 m, je nach Sorte

Aussehen Das imposante Gras wächst aufrecht und bildet Horste. Die Blätter sind immergrün.

Pflege Geben Sie dieser Pflanze lehmig-humose bis lehmige, frische bis feuchte Gartenböden mit hohem Nährstoffgehalt. Staunässe wird nicht vertragen.

Gestaltung Der Schirm-Bambus passt in bunte Beet- und Staudenpflanzungen und wird vielseitig in der Gartengestaltung verwendet. Das Gras braucht einen Einzelplatz und kann auch in großen Kübeln und Töpfen gepflanzt werden.

Nach der seltenen Blüte stirbt der Schirm-Bambus ab.

Es gehört zum Standardsortiment des Gartenfachhandels.

Sorten 'Jumbo' ist eine 3 bis 4 m hoch wachsende Sorte, die gerne windgeschützt steht und einzeln oder auch als immergrüne Hecke verwendet wird. 'Simba' bleibt bei uns mit maximal 2,5 m etwas kleiner und hat – genauso wie die erstgenannte Art – grüne bis gelbe Halme.

Anderer Name Muriels Schirm-Bambus

BLÜTENFARBE

 unscheinbar, blüht nur sehr selten und stirbt nach der Blüte ab.

Blau-Schwingel, *F. glauca*

Blau-Schwingel
Festuca glauca (syn. F. cinerea)

  Höhe bis 30 cm (Horst), bis 40 cm (Blütenstand)

Atlas-Schwingel, *F. mairei*

Aussehen Dieses hübsche Gras wächst kompakt kissenförmig und bildet Horste. Die Blätter sind blaugrau, spitz und wintergrün.

Pflege Der Blau-Schwingel möchte in durchlässigen, sandig-kiesigen, mäßig trockenen Gartenböden mit sehr niedrigem Nährstoffgehalt wachsen. Trockenheit wird vertragen. Die Art ist pflegeleicht und unkompliziert und gehört zu den meist verwendeten Gräsern.

Gestaltung Die Pflanze wird in bunten Beet- und Staudenpflanzungen verwendet. Man sollte immer Gruppen mit bis zu zehn Pflanzen zusammenstellen, um zum Beispiel im Heidegarten eine kleine Wiese zu schaffen. Das Gras wird auch zur Grabgestaltung und im Steingarten verwendet.

Weitere Arten Viele *Festuca*-Arten eignen sich für die Gartenkultur. Der Bärenfell-Schwingel (*F. gautieri*) mit 15 cm hohen Polstern und 25 cm hohen Blütenständen liebt halbschattige Plätze, die nährstoffarm und durchlässig sind. Der Atlas-Schwingel (*F. mairei*) wird mit einer Horsthöhe von 60 cm und 100 cm hohen Blütenständen deutlich größer. Er liebt warme Plätze und durchlässige, mäßig trockene bis frische Böden in voller Sonne.

BLÜTENFARBE

  Rispen

BLÜTEZEIT

| Jan | Feb | März | April | Mai | Juni | Juli | Aug | Sept | Okt | Nov | Dez |

Gold-Japanberggras, blühend

Gold-Japanberggras
Hakonechloa macra 'Aureola'

  Höhe bis 40 cm,
bis 70 cm lange Blätter

Aussehen Dieses schöne Gras wächst leicht überhängend. Die Blätter sind gelbgrün bis goldbunt gestreift, lanzettlich und ausgesprochen auffällig.

Pflege Setzen Sie diese Pflanze in saure bis schwach saure, lockere, durchlässige, nährstoffreiche, frische bis feuchte Gartenböden. Der Wasserbedarf ist mittelhoch. Winterschutz wird empfohlen.

Gestaltung Das Gold-Japanberggras eignet sich für gemischte Beete und bunte Rabatten zwischen Stauden und Sommerblumen. Außerdem kann man es an den Gehölzrand

Das dekorative Laub des Gold-Japanberggrases

pflanzen und im Steingarten verwenden. Schön sieht das Gras auch auf Mauerkronen aus, weil die Blätter einen schönen Kontrast bilden.

Weitere Sorten 'Albovariegata' wird mit bis zu 100 cm etwas höher und besitzt dünne, weiße Streifen auf den Blättern. 'Allgold' entwickelt grüngelbe Blätter und liebt den Halbschatten.

Anderer Name Japanisches Gold-Berggras

BLÜTENFARBE

 unscheinbar

BLÜTEZEIT

Jan	Feb	März	April	Mai	Juni	Juli	Aug	Sept	Okt	Nov	Dez

Blaustrahlhafer

Blaustrahlhafer
Helictotrichon sempervirens

  Höhe bis 50 cm (Horst), bis 110 cm (Blütenstand)

Aussehen Das hohe Gras wächst dicht buschig und bildet Horste. Die Blätter sind graublau, schmal und wintergrün.

Pflege Der Blaustrahlhafer mag kalkreiche, durchlässige, steinige, trockene bis frische Gartenböden mit mittlerem Nährstoffgehalt. Abgeblühte Blütenstände werden im späten Herbst oder aber zeitigen Frühjahr weggeschnitten.
Die Pflanze kann durch Teilung im April vermehrt werden.

Gestaltung Setzen Sie dieses Gras in bunte Beete und gemischte Rabatten. Es eignet sich außerdem für eine Steingartenpflanzung. Man kann die Halme in der Floristik verwenden. Die Pflanze gehört zum Standardsortiment des Gartenfachhandels.

Weitere Sorten und Art 'Pendula' (Hänge-Blaustrahlhafer) besitzt, wie der Name schon sagt, einen überhängenden Wuchs. 'Saphirsprudel' hat graublaue Blätter und einen bogig überneigenden Wuchs. *Helictotrichon setaceum* ist eine etwa 60 cm hoch werdende Art mit blaugrünen Blättern.

Anderer deutscher Name Blaustrahl-Wiesenhafer

BLÜTENFARBE

 Rispen

BLÜTEZEIT

Jan	Feb	März	April	Mai	Juni	Juli	Aug	Sept	Okt	Nov	Dez

Weiße Hainsimse, *L. luzuloides*

Schnee-Marbel
Luzula nivea

   Höhe bis 25 cm (Horst), bis 40 cm (Blütenstand)

Schnee-Marbel

Aussehen Das Gras mit dem hübschen deutschen Namen wächst buschig und bildet lockere Horste. Die Blätter sind dunkelgrün, schmal, wintergrün und am Rand stark bewimpert. Sie werden bis 20 cm lang.

Pflege Die Schnee-Marbel möchte auf durchlässigen, sandig-lehmigen, humosen, frischen Gartenböden mit mittlerem Nährstoffgehalt wachsen. Sie ist eine unkomplizierte und pflegeleichte Pflanze.

Gestaltung Setzen Sie das Gras in Schattenbeete oder am steinigen Gehölzrand. Es passt gut in den schattigen Steingarten und zu Rhododendron. Auch lässt es sich gut im Topf und Kübel pflegen. Außerdem können die schattenverträglichen Pflanzen unter großen Gehölzen wachsen.

Arten und Sorte Die Weiße Hainsimse (*L. luzuloides*) wächst gut unter alten Gehölzen genauso wie die Wald-Marbel (*L. sylvatica*). Die Sorte 'Marginata' der Art *L. sylvatica* besitzt hübsche, grüne Blätter mit cremegelben Randstreifen. Die Haar-Marbel (*L. pilosa*) kommt eher selten vor und versamt sich stark.

Andere deutsche Namen Weiße Hainsimse, Schnee-Hainsimse

BLÜTENFARBE

BLÜTEZEIT

Jan	Feb	März	April	Mai	Juni	Juli	Aug	Sept	Okt	Nov	Dez

Wimper-Perlgras

Wimper-Perlgras
Melica ciliata

   Höhe bis 30 cm (Horst), bis 60 cm (Blütenstand)

Aussehen Dieses hübsche Gras wächst buschig und bildet Horste. Die Blätter sind graugrün, schmal und bandförmig.

Pflege Die Pflanzen lieben durchlässige, mäßig trockene bis frische Gartenböden mit niedrigem Nährstoffgehalt. Geben Sie den Pflanzen Platz, weil sie sich stark ausbreiten können. Wenn das nicht gewünscht wird, empfiehlt sich eine Pflanzung im eingesenkten Topf. Das Gras ist sehr beliebt und wird oft in unseren Gärten gepflanzt.

Gestaltung Pflanzen Sie das Wimper-Perlgras in bunte Beete und gemischte Rabatten.

Nickendes Perlgras, *M. nutans*

Schön wirkt es in Heide- und Steppenbeeten. Die Blütenstände werden in der Floristik verwendet.

Weitere Arten Das Siebenbürgen-Perlgras (*Melica transsilvanica*) ist in Pflege und Verwendung der genannten Art ähnlich. Das Nickende Perlgras (*M. nutans*) entwickelt überhängende (nickende) Blütenstände.

BLÜTENFARBE

BLÜTEZEIT

| Jan | Feb | März | April | Mai | Juni | Juli | Aug | Sept | Okt | Nov | Dez |

'Strictus'

Sorte 'Malepartus'

China-Schilf

China-Schilf
Miscanthus sinensis

  Höhe
150–250 cm

Aussehen Das beeindruckende Gras wächst ausladend bis überhängend und bildet Horste. Die Blätter sind mittel- bis bläulich grün, schmal und bandförmig.

Pflege Durchlässige, sandig-lehmige, frische Gartenböden mit hohem Nährstoffgehalt sind der richtige Standort für diesen beliebten Klassiker.

Gestaltung Das China-Schilf wird in bunten Beet- und Staudenpflanzungen verwendet. Es braucht einen Einzelplatz. Die Blütenstände werden in der Floristik verwendet.

Sorten und Art Die reine Art hat wenig Bedeutung, sie ist durch viele, unterschiedliche Sorten entbehrlich geworden. 'Malepartus' besitzt schöne, rötlich silberne Blütenrispen, die Blätter färben sich im Herbst flammend rotbraun.

'Zebrinus' hat grüne Blätter mit gelben Unterbrechungen. 'Strictus' (Stachelschweingras) entwickelt auffällige Blätter, die quer gelb gestreift sind. 'Kleine Silberspinne' ist mit einer Horsthöhe von 50 cm und einer Blütenhöhe von 100 cm ein kleiner Typ. 'Gracillimus' entwickelt in der Regel keine Blüten und versamt sich so auch nicht im Garten.

BLÜTENFARBE

BLÜTEZEIT

Jan	Feb	März	April	Mai	Juni	Juli	Aug	Sept	Okt	Nov	Dez

'Karl Foerster'

Riesen-Pfeifengras
Molinia arundinacea 'Windspiel'
(syn. *Molinia caerulea* ssp. *arundinacea* 'Windspiel')

    Höhe bis 60 cm (Horst),
bis 240 cm (Blütenstand)

M. arundinacea

Aussehen Das hohe Gras wächst buschig und bildet Horste. Die Blätter sind mittelgrün und färben sich im Herbst gelborangefarben.

Pflege Das Riesen-Pfeifengras liebt durchlässige, frische bis feuchte, auch wechselfeuchte Gartenböden mit sehr niedrigem Nährstoffgehalt. Abgeblühte Blütenstände werden im späten Herbst oder zeitigen Frühjahr weggeschnitten.

Gestaltung Das Riesengras braucht einen Einzelplatz. Es wächst in bunten Beet- und Staudenpflanzungen, aber auch zwischen lichten Gehölzen und wiesenartigen Anpflanzungen. Besonders schön ist es im Herbst und ist dann auch von weither zu sehen.
Die Blütenstände werden in der Floristik verwendet.

Sorte und Art 'Karl Foerster' entwickelt bogenförmige Halme. Die Blätter erreichen eine Höhe von etwa 50 cm, die Blütenstände von 170 cm. Das Blaue Pfeifengras (*M. caerulea*) wird weniger als halb so hoch, die Sorte 'Variegata' besitzt auffällige Blätter mit cremeweißen Längsstreifen.

Andere deutsche Namen Rohr-Pfeifengras, Besenried

BLÜTENFARBE

BLÜTEZEIT

| Jan | Feb | März | April | Mai | Juni | Juli | Aug | Sept | Okt | Nov | Dez |

Federborstengras

Horst des Federborsten-
grases im Frühjahr

Typische Pennisetum-Blüte

Federborstengras
Pennisetum alopecuroides

Höhe bis 50 cm (Horst),
bis 100 cm (Blütenstand)

Aussehen Das hübsche Gras mit den auffälligen Blütenständen wächst breit überhängend. Die Blätter sind mittel- bis dunkelgrün, schmal und verfärben sich im Herbst gelb.

Pflege Setzen Sie diese Pflanze in durchlässige, sandig-lehmige, frische Gartenböden mit hohem Nährstoffgehalt. Sie sollte nicht zu trocken stehen.

Gestaltung Das Federborstengras passt in bunte Beet- und Staudenpflanzungen. Es verträgt auch einen Einzelplatz und sieht schön in Bauerngartenbeeten aus. Es gehört zum Standardsortiment des Gartenfachhandels.

Sorten und Art 'Compressum' ist eine bekannte Sorte mit leuchtend gelber Herbstfärbung. 'Hameln' wächst kompakt mit einer Horsthöhe von etwa 40 cm und einer Blütenstandshöhe von etwa 60 cm. Die Art blüht reich. 'Little Bunny" ist eine Zwergform. Das Orientalische oder Feine Lampenputzergras (*Pennisetum orientale*) blüht lange und früher in violett schimmernden Ähren. Es liebt sonnige, durchlässige Plätze, die trockener sein müssen.

Andere deutsche Namen Lampenputzergras, Japanisches Federborstengras

BLÜTENFARBE

BLÜTEZEIT

| Jan | Feb | März | April | Mai | Juni | Juli | Aug | Sept | Okt | Nov | Dez |

Wiesen-Bambus, *Sasa veitchii*

Zwerg-Bambus
Pleioblastus pumilus (= *P. humilis*
var. *pumilus*, syn. *Sasa pumila*)

   Höhe
40–80 cm

Zwerg-Bambus

Aussehen Das auffällige Gras wächst breit und schnell. Die Blätter sind mittel- bis dunkelgrün, lanzettlich und immergrün.

Pflege Der Zwerg-Bambus ist anspruchslos, bevorzugt aber frische Gartenböden mit mittlerem bis hohem Nährstoffgehalt. Frostschäden, die in kalten Wintern auftreten können, werden im Frühjahr zurückgeschnitten. Die Pflanze treibt meist willig aus und überwächst diese Schäden. Der Zwerg-Bambus bildet viele Ausläufer, dadurch entwickelt sich ein Dickicht. Er wuchert und sollte daher nur in mit Wurzelsperren abgetrennten Gartenteilen gepflanzt oder im eingesenkten Kübel gesetzt werden. Die Pflanze ist für kleine Gärten nicht geeignet. In kontinentalem Klima sollte sie nicht in der vollen Sonne verwendet werden.

Gestaltung Das Gras wird zur schnellen Bodenbegrünung verwendet und wächst unter Baumgruppen. Vorsicht – es kann schnell große Flächen bedecken. Es passt gut in Gärten, die im japanischen Stil gestaltet sind. Außerdem wächst es am Teichrand, aber darf nur mit einer Rhizomsperre gepflanzt werden.

Weitere Art Der Wiesen-Bambus (*Sasa veitchii*) wird mit 1,5 m deutlich höher.

BLÜTENFARBE

unscheinbar, blüht nur alle 40 bis 100 Jahre

Flausch-Federgras, *S. pennata*

Büschelhaargras
Stipa capillata

   Höhe bis 60 cm (Horst),
bis 90 cm (Blütenstand)

Büschelhaargras

Aussehen Das pflegeleichte Gras wächst aufrecht und bildet Horste. Die Blätter sind stumpf bis bläulich grün, sehr schmal und leicht gerollt.

Pflege Setzen Sie das Büschelhaargras in durchlässige, trockene bis frische Gartenböden mit sehr niedrigem Nährstoffgehalt. Wenn die Pflanzen für Sträuße oder Gebinde gebraucht werden, dann muss man sie rechtzeitig vor der Reife schneiden.

Gestaltung Pflanzen Sie das Gras in bunte Beete und gemischte Rabatten. Die Ähren mit sehr langen, fedrigen Grannen wirken sehr schön und sehen zu Stauden und Sommerblumen gut aus. Sie werden auch in der Floristik verwendet. Die Pflanze passt in heide- und steppenartige Pflanzungen oder Steingärten.

Weitere Arten Das Pracht-Federgras (*Stipa pulcherrima* oder *Stipa barbata*) entwickelt schöne, silbrigweiße, überhängende Grannen. Das Flausch-Federgras oder Zierliche Federgras (*S. pennata*) hat 50 cm hohe, federartige Grannen.

Andere deutsche Namen Reiher-Federgras, Haar-Federgras, Haar-Pfriemengras, Büschelfedergras

BLÜTENFARBE

 silbrig

BLÜTEZEIT

| Jan | Feb | März | April | Mai | Juni | **Juli** | **Aug** | Sept | Okt | Nov | Dez |

Echter Lavendel

Kräuter

Kräuter erfreuen sich seit Jahrhunderten großer Beliebtheit. Zum einen ist es der hohe geschmackliche und gesundheitliche Wert, zum anderen aber sind viele Kräuter schön, pflegeleicht und duften sogar anregend.

In Spezial-Kräuterkatalogen werden unzählige verschiedene Pflanzenarten und Sorten einer Art angeboten. Neben Pfefferminze gibt es zum Beispiel Orangenminze, Apfelminze oder Spearmint. Ähnliches trifft auf Salbei und Thymian zu. Sie können hier viel Neues ausprobieren und es macht viel Spaß, seine Besucher und Gäste mit unbekannteren Kräutern zu verwöhnen.

Küchenkräuter lassen sich leicht in Töpfen und Kästen pflegen. Zum Beispiel wachsen Basilikum und Schnittlauch gut auf dem Fensterbrett. Und auch im Winter muss man auf frisches, selbst angezogenes Grün nicht verzichten.

Die Vertreter dieser Pflanzengruppe sind in der Regel pflegeleicht und erfolgreich auch von Anfängern anzubauen. Man kann sie auf vielerlei Arten konservieren und sich so in der kalten Jahreszeit noch an den eigenen „Sommergarten" erinnern. Die Vermehrung ist meist mit Stecklingen oder durch Teilung möglich. Falls Sie also bei einem Freund oder Bekannten eine schöne Pflanze sehen, dann bitten Sie ihn um einen Steckling oder ein Teilstück.

Blühender Schnittlauch

Schnittlauch
Allium schoenoprasum

    Höhe 20–30 cm

Schnittlauch im Topf im Winter

Aussehen Das mehrjährige Küchenkraut wächst aufrecht und bildet Horste. Schnittlauch ist ein echter Klassiker.

Pflege Die Pflanze bevorzugt durchlässige, sandig-lehmige, frische bis feuchte Gartenböden mit mittlerem bis hohem Nährstoffgehalt. Schnittlauch kann im Winter auf der Fensterbank im Topf getrieben werden. So hat man ihn rund ums Jahr frisch für die Küche. Das Kraut ist pflegeleicht, unkompliziert und für Gartenanfänger sehr geeignet. Vermehrt werden kann durch Aussaat und Teilung.

Gestaltung Das intensiv duftende Küchenkraut ist besonders zur Blütezeit ein Augenmagnet. Die rosa Blüten sind weithin sichtbar und locken Bienen und andere Insekten an. Pflanzen Sie immer mehrere Exemplare.

Verwendung Schnittlauch wird für Salate und zur Garnierung verwendet.

BLÜTENFARBE

BLÜTEZEIT

| Jan | Feb | März | April | Mai | **Juni** | **Juli** | **Aug** | Sept | Okt | Nov | Dez |

Bärlauch, blühend

Speisezwiebel
(*Allium cepa*)

Bärlauch

Bärlauch
Allium ursinum

    Höhe
20–30 cm

Aussehen Diese mehrjährige Zwiebelpflanze wächst aufrecht und bildet Horste. An zusagenden Plätzen kann es ganze Gartenteile „erobern".

Pflege Die Pflanze liebt durchlässige, humose, frische bis feuchte Gartenböden mit mittlerem Nährstoffgehalt. Sie zieht früh ein, erscheint aber im Frühling des nächsten Jahres an zusagenden Plätzen in oft noch größerer Anzahl. Teilung ist die beste Vermehrungsart.

Gestaltung Der Bärlauch ist eine alte Pflanze, die sich von alleine bodendeckend ausbreiten kann. Die Blüten riechen intensiv nach Knoblauch. Die Pflanze erfreut sich – besonders auch in der Küche als Knoblauchersatz – wachsender Beliebtheit. Achtung: Verwechslungsgefahr mit Herbstzeitlosen und Maiglöckchen, die beide hochgiftig sind.

Verwendung Die Bärlauchblätter werden gerne in Suppen und Salaten verwendet, außerdem für Butter und Quark.
Bärlauch ist appetitanregend, verdauungsfördernd und beugt altersbedingten Gefäßveränderungen vor.

Anderer deutscher Name Heimischer Bärenlauch

BLÜTENFARBE

BLÜTEZEIT

| Jan | Feb | März | April | **Mai** | Juni | Juli | Aug | Sept | Okt | Nov | Dez |

Vorne blühender Dill

Dill
Anethum graveolens

   Höhe
60–100 cm

Sorte 'Fernleaf'

Aussehen　Dieses einjährige Küchenkraut wächst aufrecht.

Pflege　Durchlässige, sandig-humose, mäßig trockene bis frische Gartenböden mit mittlerem bis hohem Nährstoffgehalt sind der richtige Platz für diese Pflanze. Sie kann durch Aussaat ab April vermehrt werden. Am besten sät man in Folge alle drei bis vier Wochen aus. Dill ist pflegeleicht und dankbar. Er ist auch für Garten-Anfänger gut geeignet.

Gestaltung　Dieses duftendes Kraut wird in Küchen- und Gemüsegärten verwendet. Es passt besonders gut in Bauerngartenbeete.

Aber man kann Dill auch zwischen Blumen und Stauden in die Rabatten setzen. Außerdem ist eine Topf- und Kastenkultur möglich.

Verwendung　Man verwendet das Küchenkraut in Salaten und zu Rohkost, außerdem zum Einlegen. Es kann Blähungen lindern sowie die Verdauung fördern.

BLÜTENFARBE

BLÜTEZEIT

Jan	Feb	März	April	Mai	Juni	Juli	Aug	Sept	Okt	Nov	Dez

Kerbel

Kerbel
Anthriscus cerefolium

    Höhe
40–60 cm

Aussehen Das Küchenkraut wächst aufrecht und kann eine Höhe von 60 cm erreichen. Es ist einjährig, muss also jedes Jahr neu ausgesät werden.

Pflege Setzen Sie diese dankbare Pflanze in durchlässige, mäßig trockene bis frische Gartenböden, die einen mittleren Nährstoffgehalt aufweisen.

Kerbel kann durch Aussaat ab März in Sätzen vermehrt werden. Die Pflanze ist unkompliziert und pflegeleicht. Sie kommt fast überall zu Recht und ist auch von Anfängern erfolgreich zu pflegen.

Gestaltung Kerbel passt in Gemüsebeete und Kräutergärten. Genauso gut lässt sich die dankbare Pflanze in Töpfen und Kästen auf Balkon und Terrasse pflegen.

Die kleinen, weißen Blüten locken von Juni bis August Bienen und andere Insekten in den Garten.

Verwendung Man gibt Kerbel in Suppen und Salate. Er ist appetitanregend sowie verdauungsfördernd und wird für Frühlingskuren verwendet.

Anderer deutscher Name Garten-Kerbel

BLÜTENFARBE

BLÜTEZEIT

| Jan | Feb | März | April | Mai | **Juni** | **Juli** | **Aug** | Sept | Okt | Nov | Dez |

Estragon

Estragon
Artemisia dracunculus

   | Höhe 60–120 cm

Beifuß, *A. vulgaris*

Aussehen Dieses Küchenkraut ist eine mehrjährige Gartenpflanze, die aufrecht buschig wächst.

Pflege Die Pflanze bevorzugt durchlässige, mäßig trockene bis frische Gartenböden mit mittlerem bis hohem Nährstoffgehalt. Der Spross kann im späten Herbst zurückgeschnitten werden.
Die Pflanze wird durch Ausläufer, Stecklinge und Teilung vermehrt.

Gestaltung Estragon passt gut in Bauern-, Gemüse- und Kräutergärten. Er ist eine alte Pflanze und eignet sich auch für Anfänger. Man kann sie außerdem erfolgreich in Töpfen und Kübeln pflegen.

Verwendung Das Küchenkraut wird an Fleisch- und Gemüsegerichte sowie an Suppen, Soßen und Salate gegeben. Es kann Bestandteil von Kräuteressig und Kräutersenf sein und fördert die Verdauung.

Weitere Arten Es gibt einige weitere bekannte *Artemisia*-Arten, die ähnliche Ansprüche haben: Wichtig sind die Eberraute (*A. abrotanum*), der Wermut (*A. absinthium*), der Römische Wermut (*A. pontica*) und der Beifuß (*A. vulgaris*).

BLÜTENFARBE

BLÜTEZEIT

| *Jan* | *Feb* | *März* | *April* | *Mai* | *Juni* | **Juli** | **Aug** | *Sept* | *Okt* | *Nov* | *Dez* |

Borretsch

Borretsch
Borago officinalis

    Höhe
40–60 cm

Aussehen Das einjährige Küchenkraut wächst aufrecht buschig.

Pflege Diese Pflanze ist anpassungsfähig und unkompliziert. Sie bevorzugt aber durchlässige, mäßig trockene bis frische Gartenböden mit mittlerem bis hohem Nährstoffgehalt. Borretsch versamt sich leicht im ganzen Garten. Das kann aber sehr hübsch aussehen, weil die Pflanzen selbst in Wegspalten und Ritzen wachsen und hier ihre hübschen Blütchen entfalten können. Man kann dieses Küchenkraut leicht durch Aussaat ab April selbst vermehren.

Gestaltung Borretsch ist eine hübsche Pflanze, die mit ihren blauen „Sternblüten" auch unwirtliche Ecken verschönern kann. Sie wächst in Gemüse- und Kräuterbeeten, kann aber auch in Staudenrabatten schön aussehen. Und sie lässt sich im Topf pflegen. Die Blüten, die von Juni bis September erscheinen, werden gerne von Bienen besucht.

Verwendung Borretsch wird mit seinem gurkenähnlichen Geschmack an Fisch-, Gemüse- und Quarkgerichte gegeben und zum Einlegen von Gurken verwendet. Er sollte nicht oft genommen werden. Die zarten Blüten eignen sich bestens zum Garnieren.

BLÜTENFARBE

BLÜTEZEIT

| Jan | Feb | März | April | Mai | **Juni** | **Juli** | **Aug** | **Sept** | Okt | Nov | Dez |

Ysop

Ysop

Hyssopus officinalis

Höhe
30–60 cm

Aussehen Das mehrjährige bekannte Küchenkraut ist ein Halbstrauch mit zahlreichen, bogig aufsteigenden Trieben.

Pflege Die bekannte Pflanze bevorzugt kalkhaltige, durchlässige, humose, mäßig trockene bis frische Gartenböden, die einen mittleren Nährstoffgehalt aufweisen. Sie kommt mit mittleren, aber auch niedrigen Wassergaben zu Recht. Insgesamt ist Ysop anpassungsfähig und dankbar. Er ist pflegeleicht und wird im Herbst zurückgeschnitten. Eine Vermehrung ist durch Aussaat, Stecklinge und Teilung erfolgreich möglich.

Gestaltung Der Ysop ist eine alte Heilpflanze, die in Gemüse- und Kräutergärten wächst. Besonders passend sind Bauerngartenbeete. Außerdem lässt sich die Pflanze in Töpfen und Kästen auf Balkon und Terrasse pflegen. Die hübschen Blüten in den Monaten Juli bis August locken Bienen und andere Insekten in den Garten.

Verwendung Als Heilkraut wird der Ysop zum Gurgeln und Spülen bei Rachenentzündungen sowie bei Heiserkeit und bei Verdauungsstörungen verwendet.

Anderer deutscher Name Apotheker-Ysop

BLÜTENFARBE

BLÜTEZEIT

| Jan | Feb | März | April | Mai | Juni | **Juli** | **Aug** | Sept | Okt | Nov | Dez |

Echter Lavendel

Echter Lavendel
Lavandula angustifolia

  Höhe 40–60 cm

Eine weitere Art: Breitblättiger Lavendel, *Lavandula latifolia*

Aussehen Dieses mehrjährige Duftkraut wächst aufrecht strauchig. Es ist sehr beliebt und wird oft gepflanzt.

Pflege Der Echte Lavendel liebt durchlässige, mäßig trockene, leicht alkalische Gartenböden mit mittlerem Nährstoffgehalt. Staunässe wird nur schlecht vertragen, der Wasserbedarf ist gering. Die Pflanze muss frostfrei und hell überwintert werden. Vor dem Einwintern oder im zeitigen Frühjahr schneidet man sie bis zum alten Holz zurück.

Gestaltung Der Echte Lavendel wächst gerne in Kräuterbeeten, passt aber auch in bunte Beet- und Staudenpflanzungen und in Steingärten. Außerdem lässt er sich in Töpfen und Kübeln pflegen. Die duftenden Blüten, die von Juli bis August erscheinen, locken Bienen und Schmetterlinge an. Lavendel kann im trockenen Bereich der Kräuterspirale wachsen.

Verwendung Duftsäckchen, die man leicht selbst herstellen kann, sollen, zwischen die Wäsche gelegt, Motten abhalten. Außerdem kann der Echte Lavendel bei Unruhe, Einschlafstörungen und Erschöpfung helfen.

BLÜTENFARBE

BLÜTEZEIT

Jan	Feb	März	April	Mai	Juni	**Juli**	**Aug**	Sept	Okt	Nov	Dez

Liebstöckel

Liebstöckel
Levisticum officinale

Höhe
100–200 cm

Aussehen Das mehrjährige Küchenkraut wächst aufrecht buschig, kann zu einer stattlichen Gestalt heranwachsen und entwickelt stark verzweigende Wurzelstöcke.

Pflege Gut fruchtbare, sandig-lehmige, frische Gartenböden mit mittlerem bis hohem Nährstoffgehalt sind für diese Pflanze geeignet. Ältere Pflanzen müssen eventuell gestützt werden. Der Spross kann im späten Frühling zurückgeschnitten werden. Vermehrt wird durch Aussaat (Frühjahr) und Teilung.

Gestaltung Das intensiv duftende Küchenkraut passt in Kräuter- und Gemüsegärten. Es braucht einen Einzelplatz und lockt Bienen und Schmetterlinge an. Das Maggikraut wird hoch und entwickelt eine enorme Blattmasse. Daher reicht in der Regel eine Pflanze für den Küchenbedarf völlig aus. Sie können diese dankbare Pflanze auch in einem großen Kübel pflegen.

Verwendung Liebstöckel wird als Küchenkraut, die Wurzel zu Heilzwecken verwendet. Nebenwirkung: Durch Blätterkontakt kann Lichtempfindlichkeit entstehen.

Anderer deutscher Name Maggikraut

BLÜTENFARBE

BLÜTEZEIT

Jan	Feb	März	April	Mai	Juni	Juli	Aug	Sept	Okt	Nov	Dez

Echte Kamille

Echte Kamille
Matricaria recutita

  Höhe 40–50 cm

Aussehen Das einjährige Heilkraut wächst aufrecht.

Pflege Die Echte Kamille liebt durchlässige, lehmig-humose, mäßig trockene bis frische Böden, die einen mittleren Nährstoffgehalt aufweisen. Die hübsche Pflanze kann durch Aussaat (Frühling und Herbst) vermehrt werden.

Gestaltung Diese alte Heilpflanze sieht man leider eher selten in den Kräuterbeeten unserer Hausgärten. Teilweise findet man sie noch wild wachsend. An ihr zusagenden Plätzen kann sie größere Bestände bilden. An ungeeigneten Standorten verschwindet die Pflanze schnell. Die hübschen Blütchen sind weiß mit gelber Mitte und erscheinen von Juni bis August. Die Echte Kamille wird seit Jahrhunderten als Heil- und Teekraut verwendet. Früher sammelte man die Blüten von wild wachsenden Pflanzen in der freien Natur, heute werden sie erwerbsmäßig auf großen Feldern angebaut.

Verwendung Das Heil- und Teekraut wird zum Inhalieren sowie für Umschläge verwendet. Äußerlich kann es bei Entzündungen, innerlich bei Magen-Darm-Beschwerden helfen.

BLÜTENFARBE

 mit gelber Mitte

BLÜTEZEIT

| Jan | Feb | März | April | Mai | **Juni** | **Juli** | **Aug** | Sept | Okt | Nov | Dez |

Zitronenmelisse

Zitronenmelisse
Melissa officinalis

   Höhe
50–80 cm

Aussehen Dieses mehrjährige Tee- und Küchenkraut wächst aufrecht buschig und wird in unserem Garten oft angepflanzt.

Pflege Die Pflanze ist anpassungsfähig, bevorzugt aber durchlässige, mäßig trockene bis frische Gartenböden mit mittlerem Nährstoffgehalt. Geben Sie der Zitronenmelisse einen warmen, geschützten Platz. In rauen Lagen ist ein Winterschutz empfehlenswert. Der Spross kann im späten Herbst zurückgeschnitten werden. Die Pflanze neigt (nur an zusagenden Plätzen) zum Wuchern und breitet sich so überall im Garten aus. Die Pflanze kann durch Stecklinge und Teilung größerer Exemplare vermehrt werden.

Gestaltung Das alte Heil- und Teekraut passt in Kräuter- und Gemüsebeete, kann aber auch in bunten Beeten und gemischten Rabatten wachsen. Außerdem ist eine Topf- und Kübelkultur auf Balkon und Terrasse möglich. Die Blütchen locken Bienen in den Garten.

Verwendung Melisse wird vielfältig verwendet: In Getränken, Tinkturen und Tees sowie als Badezusatz. Sie kann bei psychisch bedingten Magen-Darm-Problemen und Einschlafschwierigkeiten helfen.

BLÜTENFARBE

 bläulich

BLÜTEZEIT

| Jan | Feb | März | April | Mai | Juni | Juli | Aug | Sept | Okt | Nov | Dez |

Pfefferminze

Pfefferminze
Mentha × piperita

  Höhe
30–60 cm

Weitere Art: *M. spicata*, Grüne Minze

Aussehen Das mehrjährige, sehr bekannte Tee- und Küchenkraut wächst aufrecht und oft sehr üppig.

Pflege Die Pfefferminze liebt sandig-humose bis sandig-lehmige, frische bis feuchte Gartenböden mit mittlerem bis hohem Nährstoffgehalt. Sie kann wuchern, daher sollte sie in kleineren Gärten in eingesenkte Töpfe gepflanzt werden. Die Pflanze wird durch Stecklinge, Ausläufer und Teilung vermehrt.

Gestaltung Die seit Jahrhunderten angebaute Pflanze passt in Gemüse- und Kräutergärten. Sie kann auch erfolgreich in Töpfen und Kübeln gepflegt werden. Die Blüten locken Bienen und andere Insekten in den Garten. Man findet die Pflanze häufig in unseren Hausgärten und auch in öffentlichen Kräutergärten.

Verwendung Pfefferminze wird für Tees, Tinkturen und Mundspülungen verwendet. Sie kann bei Problemen mit Magen und Darm, Krämpfen und Kopfschmerzen helfen. Nicht verwendet werden darf sie bei Gallensteinen, Verschluss der Gallenwege, Gallenblasenentzündungen und schweren Leberschäden.

Sorten und Arten Es gibt viele interessante *Mentha*-Arten im Gartenfachhandel.

BLÜTENFARBE

BLÜTEZEIT

Jan	Feb	März	April	Mai	Juni	Juli	Aug	Sept	Okt	Nov	Dez

Kleinblättriges Basilikum

Genoveser Basilikum

Basilikum

Basilikum
Ocimum basilicum

Höhe
30–60 cm

Aussehen Dieses einjährige Küchenkraut wächst aufrecht.

Pflege Die Pflanze bevorzugt durchlässige, frische Gartenböden mit mittlerem bis hohem Nährstoffgehalt. Geben Sie ihr einen warmen und geschützten Platz. Bei Frostbeginn wird Basilikum im Zimmer weitergepflegt. Die Pflanze kann durch Aussaat (Frühjahr) vermehrt werden.

Gestaltung Basilikum wächst in Gemüse- und Kräuterbeeten, kann aber in bunten Beeten und gemischten Rabatten gepflanzt werden. Er lässt sich in Töpfen und Kästen auf Bal-

kon und Terrasse pflegen. Die Blüten, die von Juli bis September erscheinen, locken Bienen und andere Insekten in den Garten.

Verwendung Basilikum ist ein aromatisches und appetitanregendes Küchenkraut für viele Speisen. Es wird als Mundspülung und Badezusatz verwendet.

Keine therapeutische Anwendung während der Schwangerschaft und Stillzeit.

Sorte 'Rubin' ist eine schöne, verbreitete, rotblättrige Sorte.

Anderer deutscher Name Basilienkraut

BLÜTENFARBE

BLÜTEZEIT

| Jan | Feb | März | April | Mai | Juni | Juli | Aug | Sept | Okt | Nov | Dez |

Gewöhnlicher Dost

Gewöhnlicher Dost
Origanum vulgare

   | Höhe 30–60 cm

Majoran, *O. majorana*

Aussehen Dieses mehrjährige, beliebte Küchenkraut wächst buschig und bildet Horste. Es wird gerne im Hausgarten angebaut.

Pflege Die Pflanze möchte auf durchlässigen, sandig-lehmigen, mäßig trockenen bis frischen Gartenböden mit mittlerem Nährstoffgehalt wachsen. Der Boden sollte nicht austrocknen. Vermehrt wird durch Aussaat (Frühjahr) und Stecklinge.

Gestaltung Das bekannte Kraut passt in Gemüse- und Kräutergärten, wächst aber auch in bunten Beeten und Rabatten. Man kann die Pflanze außerdem erfolgreich in Töpfen und Kübeln auf Balkon und Terrasse kultivieren. Die hellvioletten Blüten, die von Juli bis September erscheinen, locken Bienen und Schmetterlinge in den Garten.

Verwendung Gewöhnlicher Dost ist ein Küchenkraut, das vielseitig in der Küche verwendet wird. Es regt den Appetit an und kann bei Blähungen helfen.

Weitere Art Genauso bekannt ist der Majoran (*O. majorana*), der ähnliche Pflegeansprüche besitzt. Er blüht von Juli bis September in Weiß und Rosa. Auch er lockt Bienen in den Garten.

BLÜTENFARBE

BLÜTEZEIT

| Jan | Feb | März | April | Mai | Juni | **Juli** | **Aug** | **Sept** | Okt | Nov | Dez |

Glatte Petersilie

Petersilie
Petroselinum crispum

    Höhe 15–25 cm

Krause Petersilie

Aussehen Das zweijährige Küchenkraut wächst rundlich und Rosetten bildend.

Pflege Petersilie liebt fruchtbare, durchlässige, frische bis feuchte Gartenböden mit mittlerem bis hohem Nährstoffgehalt. Geben Sie dem Küchenklassiker jährlich einen neuen Platz. Auf dem alten Platz wächst er in den Folgejahren nicht mehr so gut. Die Pflanze kann durch Aussaat im März oder Juni vermehrt werden. Es dauert, bis die Samen aufgehen!

Gestaltung Petersilie ist ein typisches Kraut für den Gemüse-, Kräuter- und Bauerngarten. Sie lässt sich auch erfolgreich in Töpfen und Kästen auf Balkon und Terrasse pflegen. Diese Pflanze gehört mit zu den bekanntesten Küchenkräutern überhaupt. Sie ist oft in unseren Hausgärten zu finden.

Verwendung Das bekannte Küchenkraut wird in Salate und zu Rohkost gegeben. Es kann bei Verdauungsstörungen und Blähungen helfen. Petersilie darf bei entzündlichen Nierenerkrankungen oder Schwangerschaft nicht in therapeutischen Mengen eingenommen werden.

Sorten Es gibt glattblättrige Sorten und krause (siehe Bilder).

BLÜTENFARBE

BLÜTEZEIT

| Jan | Feb | März | April | Mai | Juni | **Juli** | **Aug** | Sept | Okt | Nov | Dez |

Rosmarin

Rosmarin
Rosmarinus officinalis

   Höhe
100–150 cm

Sorte 'Prostratus'

Aussehen Das mehrjährige Heil- und Küchenkraut wächst aufrecht buschig.
Pflege Rosmarin bevorzugt durchlässiges, sandig-kiesiges, trockenes bis frisches Erdreich mit niedrigem Nährstoffgehalt. Wählen Sie einen geschützten Platz. Im Herbst oder im Winter wird bis ins alte Holz zurückgeschnitten. Rosmarin ist frostempfindlich und muss vor dem ersten Frost in ein helles, frostfreies Winterquartier gebracht werden. Vermehrt werden kann durch Aussaat (Frühjahr) und Stecklinge.
Gestaltung Die Pflanze wird normalerweise in Töpfen und Kübeln gepflegt, weil sie nicht winterhart ist. Sie ist immergrün und ihre Blüten locken Bienen in den Garten.
Verwendung Rosmarin wird als Gewürz für viele Speisen und als Heilkraut in Kräutertees verwendet. Außerdem findet man ihn in der Naturkosmetik. Er kann bei Völlegefühl sowie Verdauungsproblemen helfen und wirkt anregend und entkrampfend (nicht während der Schwangerschaft verwenden).
Sorten Es gibt einige schöne Sorten: 'Benenden Blue' mit blauen Blüten, 'Majorca Pink' mit hellrosa und 'Prostratus' mit hellblauen.

BLÜTENFARBE

BLÜTEZEIT

| Jan | Feb | März | April | **Mai** | **Juni** | Juli | Aug | Sept | Okt | Nov | Dez |

Gelbgrüner Salbei 'Icterina'

Salbei

Ananas-Salbei, *S. elegans*

Salbei, Garten-Salbei
Salvia officinalis

   Höhe 50–70 cm

Aussehen Das mehrjährige Tee- und Küchenkraut wächst aufrecht buschig.

Pflege Die Pflanze bevorzugt durchlässige, kalkhaltige, sandig-lehmige, mäßig trockene bis frische Gartenböden mit mittlerem Nährstoffgehalt. Im Herbst oder Frühjahr wird der Salbei bis zum alten Holz zurückgeschnitten. In rauen Lagen ist ein Winterschutz empfehlenswert.

Gestaltung Der Salbei passt in Kräuter- und Gemüsegärten. Er wird außerdem oft zur Ergänzung in bunte Beet- und Staudenpflanzungen gesetzt.

Verwendung Die alte Heilpflanze wird für viele Speisen und in Tees verwendet. Sie kann zum Gurgeln bei Entzündungen im Mund und Rachen verwendet werden. Innerlich kann sie bei Verdauungsproblemen helfen (nicht während der Schwangerschaft verwenden).

Weitere Arten Der Ananas-Salbei (*S. elegans*) besitzt ein intensives Ananasaroma. Der Gelbgrüne Salbei (*S. officinalis* 'Icterina') hat auffallende, gelbgrüne Blätter. Der Purpur-Salbei (*S. officinalis* 'Purpurascens') entwickelt intensiv purpurgrüne Blätter und der Muskateller-Salbei (*S. sclarea*) blüht hellviolett bis rosa.

BLÜTENFARBE

BLÜTEZEIT

| Jan | Feb | März | April | Mai | **Juni** | **Juli** | **Aug** | Sept | Okt | Nov | Dez |

Bohnenkraut, *S. hortensis*

Bohnenkraut
Satureja hortensis

    Höhe
20–30 cm

Berg-Bohnenkraut

Aussehen Das einjährige Küchenkraut wächst aufrecht buschig. Es wird gerne in Hausgärten angepflanzt.

Pflege Das Bohnenkraut liebt fruchtbare, durchlässige, mäßig trockene bis frische Gartenböden mit mittlerem Nährstoffgehalt. Ein frühzeitiges Entspitzen fördert den gewünschten buschigen Wuchs. Die Pflanze kann durch Aussaat (Frühjahr) vermehrt werden.

Gestaltung Dieses bekannte Kraut passt in Bauerngärten oder in reine Gemüse- beziehungsweise Kräutergärten. Es wächst auch in Steingärten und Mauerritzen. Außerdem lässt es sich erfolgreich in Töpfen und Kästen auf Balkon und Terrasse pflegen. Die kleinen, hellvioletten bis hellrosalila Blütchen erscheinen von Juni bis September.

Verwendung Das Bohnenkraut ist ein Küchen- und Heilkraut, das zu Bohnengerichten gegeben wird.

Weitere Art Genauso bekannt ist das Berg- oder Winter-Bohnenkraut (*S. montana*), das von Juni bis August in weißlichem Violett bis Hellviolett blüht. Es möchte einen sonnigen, windgeschützten Platz und besitzt ansonsten ähnliche Ansprüche wie die genannte Art.

BLÜTENFARBE

BLÜTEZEIT

| Jan | Feb | März | April | Mai | **Juni** | **Juli** | *Aug* | **Sept** | Okt | Nov | Dez |

Löwenzahn

Löwenzahn
Taraxacum officinale

  Höhe
10–60 m

Samenschmuck des
Löwenzahns, der ihm den Namen Pusteblume gab.

Aussehen Das ausdauernde Wildkraut bildet Rosetten.

Pflege Der Löwenzahn liebt durchlässige, lehmige, frische Gartenböden mit mittlerem Nährstoffgehalt. Wenn man die Selbstaussaat eigener Pflanzen verhindern will, müssen die verwelkten Blüten vor der Samenbildung abgeschnitten werden. Die Pflanze kann durch Aussaat (Frühjahr, nach Samenreife) vermehrt werden.

Gestaltung Der Löwenzahn ist eine Pflanze, die man schon als Kind kennen lernt. Nicht nur die leuchtend gelben Blüten von April bis Juli, sondern auch die mit Samen geschmückten „Pusteblumen" sind sehr zierend. Löwenzahn ist eine Wildpflanze, die überall dort aufgeht, wo es ihr gefällt, zum Beispiel im Rasen oder etwas verwilderten Gartenecken, denn die kleinen „Fallschirmsamen" werden gerne von weither angeweht.

Verwendung Die jungen Blätter werden an Salate und Suppen gegeben. Sie wirken appetitanregend, verdauungsfördernd und harntreibend.

Andere deutsche Namen Pusteblume, Kuhblume, Maienstock

BLÜTENFARBE

BLÜTEZEIT

| Jan | Feb | März | **April** | **Mai** | **Juni** | **Juli** | Aug | Sept | Okt | Nov | Dez |

Echter Thymian

Echter Thymian
Thymus vulgaris

   Höhe 20–30 cm

Orangen-Thymian, *T. fragrantissimus*

Aussehen Dieses mehrjährige Küchenkraut wächst kompakt buschig.

Pflege Die Pflanzen bevorzugen durchlässige, sandig-kiesige, trockene bis frische Gartenböden mit niedrigem Nährstoffgehalt. Im Frühjahr können sie leicht zurückgeschnitten werden. Vermehrt wird durch Aussaat (Frühjahr), Stecklinge, Teilung und Absenker.

Gestaltung Dieses duftende Kraut wächst in Kräuter- und Gemüsegärten, aber auch als Ergänzung in bunten Beet- und Staudenpflanzungen. Es lässt sich außerdem in Töpfen und Kübeln kultivieren und kommt im Steingarten gut zu Recht. Man findet den Thymian auch in Trockenbereichen der Kräuterspirale.

Verwendung Der Echte Thymian wird vielseitig in der Küche verwendet. Außerdem ist er Bestandteil von Tees und kann als Badezusatz bei Erkältungen genutzt werden. Mit dem Tee gurgelt man bei Rachenentzündungen und trinkt ihn bei Husten.

Weitere Art Bekannt ist der Zitronen-Thymian, der ein intensives Zitronenaroma besitzt und hübsche, weiß- oder gelbgrüne Blätter hat.

Anderer deutscher Name Garten-Thymian

BLÜTENFARBE

BLÜTEZEIT

Jan	Feb	März	April	Mai	Juni	Juli	Aug	Sept	Okt	Nov	Dez

Kapkörbchen, Sorte mit löffelartigen Blütenblättern

Balkonblumen

Ein Balkon ist ohne die prächtig blühenden Kästen und Töpfe fast nicht vorstellbar. Mit den richtigen Pflanzen kann man selbst den kleinsten Platz in eine Oase verwandeln.

Die Gruppe der Beet- und Balkonpflanzen gehört aus der Tradition heraus zu den meist verkauften Pflanzen überhaupt. Jedes Jahr kommen neue verbesserte Sorten auf den Markt. Allen gemeinsam ist die unglaubliche Blütenpracht und -fülle. Die bleibt allerdings nur bei ausreichender Nährstoff- und Wasserversorgung den Sommer über erhalten. Die meisten Balkonpflanzen vertragen keinen Frost.

Meist wird die Balkonbepflanzung mit den Jahreszeiten geändert. Im Frühjahr sind es Gänseblümchen, Primeln und Narzissen. Die Sommerpalette ist riesig. Pelargonien, Pantoffelblumen und Fuchsien stehlen sich hier gegenseitig die Schau. Im Herbst zaubern Chrysanthemen Farbe in die Töpfe und Kästen. Im Winter gibt es Winterheide, verschiedene Dauerpflanzen und buntes Zubehör, was den Balkon fast wohnlich erscheinen lassen kann.

Schöne Balkone und Terrassen sind leider arbeits- und geldintensiv. Tägliches Gießen und Putzen während der Wachstumszeit ist unerlässlich, weil ansonsten das Ganze schnell unschön aussieht. Dafür aber kann man sich kaum des Charmes eines schön gestalteten Balkons oder eine Terrasse im mediterranen Stil entziehen.

Leberbalsam bleibt kompakt.

Rosa Sorte

Violette Form

Leberbalsam
Ageratum houstonianum

Höhe
15 bis 35 cm

Aussehen Diese hübsche, einjährige Balkonpflanze wächst buschig, dicht verzweigt und bleibt schön kompakt.

Pflege Der Leberbalsam hat einen mittleren Nährstoffbedarf und liebt durchlässiges Erdreich. Der Wasserbedarf ist mittel bis hoch. Staunässe wird nicht vertragen. Die Pflanze muss jedoch immer gut feucht gehalten werden, weil sie sonst leicht von Spinnmilben befallen werden kann.

Gestaltung Die fast kissenartigen Blüten geben Balkonkästen, Beeten und Rabatten eine besondere Note. Die Pflanzen werden als Begleitpflanzen für Kästen verwendet oder man unterpflanzt höhere Arten in Töpfen und Kübeln. Sie sind pflegeleicht und auch für Einsteiger gut geeignet.

Diese Sommerblume gehört schon seit Jahrzehnten zum klassischen Balkon- und Beetsortiment des Gartenfachhandels.

Nachbarn Gelbe Pantoffelblumen, Kapkörbchen, Pelargonien, weiße Strauchmargeriten, Nemesien und silberlaubige Blattschmuckpflanzen.

Anderer deutscher Name Blausternchen

BLÜTENFARBE

BLÜTEZEIT

| Jan | Feb | März | April | Mai | Juni | Juli | Aug | Sept | Okt | Nov | Dez |

Auch das Blatt schmückt.

Pazifik-Margerite

Blüte der Ajania

Pazifik-Margerite, Ajania
Ajania pacifica (syn. *Chrysanthemum pacificum*)

			Höhe 20–50 cm

Aussehen Die dankbare Balkonpflanze wächst buschig und bleibt schön kompakt. Sie wird in den letzten Jahren mehr und mehr angeboten und erfreut sich wachsender Beliebtheit.

Pflege Der schöne Spätsommer- und Herbstblüher hat einen niedrigen Nährstoffbedarf und liebt gut durchlässiges Erdreich. Er sollte regelmäßig gegossen werden, kommt aber auch mit etwas weniger Wasser zu Recht. Verblühtes wird immer einmal wieder herausgenommen. Ansonsten ist die Ajania eine pflegeleichte und unkomplizierte Schmuckpflanze, die auch von Balkon-Anfängern bestens gepflegt werden kann.

Überwinterung Die Pflanze überdauert den Winter im Freien, jedoch wird Winterschutz empfohlen.

Gestaltung Die hübsch umrandeten Blätter und die darüber sitzenden Blüten sind sehr schön und erfreuen uns bis in den Spätherbst hinein. Setzen Sie die Pflanzen in Kästen in Lücken oder unterpflanzen Sie höher wachsende Arten. Man kann die Pazifik-Margerite auch ins Beet setzen oder im Steingarten pflegen.

Anderer Name Silberrand-Chrysantheme

BLÜTENFARBE

BLÜTEZEIT

Jan	Feb	März	April	Mai	Juni	Juli	**Aug**	**Sept**	**Okt**	Nov	Dez

Dukatenblume

Dukatenblume
Asteriscus maritimus

Höhe
15–20 cm

Aussehen Die Dukatenblume ist eine ausdauernde Pflanze, die bei uns einjährig gezogen wird. Sie wächst kompakt und buschig.

Pflege Die beliebte Balkonpflanze hat hohe Nährstoff- und mittlere Wasseransprüche. Durchlässiges Erdreich ist wichtig, denn Staunässe wird nicht gut vertragen. Damit die Pflanze buschig verzweigt, werden die Triebe frühzeitig entspitzt. Wer regelmäßig Verblütes entfernt, verlängert Blütezeit und Blütenfülle.

Überwinterung Im Haus an einem hellen, kühlen Standort; in sehr milden Regionen auch im Freiland mit Winterschutz möglich.

Gestaltung Ein Allroundtalent für Kästen, Töpfe und Kübel, Ampeln und Beete. In Balkonkästen wird die Dukatenblume als Begleit- und Hängepflanze verwendet. Auch in dekorativen Ampeln wirkt sie schön. In Beeten bestechen die Pflanzen durch die leuchtenden Strahlenblüten und den Blütenreichtum.

Nachbarn Es dürfen keine schwach wachsenden Arten neben den Goldtaler in die Kästen oder Beete gesetzt werden, denn diese werden schnell überwuchert und verdrängt.

Andere deutsche Namen Strandstern, Goldmünze, Goldtaler

BLÜTENFARBE

BLÜTEZEIT

| Jan | Feb | März | April | Mai | Juni | Juli | Aug | Sept | Okt | Nov | Dez |

Freiland-Elatior-Begonie in Orange

Freiland-Elatior-Begonien
Begonia-Cultivars (Elatior-Gruppe)

   Höhe 20–60 cm

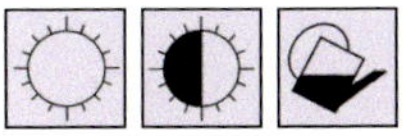

Aussehen Diese ausdauernde Pflanze wird bei uns einjährig gezogen. Sie wächst aufrecht, buschig und kompakt.

Pflege Freiland-Elatior-Begonien haben einen mittleren Nährstoffbedarf und wollen regelmäßig gegossen werden. Durchlässige und humose Substrate sind günstig. Staunässe muss dabei jedoch unbedingt vermieden werden, sonst sind Wurzelschäden möglich. Die Pflanzen brauchen einen hellen Platz, müssen aber vor der Mittagssonne geschützt werden. Verblühtes sollte man immer wieder entfernen, um den Befall mit Botrytis (Grauschim-mel) zu vermeiden. Spinnmilben, Blattläuse, Schnecken, Echter Mehltau und Grauschimmel können vorkommen.

Gestaltung Freiland-Elatior-Begonien sind echte Klassiker und aus dem Balkon-Sortiment nicht mehr wegzudenken. Sie werden als Leitpflanze in Misch- und Kastenpflanzungen verwendet. Nicht nur die Blüten, auch die Blätter in Mittel-, Dunkel- oder Purpurgrün, sortenabhängig auch bronzefarben und smaragdgrün, bezaubern in Töpfen, Kästen und Beeten.

Nachbarn Pelargonien, Buntnesseln, Petunien, Salbei und Löwenmäulchen.

BLÜTENFARBE

 ungefüllt und gefüllt

BLÜTEZEIT

Jan	Feb	März	April	Mai	Juni	Juli	Aug	Sept	Okt	Nov	Dez

Knollenbegonie,
Begonia F1 'Pin-Up® Flamme'

Girlandenbegonie 'Illumination Apricot'

Knollenbegonie,
Begonia F1 'Pin-Up® Rosa'

Knollen-Begonien
Begonia-Cultivars (*Tuberhybrida-Gruppe*)

Höhe
30–70 cm

Aussehen Je nach Sorte wachsen die Pflanzen aufrecht, halb- bis ganz hängend.

Pflege Knollen-Begonien haben mittlere Nährstoffansprüche bis August, danach wird nicht mehr gedüngt. Durchlässiges, humoses Erdreich ist günstig, genauso wie eine gleichmäßige Wasserversorgung. Wählen Sie einen windgeschützten Platz aus und achten Sie darauf, dass sich die Hitze am Standort nicht staut. Frühzeitiges Entspitzen der Triebe bewirkt einen kompakteren und buschigeren Wuchs. Abgeblühte Blüten sind regelmäßig zu entfernen, um Grauschimmel zu vermeiden.

Überwinterung Knollen ausgraben, reinigen und trocknen lassen. Dann kommen sie an ihren dunklen, kühlen (bei 5 Grad) Platz.

Gestaltung Knollen-Begonien sind vielseitig einsetzbar: Als Hänger in dekorativen Ampeln, als Leitpflanze im Balkonkasten sowie überall in Beeten und Rabatten.

Nachbarn Verbenen, Vanilleblumen, Petunien und Dukatenblumen.

Sorten Es gibt viele Sorten-Serien, z. B. die Ornament-Serie mit braun oder smaragdgrün geädertem Laub oder die Panorama-Serie mit halb hängendem Wuchs.

BLÜTENFARBE

    ungefüllt und gefüllt

BLÜTEZEIT

| Jan | Feb | März | April | Mai | Juni | Juli | Aug | Sept | Okt | Nov | Dez |

Gänseblümchen, gefüllt und ungefüllt

Gänseblümchen, rosaweiße, gefüllte Sorte

Die „Naturform" des Gänseblümchens

Gänseblümchen
Bellis perennis

Höhe
10–20 cm

Aussehen Der hübsche, kleine Klassiker wächst flach bis teppichartig und bleibt sehr schön kompakt.

Pflege Gänseblümchen sind unkomplizierte, kleine Schönheiten mit nur geringem Nährstoffbedarf. Ausgepflanzt in gute, sandig-lehmige Gartenerde müssen sie überhaupt nicht gedüngt werden. Durchlässiges Erdreich ist im Kasten und Beet von Vorteil. Auch die Pflege ist denkbar einfach; regelmäßig ausputzen und das Gießen nicht vergessen – das ist im Großen und Ganzen alles.

Gestaltung In Kästen und Töpfen werden Gänseblümchen als klassische Begleitpflanzen gerne verwendet. Im Beet kann man sie in Gruppen überall dazwischensetzen. Sehr schön wirken die Pflanzen auch als Beeteinfassungen. Außerdem sind sie für die Gestaltung von Gräbern geeignet. Gänseblümchen sind ausgesprochene Kinder-Lieblinge, besonders das wild wachsende Gänseblümchen.

Nachbarn Vergissmeinnicht, verschiedene Tulpen-Sorten, Narzissen, Hyazinthen und Stiefmütterchen.

Andere deutsche Namen Maßliebchen, Tausendschön, Bellis

BLÜTENFARBE

    ungefüllt und gefüllt

BLÜTEZEIT

| Jan | Feb | **März** | **April** | **Mai** | **Juni** | Juli | Aug | Sept | Okt | Nov | Dez |

Schöne Goldmarie

Goldmarie
Bidens ferulifolia

  Höhe 30–45 cm

Aussehen Die Pflanze wächst aufrecht buschig bis überhängend. Sie ist stark wachsend!

Pflege Eine reiche Blüte wird nur bei hoher Nährstoffversorgung erreicht. Außerdem muss man viel gießen, denn bei Trockenheit wirft die Goldmarie ihre Blüten ab. Durchlässiges Erdreich ist von Vorteil. Wegen der Wachstums- und Wasseransprüche sind größere Töpfe empfehlenswert. Frühzeitiges Entspitzen fördert ein buschiges Wachstum. Blattläuse, Schnecken, Thripse und Spinnmilben können vorkommen. Wenn die Pflanze überwintert werden soll, darf ab August nicht mehr gedüngt werden.

Überwinterung Frostfreie Überwinterung ist möglich, aber unüblich.

Gestaltung Bidens eignen sich für dekorative Ampeln, Kästen und Töpfe. Kombinieren Sie die Goldmarie nur mit anderen stark wachsenden Pflanzen.

Nachbarn Hänge-Petunien und Hänge-Verbenen, auch die Lakritz-Strohblume (nur stark wüchsige Pflanzenarten).

Andere deutsche Namen Zweizahn, Goldzweizahn, Bidens

BLÜTENFARBE

BLÜTEZEIT

| Jan | Feb | März | April | Mai | Juni | Juli | Aug | Sept | Okt | Nov | Dez |

B. iberidifolia

Blaues Gänseblümchen
Brachyscome multifida

| | | Höhe 30–40 cm |

Brachyscome multifida

Aussehen Die einjährige Balkonpflanze hat einen kompakt buschigen Wuchs. Sie wächst breit und nur schwach.

Pflege Die hübsche Pflanze mit den margeritenähnlichen Blüten hat mittlere Nährstoffansprüche und liebt durchlässiges, sandig-humoses, möglichst leicht saures Erdreich. Mit steigendem pH-Wert kommt es leicht zu Eisenmangelsymptomen (Gelbwerden der Triebspitzen). Auf gleichmäßige Wasserversorgung ist zu achten, nicht zu feucht oder trocken halten. Regelmäßig muss Verblühtes ausgeputzt werden.

Gestaltung Als Hänger wirkt die Pflanze sehr dekorativ in Ampeln. In Kästen oder Kübeln wird sie für Lücken und zur Unterpflanzung verwendet. Sie eignet sich außerdem für bunte Blumenbeete und gemischte Rabatten.

Nachbarn Keine stark wachsenden Nachbarn, da das schwachwüchsige Blaue Gänseblümchen ansonsten schnell verdrängt wird.

Weitere Art Die einjährige Art *B. iberidifolia* (Australisches Gänseblümchen) besitzt blaupurpurne, rosaviolette bis weiße Blüten von Juni bis September und ist der genannten Art in Pflege und Verwendung ähnlich.

BLÜTENFARBE

BLÜTEZEIT

Jan Feb März April **Mai Juni Juli Aug Sept Okt** Nov Dez

Calceolaria-Hybride

Pantoffelblume
Calceolaria integrifolia

Höhe
20–50 cm

Pantoffelblume in Gelb

Aussehen Die ausdauernde Pflanze wird bei uns einjährig gezogen und hat einen aufrechten bis überhängenden Wuchs.

Pflege Der Klassiker mit mittlerem Nährstoffbedarf steht am besten an einem regengeschützten Platz. Gießen Sie nicht über die Blüte und wählen Sie durchlässiges Erdreich. Regelmäßig wird Verblühtes entfernt, um die Blütezeit zu verlängern und gegen Botrytis (Grauschimmel) vorzubeugen. Weiße Fliegen, Blattläuse und Spinnmilben können auftreten. Wenn die Pflanze überwintert werden soll, stellt man die Düngung ab August ein.

Überwinterung Frostfreie Überwinterung möglich, aber unüblich.

Gestaltung Die auffallenden „Pantoffelblüten" sind schön in gemischten Kästen und Töpfen oder als Hänger auch in Ampeln. In Kästen werden sie als Leit- oder Begleitpflanzen verwendet. Außerdem sind Pantoffelblumen eine Bereicherung für bunte Beete und gemischte Rabatte.

Nachbarn Pantoffelblumen können gut mit Pelargonien, Leberbalsam, Lobelien (*Lobularia erinus*) und Fleißigem Lieschen kombiniert werden.

BLÜTENFARBE

 reich blühend, auch mehrfarbig

BLÜTEZEIT

Jan	Feb	März	April	Mai	Juni	Juli	Aug	Sept	Okt	Nov	Dez

Zauberglöckchen

Zauberglöckchen
Calibrachoa

bedingt auch

Höhe
25–70 cm

Aussehen Zauberglöckchen wachsen je nach Sorte niederliegend oder kugelig und auch hängend.

Pflege Die Pflanzen, die oft mit Mini-Petunien verwechselt werden, haben hohe Nährstoffansprüche und lieben durchlässiges Erdreich. Die Blüte ist regenfester als die der Petunien und insgesamt pflegeleicht. Leicht saure Petunien-Erden sind empfehlenswert, um gelben Triebspitzen, die durch Eisenmangel bedingt sind, vorzubeugen. Sie müssen die Pflanzen regelmäßig ausputzen und gleichmäßig gießen. Sie dürfen nie zu nass stehen! Das führt zu Erkran-

kungen im Wurzelbereich und welken Trieben bis hin zum Absterben der ganzen Pflanze.

Gestaltung Zauberglöckchen blühen sehr intensiv in 3 bis 4 cm großen petunienähnlichen Blüten. Sie werden als Begleitpflanze in Kästen und Töpfen verwendet, oft überhängend am Topfrand. Sehr empfehlenswert ist die Ampelpflanzung – hier können die hübschen Pflanzen zu richtigen Blütenmeeren heranwachsen.

Nachbarn Zauberglöckchen können mit fast allen Pflanzen unseres Balkon-Sortimentes kombiniert werden.

BLÜTENFARBE

auch zweifarbig

BLÜTEZEIT

Jan	Feb	März	April	Mai	Juni	Juli	Aug	Sept	Okt	Nov	Dez

Klassiker Herbst-Chrysantheme

Herbst-Chrysantheme

Chrysanthemum × grandiflorum
und *C. indicum*

  | Höhe 60–130 cm

Chrysanthemum indicum

Aussehen Diese Balkonpflanzen gibt es in vielen Formen, Farben und Größen. Sie wachsen aufrecht bis buschig.

Pflege Der Nährstoffbedarf ist hoch. Wenn man die Pflanzen nur einige Wochen im Herbst stehen hat, ist eine Düngung jedoch meist nicht nötig. Durchlässiges, sandig-lehmiges Erdreich ist von Vorteil. Regelmäßig muss ausgeputzt werden. Kaufen Sie die Pflanzen, wenn sie voll ausgewachsen sind, sich aber noch im Knospen-Stadium befinden.

Überwinterung Überwintert wird hell, kühl und trocken. Leider blühen überwinterte Exemplare im nächsten Jahr nur spärlich. Winterharte Garten-Chrysanthemen-Sorten können durch rechtzeitiges Einpflanzen im Freiland überwintert werden. Die abgeblühten Pflanzen werden erst im Frühjahr zurückgeschnitten.

Gestaltung Die pflegeleichten Pflanzen werden als Leitpflanze in Kästen, Töpfen und im Kübel verwendet, oft auch ohne Begleiter. Für den Herbstbalkon ist der Klassiker unersetzbar. Natürlich passen sie auch in gemischte Beete .

Nachbarn Verschiedene Farbsorten zusammen setzen, außerdem Efeu, Heidekraut, Zwergkoniferen.

BLÜTENFARBE

   ungefüllt und gefüllt

BLÜTEZEIT

Jan	Feb	März	April	Mai	Juni	Juli	Aug	Sept	Okt	Nov	Dez
								Sept	Okt		

Mickymauspflanze

Die Blüten erinnern an Zigaretten.

Zigarettenblümchen

Zigarettenblümchen
Cuphea ignea

   Höhe
30–80 cm

Aussehen Das Zigarettenblümchen wächst ausladend und dicht verzweigt.

Pflege Diese Pflanze bekam ihren Namen von der zigarettenähnlichen Blütenform und den grauweißen Blütenspitzen. Zigarettenblümchen haben mittlere Nährstoffansprüche und müssen regelmäßig gegossen werden. Eine bessere Verzweigung kann man dadurch erreichen, dass man die Triebe bei einer Länge von 8 bis 10 cm einkürzt. Während der Blütezeit regelmäßig ausputzen. Schnecken, Spinnmilben und Blattläuse können auftreten. Wenn die Pflanze überwintert werden soll, dann muss man die Düngung ab August einstellen.

Überwinterung Frostfreie Überwinterung ist möglich.

Gestaltung Zigarettenblümchen werden als Begleitpflanze oder Hänger in Misch- und Kastenpflanzungen verwendet. Außerdem sieht ein Kasten oder Topf, der nur mit diesen Blumen bepflanzt ist, sehr schön aus.

Nachbarn Zigarettenblümchen können mit fast allen Balkonpflanzen kombiniert werden.

Weitere Art Die Mickymauspflanze, *Cuphea llavea*, zeigt von Mai bis Oktober ihre schönen Blüten, die an ein Mausgesicht erinnern.

BLÜTENFARBE

 mit gelblichen oder grauenweißen Spitzen

BLÜTEZEIT

| Jan | Feb | März | April | **Mai** | **Juni** | **Juli** | **Aug** | **Sept** | Okt | Nov | Dez |

Weißrosa Sorte des Elfensporns

Der Elfensporn als Ampelpflanze

Rote Sorte des Elfensporns

Elfensporn, Doppelhörnchen, Doppelsporn
Diascia barberae

| Höhe 20–50 cm |

Aussehen Diese Pflanze wächst aufrecht buschig bis überhängend.

Pflege Der Elfensporn hat mittlere Nährstoffansprüche und liebt durchlässiges, leicht saures Erdreich. Sowohl Staunässe als auch Ballentrockenheit werden nicht vertragen. Frühzeitiges Entspitzen der Triebe bewirkt einen kompakteren und buschigeren Wuchs. Im Sommer Verblühtes regelmäßig entfernen, um den Samenansatz zu verhindern und die Blühfreudigkeit zu erhalten. Alternativ kann man die Pflanzen bis Ende Juli kräftig zurückschneiden, um im Spätsommer einen starken Blütenflor zu erzielen. Sollen die Pflanzen überwintert werden, dann stellt man die Düngung ab August ein.

Gestaltung Die pflegeleichten Dauerblüher eignen sich für Ampeln, Kästen und Töpfe als Begleitpflanze. Schön ist auch eine Unterpflanzung von höher wachsenden Arten.

Nachbarn Vanilleblumen, Husarenknopf, Salbei oder Duftpelargonien; schön als Unterpflanzung von Oleander und Enzianblume.

Weitere Art Die Art *D. elegans* bleibt mit bis zu 30 cm kleiner, wächst niederliegend bis kriechend und ist für Ampeln gut geeignet.

BLÜTENFARBE

BLÜTEZEIT

| Jan | Feb | März | April | Mai | Juni | Juli | Aug | Sept | Okt | Nov | Dez |

Gelbe Strauchmargerite

Gelbe Strauch-
margerite
Euryops chrysanthemoides

  Höhe 30–60 cm

Euryops tenuissimus

Aussehen Die Pflanze wächst aufrecht und buschig.

Pflege Die Gelbe Strauchmargerite hat mittlere Nährstoffansprüche. Will man sie überwintern, wird ab August nicht mehr gedüngt. Wählen Sie durchlässiges Erdreich. In der Wachstumszeit auf gute Wasserversorgung achten. Während der Blütezeit wird regelmäßig ausgeputzt. Hochstämmchen müssen immer wieder geschnitten werden, damit die Pflanze in Form bleibt.

Überwinterung Hell bei 6 bis 10 Grad. Wenig gießen, aber nicht austrocknen lassen.

Gestaltung Dieser hübsche Blüher macht sich gut in Einzelstellung, sieht aber genauso schön mit Begleitern aus. In Kästen wird er als Leitpflanze verwendet. In gemischten Beeten und Rabatten leuchten die vielen gelben Blüten von weither und werden gerne von Bienen besucht.

Nachbarn Die Pflanze verträgt sich im Prinzip mit allen anderen Balkonpflanzen, zum Beispiel mit Strohblumen und Goldmarie.

Weitere Art Die zarte Kapmargerite (*Euryops tenuissimus*) ist der oben genannten Art in Pflege und Verwendung ähnlich ist.

BLÜTENFARBE

BLÜTEZEIT

| Jan | Feb | März | April | Mai | Juni | Juli | Aug | Sept | Okt | Nov | Dez |

Hübsche, lilarote Sorte

Fuchsien lieben halbschattige Plätze.

Weißrote Fuchsie

Stark gefüllte Sorte

Fuchsie
Fuchsia-Cultivars

  Höhe
30–120 cm

Aussehen Die ausdauernde Pflanze wächst aufrecht strauch- oder baumförmig oder halb hängend bis hängend.

Pflege Für Fuchsien wählt man am besten einen windgeschützten Standort. Die Klassiker brauchen viele Nährstoffe. Düngen Sie niedrig konzentriert und dafür öfter. Sorgen Sie für eine regelmäßige Wasserversorgung. Verblühtes entfernt man im Sommer laufend. Vor dem Einwintern im Herbst oder im Spätwinter wird die Pflanze „in Form" geschnitten. Nicht ins alte Holz schneiden. Weiße Fliegen, Blattwanzen, Grauschimmel und Rost können vorkommen. Will man Fuchsien überwintern, dann wird ab August nicht mehr gedüngt.

Überwinterung Hell bei mindestens 3 Grad, dabei mäßig feucht halten.

Gestaltung Ein schönes Blüten- und Ziergehölz, das sich besonders als Hängepflanze für Ampeln eignet. In Kästen wird die Fuchsie mit ihren ungewöhnlichen Blüten als Leitpflanze verwendet. Auch als Hochstämmchen schön.

Nachbarn Verschiedene Farbsorten zusammensetzen, schön mit Edellieschen und Fleißigen Lieschen, mit Vanilleblumen und Knollen-Begonien.

BLÜTENFARBE

   auch mehrfarbig, ungefüllt und gefüllt

BLÜTEZEIT

| Jan | Feb | März | April | **Mai** | **Juni** | **Juli** | **Aug** | **Sept** | Okt | Nov | Dez |

Winterharte Fuchsie

Winterharte Fuchsie
Fuchsia magellanica

  Höhe
60–90 cm

F. magellanica

Aussehen Die ausdauernde Pflanze wächst aufrecht und strauchförmig. Sie gehört seit Jahren zum üblichen Beet- und Balkonsortiment.

Pflege Die Winterharte Fuchsie liebt ein durchlässiges, humoses Erdreich und hat mittlere Nährstoffansprüche. Sorgen Sie für eine gleichmäßige Bodenfeuchtigkeit. Alle Triebe schneidet man im zeitigen Frühjahr bis auf etwa 30 cm zurück. Verblühtes wird während der Wachstumsperiode regelmäßig entfernt. Man kann die Pflanze über Stecklinge im Frühjahr gut vermehren. Weiße Fliegen und Blattwanzen sowie Grauschimmel und Rost können vorkommen.

Überwinterung Die Winterharte Fuchsie kann im Freiland bleiben, ein Winterschutz ist jedoch anzuraten.

Gestaltung Diese Fuchsie wird als Leitpflanze in Misch- und Kastenpflanzungen verwendet. Auch in Einzelstellung ist sie empfehlenswert.

Nachbarn Mehrere Exemplare werden zusammengesetzt oder man kombiniert mit Fleißigen Lieschen und Edellieschen, Vanilleblumen und Knollen-Begonien.

BLÜTENFARBE

BLÜTEZEIT

Jan Feb März April Mai Juni **Juli** **Aug** **Sept** Okt Nov Dez

Rosa Sorte der Prachtkerze

Prachtkerze
Gaura lindheimeri

  Höhe
60–80 cm

Aussehen Diese hübsche Pflanze mit ihren grazilen, leichten Blüten wächst buschig und locker aufrecht.

Pflege Die Prachtkerze liebt ein durchlässiges, kalkhaltiges Erdreich und hat mittlere Nährstoffansprüche. Sorgen Sie für eine gleichmäßige Bodenfeuchtigkeit. Staunässe wird nur schlecht vertragen.

Gestaltung Die Gaura, die eher zum jungen Balkonpflanzensortiment gehört, wird als Begleitpflanze in Kübeln und Kästen verwendet. Außerdem passt sie gut in bunte Sommerblumenbeete und zwischen Stauden. Die fili-

Weiße Sorte der Prachtkerze

granen Blüten bestechen, weil sie an kleine Schmetterlinge erinnern.

Nachbarn Die Prachtkerze kann mit fast dem gesamten Beet- und Balkonsortiment kombiniert werden.

Anderer deutscher Name Gaura

BLÜTENFARBE

BLÜTEZEIT

| Jan | Feb | März | April | Mai | Juni | Juli | Aug | Sept | Okt | Nov | Dez |

Gazanien gibt es in vielen
auffallenden Blütenfarben.

Sorte 'New Magic'

Gazania 'Talent® Weiß'

Gazanie, Mittagsgold
Gazania-Cultivars in vielen Sorten

			Höhe 20–50 cm

Aussehen Die Pflanzen wachsen flach bis aufrecht buschig.

Pflege Gazanien verlangen viele Nährstoffe und lieben durchlässiges, sandig-humoses Erdreich. Die Düngung wird allerdings ab August eingestellt, wenn man die Pflanzen überwintern möchte. Am besten ist eine gleichmäßige Bodenfeuchtigkeit. Um die Blütezeit zu verlängern, wird regelmäßig Verblühtes entfernt.

Überwinterung Bei mindestens 3 Grad an einem hellen Standort. Die Gießmenge muss der Temperatur anpasst werden.

Gestaltung Die Bauerngarten-Pflanze wird als Begleitpflanze in Kästen und Töpfen verwendet oder auch als Hänger. Und natürlich passen die hübschen Pflanzen in gemischte Beete und Rabatten. Gazanien werden gerne von Bienen besucht.

Nachbarn Mehrere Farbsorten zusammen setzen, schön ist auch eine einzige Farbsorte im Topf. Ansonsten lassen sich die pflegeleichten Pflanzen mit vielen Balkon- und Sommerblumen kombinieren, zum Beispiel mit Wandelröschen, Zauberglöckchen, Geranien und Kapkörbchen.

BLÜTENFARBE

   zweifarbig

BLÜTEZEIT

Jan	Feb	März	April	Mai	Juni	Juli	Aug	Sept	Okt	Nov	Dez

Lakritz-Strohblume 'Rondello'

Lakritz-Strohblume 'Gold'

Lakritz-Strohblume 'Silver'

Lakritz-Strohblume
Helichrysum petiolare

    Höhe
30–50 cm

Aussehen Die ausdauernde Pflanze wird bei uns einjährig gezogen. Sie wächst ausladend, niederliegend oder hängend.

Pflege Der Klassiker möchte gerne in durchlässigem, sandig-humosem Erdreich wachsen. Die Nährstoffansprüche sind mittel bis hoch. Gleichmäßige Bodenfeuchte ist wichtig. Staunässe wird nicht vertragen. Im Frühjahr werden die Sprossspitzen gestutzt, damit sich die Pflanze gut verzweigt. Überlange Triebe können zurückgeschnitten werden.

Überwinterung Heller Platz bei mindestens 3 Grad. Die Gießmenge ist der Temperatur anzupassen. Nach kühler Überwinterung erscheinen im frühen Sommer kleine, weiße Blütchen.

Gestaltung Die Blattschmuckpflanzen mit ihren silbergrauen oder gelbgrünen Blättern sind Begleitpflanze oder werden als Unterpflanzung verwendet. Auch in Beeten und in Ampeln setzen sie mit ihren Blättern Akzente.

Nachbarn Die starkwüchsigen Sorten dieser Art darf man nur mit starkwüchsigen Pflanzen, wie Goldmarie zusammensetzen.

Sorten Es gibt stark- und schwachwüchsige Sorten.

BLÜTENFARBE

 unscheinbar

BLÜTEZEIT

| Jan | Feb | März | April | Mai | Juni | Juli | **Aug** | **Sept** | Okt | Nov | Dez |

Vanilleblume

Vanilleblume
Heliotropium arborescens

Höhe
30–120 cm

Aussehen Die ausdauernde Pflanze wächst aufrecht bis kompakt buschig.

Pflege Vanilleblumen haben mittlere Nährstoffansprüche. Wenn Sie die Pflanzen überwintern wollen, wird nur bis August gedüngt. Vanilleblumen lieben sandig-humoses Erdreich und eine gleichmäßige Wasserversorgung. Sowohl Staunässe als auch Ballentrockenheit sollte vermieden werden. Ein windgeschützter Platz ist von Vorteil.

Vanilleblumen sind für einen Schutz vor zu starker Mittagssonne dankbar. Ein frühzeitiges Entspitzen der Triebe führt zu einem buschigen Wuchs. Abgeblühtes muss regelmäßig entfernt werden.

Überwinterung Heller Platz bei etwa 10 Grad, wenig gießen.

Gestaltung Vanilleblumen werden als Leit- oder Begleitpflanzen in bunten Blumenbeeten, Rabatten sowie in Kästen verwendet. Große Exemplare sehen auch im Kübel sehr schön aus. Die hübschen Blüten duften nach Vanille (Name) und werden von Bienen geliebt. Die Blätter sind eher dunkelgrün, zerknittert, teilweise purpurn überlaufen.

Nachbarn Fast alle Balkonpflanzen.

BLÜTENFARBE

  Blütenduft nach Vanille

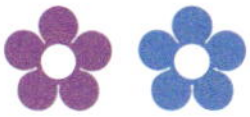

BLÜTEZEIT

| Jan | Feb | März | April | Mai | Juni | Juli | Aug | Sept | Okt | Nov | Dez |

Schöne Ampelpflanze

Es gibt auch Sorten mit Blattschmuck.

Impatiens 'Java Mixture'

Edellieschen
Impatiens-Neuguinea-Gruppe

    Höhe
20–40 cm

Aussehen Edellieschen wachsen buschig.
Pflege Diese hübschen Pflanzen haben geringe bis mittlere Nährstoffansprüche. Wenn die Pflanze überwintert werden soll, wird nur bis August gedüngt. Durchlässiges und humoses Erdreich wählen. Auf eine gleichmäßige Wasserversorgung sollten Sie achten, Staunässe und Ballentrockenheit werden nicht vertragen. Die wichtigsten Sommerarbeiten sind neben dem Gießen das regelmäßige Ausputzen, insbesondere nach einem Regenguß, um den Befall mit Grauschimmel zu vermeiden.
Überwinterung Überwinterung ist an einem hellen Platz bei mindestens 16 Grad möglich.
Gestaltung Ein Vielblüher, der als Begleiter, aber auch als Leitpflanze in Kästen und Töpfen verwendet wird. Er eignet sich außerdem zur Unterpflanzung von höher wachsenden Arten.
Nachbarn Mehrere Farbsorten zusammenpflanzen, ansonsten mit fast allen Balkonpflanzen kombinierbar.
Sorten Die unzähligen Sorten, die ständig verbessert werden, unterscheiden sich in Wuchs, Blüten- und Blattfarbe. Es gibt Sorten mit hell- und bronzegrünen sowie gelbgrünen Blättern, die teils rötlich überlaufen sind.

BLÜTENFARBE

BLÜTEZEIT

| Jan | Feb | *März* | *April* | **Mai** | **Juni** | **Juli** | **Aug** | **Sept** | Okt | Nov | Dez |

Gefüllte, rote Sorte

Fleißiges Lieschen in Weiß und Rot

Fleißige Lieschen sind unermüdliche Blüher.

Fleißiges Lieschen, Impatiens
Impatiens walleriana

Höhe
20–60 cm

Aussehen Fleißige Lieschen wachsen aufrecht und buschig.

Pflege Die Klassiker sind zu Recht beliebte Balkon- und Sommerblumen. Sie entwickeln fleißig Blüte um Blüte oft bis zum Oktober und haben mittlere Nährstoffansprüche. Gießen Sie die Pflanzen gleichmäßig. Staunässe und Ballentrockenheit werden nicht vertragen. Während der Wachstumszeit wird regelmäßig Verblühtes ausgeputzt. Durchlässiges und humoses Erdreich ist von Vorteil. Eine Aussaat ist ab März im Haus möglich, die Pflanzen kommen Ende Mai nach draußen. Keine zu heißen Plätze wählen. Blattläuse können vorkommen.

Überwinterung Heller Platz bei mindestens 3 Grad.

Gestaltung Dieser unermüdliche Blüher ist ein Universaltalent. Für Töpfe und Kübel, Kästen, Ampeln und in gemischten Beeten, die Pflanzen kommen einfach überall klar und bringen schnell Farbe in jedes Eck.

Nachbarn Verschiedene Farbsorten zusammensetzen, ansonsten mit vielen Pflanzen kombinierbar, zum Beispiel Phlox, Fuchsien, Schmuckkörbchen.

BLÜTENFARBE

    zweifarbig, ungefüllt bis gefüllt

BLÜTEZEIT

Jan	Feb	März	April	Mai	Juni	Juli	Aug	Sept	Okt	Nov	Dez

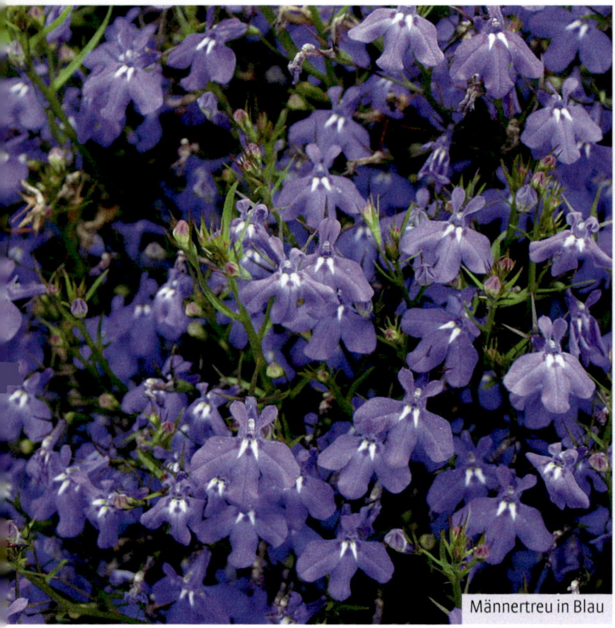

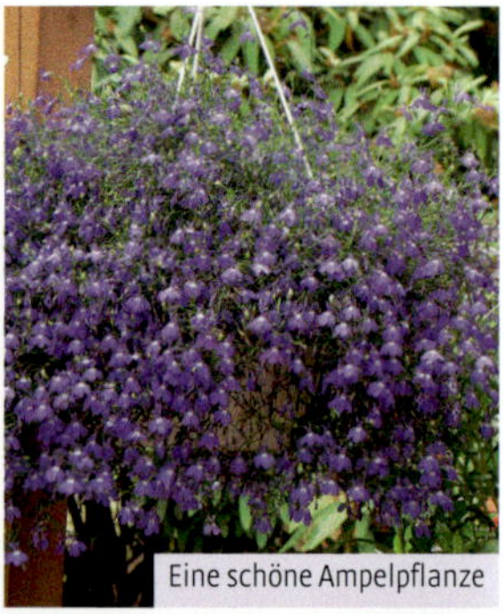

Eine schöne Ampelpflanze

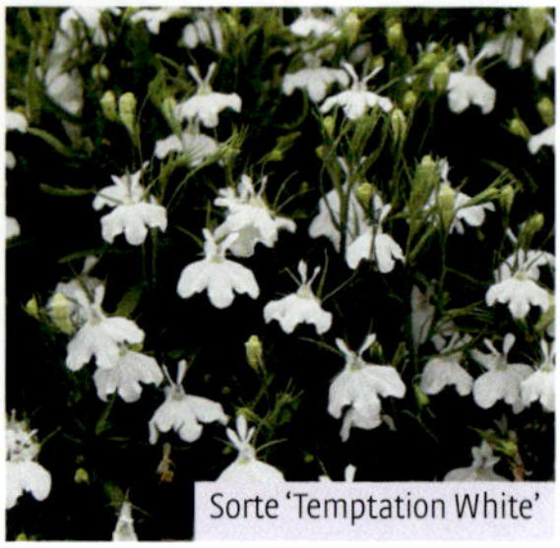

Männertreu in Blau

Sorte 'Temptation White'

Männertreu
Lobelia erinus

bedingt auch

Höhe
15–25 cm

Aussehen Die hübsche Pflanze wächst rundlich buschig bis überhängend.

Pflege Die Lobelien haben einen mittleren Nährstoffbedarf und bevorzugen durchlässiges, humoses bis sandig-humoses Erdreich. Auf gleichmäßige Bodenfeuchtigkeit achten, denn Staunässe wird nicht vertragen. Genauso wenig darf das Erdreich austrocknen. Nach der Blüte können die Pflanzen zurückgeschnitten werden, dann kommt es zur Nachblüte. Blattläuse, Zwergzikaden und Spinnmilben können vorkommen.

Gestaltung Als Hänger ist das Männertreu eine klassische Ampelpflanze. Die pflegeleichten Blüher sind aber auch schöne Begleiter in Kästen, besonders am Rand. Die hübschen Blütchen locken Bienen in den Garten.

Nachbarn Mit fast allen Balkonpflanzen kombinierbar, zum Beispiel Pelargonien, Gazanien, Pantoffelblumen, Hänge-Verbenen und Knollen-Begonien.

Sorten Es gibt sehr viele Sorten und Sorten-Serien. Sie unterscheiden sich in der Blüten- und Blattfarbe sowie dem Blühzeitraum.

Anderer deutscher Name Lobelie

BLÜTENFARBE

zweifarbig

BLÜTEZEIT

Rosa Sorte

Elfenspiegel in Zartlila

Nemesia 'Sunsatia Lemon'

Elfenspiegel
Nemesia fruticans

Höhe
30–50 cm

Aussehen Der Elfenspiegel wächst aufrecht buschig bis hängend.

Pflege Die Pflanzen entwickeln bei richtiger Pflege ganze Blütenmeere. Sie haben einen mittleren Nährstoffbedarf und lieben leicht saures, durchlässiges, humoses Erdreich. Staunässe wird schlecht vertragen und kann zu Wurzelschäden führen. Um einen buschigen Wuchs zu erreichen, werden die Triebe entspitzt. Verblühtes wird regelmäßig zurückgeschnitten. Wenn die Pflanzen im Sommer Samen ansetzen, erfolgt ein kräftiger Rückschnitt, um einen 2. Blütenflor zu fördern.

Gestaltung Eine hübsche Pflanze für Ampeln und als Begleiter in Kästen und Töpfen sowie zur Unterpflanzung von höher wachsenden Arten im Kübel. Sie wird auch gerne in bunten Beeten und Rabatten verwendet.

Nachbarn Kann mit fast allen Balkonpflanzen kombiniert werden, wie zum Beispiel Petunien, Zonal-Pelargonien, Ziersalbei und Strauchmargerite.

Weitere Art Der Elfenspiegel, *Nemesia strumosa*, ist eine buschig wachsende, einjährige Art, die nur kurz mit gelben, roten, orangefarbenen und blauen Blüten blüht.

BLÜTENFARBE

   auch zweifarbig

BLÜTEZEIT

| Jan | Feb | März | April | Mai | Juni | Juli | Aug | Sept | Okt | Nov | Dez |

Weiße Sorte von *Nicotiana × sanderae*

Ziertabak
Nicotiana × sanderae

   Höhe 40–60 cm

Bergtabak

Aussehen Dieser Klassiker wächst aufrecht.
Pflege Ziertabak braucht viele Nährstoffe und liebt durchlässiges, humoses Erdreich. Ein windgeschützter Platz ist von Vorteil. Frühzeitiges Entspitzen führt zum gewünschten buschigen Wuchs. Verblühtes wird ständig ausgeputzt. Und ein Rückschnitt der verblühten Triebe im Juli fördert den Neuaustrieb und damit eine weitere Blüte.
Gestaltung Diese Sommerblume mit den auffallenden sternartigen Blüten sollten Sie immer in Gruppen pflanzen. Sie eignet sich für Kästen und Töpfe genauso wie für gemischte Beete und Rabatten. Ziertabak ist giftig.
Nachbarn Nie wird eine Pflanze einzeln gesetzt. Ziertabak ist mit fast allen Balkonpflanzen kombinierbar.
Weitere Arten Der Ziertabak, *Nicotiana alata*, wird bis zu 1,2 m und damit höher als die oben genannte Art. Er eignet sich daher nicht für Kästen. Er blüht grünlich gelb, rosa, rot und weiß. *N. sylvestris*, der Bergtabak, erreicht eine beeindruckende Höhe von bis zu 1,5 m und eignet sich für Beete und Rabatte.

BLÜTENFARBE

BLÜTEZEIT

| Jan | Feb | März | April | Mai | Juni | Juli | Aug | Sept | Okt | Nov | Dez |

Kapkörbchen in Orange und Lila

Kapkörbchen
Osteospermum ecklonis

Höhe
40–100 cm

Kapkörbchen in Weiß

Aussehen Die Pflanze wächst aufrecht bis breit buschig.

Pflege Das Kapkörbchen hat einen hohen Nährstoffbedarf und will gleichmäßig gegossen werden. Halten Sie es nicht zu nass, aber auch nicht zu trocken. Fruchtbares, durchlässiges, sandig-humoses Erdreich ist vorteilhaft. Will man die Pflanze überwintern, dann wird die Düngung ab August eingestellt. Ein frühzeitiges Entspitzen junger Triebe führt zu einem gewünschten buschigen Wuchs. Regelmäßig muss man Verblühtes entfernen, um die Blütezeit zu verlängern. Hohe Sommertemperaturen können zum Nachlassen des Blütenflors führen. Wind wird vertragen.

Gestaltung Die hübschen Balkonpflanzen werden gerne als Leit- und Begleitpflanze für gemischte Kästen und Töpfe verwendet und passen in gemischte Beete und Rabatten.

Sorten Beispiele für Sorten-Serien sind die 'Cape Daisy'-Serie mit großen Blüten und dunkler Mitte in einer großen Farbpalette sowie die kompakt wachsenden 'Symphony'- und 'Summerdaisy'-Serien, die unermüdlich den Sommer über blühen. Die Sorten der 'Side'-Serie wachsen kompakt und verzweigen gut.

BLÜTENFARBE

  lanzettliche oder löffelartige Blütenblätter

BLÜTEZEIT

Jan	Feb	März	April	**Mai**	**Juni**	**Juli**	**Aug**	**Sept**	Okt	Nov	Dez

Duftgeranie 'Atomic Snowflake'
(Limonenduft)

Zitronen-Duftgeranie

Duftgeranie 'Prince of Orange'
(Orangenduft)

Zitronen-Duftgeranie
Pelargonium crispum 'Variegatum'

  | Höhe 30–50 cm

Aussehen Die ausdauernde Pflanze wächst aufrecht buschig.

Pflege Diese Duftgeranien haben geringe bis mittlere Nährstoffansprüche. Auch hier gilt: Wenn die Pflanzen überwintert werden sollen, wird nur bis August gedüngt. Durchlässiges und sandig-humoses Erdreich ist von Vorteil. Verblühtes wird immer wieder herausgenommen. Im Herbst schneidet man den oberirdischen Teil um etwa ein Drittel zurück.

Überwinterung Hell bei mindestens 3 Grad, relativ trocken halten. Nur kühl überwinterte Pflanzen blühen ab Mai bis August.

Gestaltung Zitronen-Duftgeranien sind Blatt- und Blütenschmuckpflanzen gleichermaßen. Die duftenden Blätter sind eine zusätzliche Besonderheit, die nur wenige Balkonpflanzen bieten können. Die Pflanzen werden als Leitpflanzen oder Begleiter in Kästen und Töpfen verwendet.

Nachbarn Mit fast allen Balkonpflanzen kombinierbar.

Weitere Arten Es gibt viele andere Duftgeranien. Sie erfreuen sich einer ständig wachsenden Fan-Gemeinde und sind seit einiger Zeit richtige Trendpflanzen geworden.

BLÜTENFARBE

BLÜTEZEIT

| Jan | Feb | März | April | **Mai** | **Juni** | **Juli** | **Aug** | Sept | Okt | Nov | Dez |

Hänge-Pelargonie

Weiße, ungefüllte Sorte

Hänge-Pelargonie

Hänge-Pelargonie
Pelargonium peltatum in Sorten

Höhe
30–70 cm

Aussehen Pelargonien sind ausdauernd mit buschigem und überhängendem Wuchs.
Pflege Die Klassiker haben einen mittleren bis hohen Nährstoffbedarf und lieben durchlässiges, sandig-humoses Erdreich. Verblühte Pflanzenteile werden immer wieder ausgeputzt. Will man die Pflanzen überwintern, dann muss ab August die Düngung eingestellt werden. Im Herbst vor dem Einwintern oder im Frühjahr wird der Spross um etwa ein Drittel zurückgeschnitten.
Überwinterung Bei mindestens 3 Grad an einem hellen Standort, relativ trocken halten.

Gestaltung Pelargonien sind die Balkonpflanzen schlechthin. Die lang anhaltende, reiche Blüte und die Pflegeleichtigkeit machen diese Pflanzen für Balkon und Terrasse unersetzlich. Als Hänger eignen sich die Pflanzen für dekorative Ampeln. Als Leit- oder auch Begleitpflanze werden sie in Kästen und Töpfen verwendet. Mancherorts kennt man sie unter dem „Volksnamen" Geranie.
Nachbarn Verträgt sich mit fast allen Balkonpflanzen. Auf die Nennung von Sorten wird verzichtet, weil ständig verbesserte Typen auf den Markt kommen.

BLÜTENFARBE

  auch zweifarbig, ungefüllt und gefüllt

BLÜTEZEIT

| Jan | Feb | März | April | Mai | Juni | Juli | Aug | Sept | Okt | Nov | Dez |

Orangefarbene Sorte

Rote Sorte

Rosa Form

Pelargonie
Pelargonium zonale in Sorten

Höhe
30–40 cm

Aussehen Die Pflanzen wachsen buschig.
Pflege Pelargonien lieben durchlässiges, sandig-humoses Erdreich und haben mittlere bis hohe Nährstoffansprüche. Verblühte Pflanzenteile werden regelmäßig weggenommen, das verlängert die Blütezeit. Will man die Pflanzen überwintern, dann darf man nur bis August düngen. Im Herbst vor der Überwinterung werden die Pflanzen um etwa ein Drittel zurückgeschnitten.
Überwinterung Bei mindestens 3 Grad an einem hellen Standort, relativ trocken halten. Zur Überwinterung eignen sich vorwiegend starkwüchsige, mittelgrünlaubige Sorten.
Gestaltung Der Klassiker für Balkon und Terrasse. Er wird als Leit- oder Begleitpflanze in Misch- und Kastenpflanzungen verwendet.
Nachbarn Können mit fast allen Balkonpflanzen kombiniert werden.
Sorten Es gibt viele Sorten-Serien und Sorten, die sich in den Blüten, der Blattfarbe und den Wuchseigenschaften unterscheiden. Pelargonien mit teils mehrfarbigen Blättern können auch als Blattschmuck verwendet werden. Einige Sorten eignen sich besonders für Gräber, weil sie selbstreinigend sind.

BLÜTENFARBE

  auch zweifarbig, ungefüllt und gefüllt

BLÜTEZEIT

Jan	Feb	März	April	Mai	Juni	Juli	Aug	Sept	Okt	Nov	Dez
				Mai	Juni	Juli	Aug	Sept	Okt		

Cinerarie

Cinerarie
Pericallis × hybrida

Höhe
25–60 cm

Aussehen Die Pflanze wächst aufrecht und buschig.

Pflege Cinerarien haben einen mittleren Nährstoffbedarf und wollen im durchlässigen und sandig-humosen Erdreich wachsen. Verblühtes wird regelmäßig entfernt, um die Blühfreudigkeit und Blütenfülle zu erhalten. Leider werden die Pflanzen von Blattläusen förmlich geliebt und hier gibt es deswegen oft Probleme.

Überwinterung Eine Überwinterung im kühlen Wintergarten (10 bis 15 Grad) ist möglich.

Gestaltung Cinerarien sind Leit- oder Begleitpflanzen in Kästen und Töpfen. Oft werden die schönen Blüher mit den strahlenförmigen Blüten im Zimmer gepflegt. Dort sollten sie eher kühlere Plätze auswählen. Die Pflanzen bringen bunte Farbenvielfalt mit ihren weithin leuchtenden Blüten an jeden Platz.

Nachbarn Können mit fast allen frühjahrsblühenden Balkonpflanzen kombiniert werden.

Sorten Es gibt viele Sorten mit unterschiedlichen Blütenfarben im Gartenfachhandel.

BLÜTENFARBE

BLÜTEZEIT

| Jan | Feb | **März** | **April** | **Mai** | **Juni** | Juli | Aug | Sept | Okt | Nov | Dez |

Ungefüllte Petunie

Petunien sind hübsche Ampelpflanzen.

Gefüllte, rosa Sorte

Hänge-Petunie
Petunia × atkinsiana

Höhe
15–100 cm

Aussehen Die Pflanzen wachsen niederliegend bis stark hängend.

Pflege Viele Sorten haben einen mittleren Nährstoffbedarf, stark wachsende auch einen sehr hohen. Durchlässiges und humoses Erdreich ist von Vorteil, genauso wie ein möglichst regengeschützter Standort. Saure Erden schützen vor Eisenmangelsymptomen, die sich durch gelbe Triebspitzen und Blätter zeigen. Frühzeitiges Entspitzen der Triebe führt zu dem gewünschten buschigen Wuchs und Verblühtes sollte man regelmäßig entfernen. Weiße Fliegen und Blattläuse können auftreten.

Gestaltung Bestens für dekorative Ampeln geeignet, aber auch als Begleiter in Kästen und Töpfen. Ein Klassiker, der auch als Unterpflanzung von höher wachsenden Arten verwendet wird.

Nachbarn Reine Petunien-Kästen sind sehr schön. Bewährt haben sich Kombinationen mit starkwüchsigen Pflanzen wie Goldmarie (*Bidens feruifolia*) und Strauchmargerite.

Sorten Es gibt sehr viele Sorten – ungefüllte und gefüllte, einfarbige und bunte, mit kleinen und sehr großen Blüten. Sie werden laufend verbessert.

BLÜTENFARBE

   auch mehrfarbig, ungefüllt und gefüllt, klein- und großblumig

BLÜTEZEIT

| Jan | Feb | März | April | Mai | Juni | Juli | Aug | Sept | Okt | Nov | Dez |

Weihrauch

Weihrauch
Plectranthus forsteri

   Höhe 20–30 cm

Aussehen Die ausdauernde Pflanze, die bei uns einjährig gezogen wird, wächst niederliegend bis hängend.

Pflege Die schönen Blattschmuckpflanzen haben mittlere bis hohe Nährstoffansprüche. Das Entspitzen fördert den gewünschten kompakten Wuchs. Außerdem können zu lange Triebe immer wieder zurückgenommen werden. Wenn Sie die Pflanze überwintern wollen, wird nur bis August gedüngt.

Überwinterung Im temperierten Wintergarten oder als Zimmerpflanze (16 Grad) möglich.

Gestaltung Diese pflegeleichte Blatt-schmuck-Balkonpflanze eignet sich für Ampeln und als Unterpflanzung von hoch wachsenden Kübelpflanzen. Außerdem ist sie Begleiter in Kästen und Töpfen. Die grünen oder weißgrün panaschierten Blätter riechen beim Zerreiben nach Weihrauch. Die Pflanzen sind für Kästen und Töpfe wegen ihrer Blätter sehr beliebt.

Nachbarn Als Blattschmuckpflanze ist eine Kombination mit starkwüchsigen, blühenden Balkonpflanzen, zum Beispiel Geranien, möglich.

Andere deutsche Namen Harfenstrauch, Mottenkönig

BLÜTENFARBE

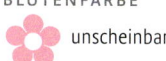 unscheinbar

BLÜTEZEIT ganzjährig in Abständen

Jan	Feb	März	April	Mai	Juni	Juli	Aug	Sept	Okt	Nov	Dez

Aztekengold, *Sanvitalia speciosa*

Husarenknopf
Sanvitalia procumbens

  Höhe
10–20 cm

Husarenknopf mit brauner Mitte

Aussehen Die einjährige Balkonpflanze wächst niederliegend bis buschig.

Pflege Der Husarenknopf besitzt mittlere Nährstoffansprüche. Gleichmäßige Bodenfeuchtigkeit ist vorteilhaft und Staunässe zu vermeiden. Das Erdreich sollte durchlässig und humos sein. Während der Wachstumsperiode sind immer wieder einmal verwelkte Pflanzenteile zu entfernen.

Gestaltung Die kleinen Blütchen des Husarenknopfes erinnern an Sonnenblumen in Klein. Überreich schmücken sie Ampeln und Töpfe. Der hängende und stark verzweigte Wuchs macht sie zu einer unentbehrlichen, sommerblühenden Pflanze für Ampeln, Kästen und zur Unterpflanzung in Kübeln. Interessante Akzente lassen sich zusammen mit blau oder violett blühenden Pflanzen setzen.

Nachbarn Immer mehrere Pflanzen zusammensetzen, außerdem passen Vanilleblumen, Edellieschen, Blaue Fächerblume, Elfensporn.

Weitere Art Sehr schön ist auch Aztekengold (*Sanvitalia speciosa*). Die verwandte Art gleicht in Pflege und Verwendung der oben genannten. Die Blütezeit ist sehr lang und reicht von Mai bis Oktober!

BLÜTENFARBE

 mit dunkelbrauner oder grüner Mitte

BLÜTEZEIT

Jan	Feb	März	April	Mai	Juni	Juli	Aug	Sept	Okt	Nov	Dez

Blaue Fächerblume

Blaue Fächerblume
Scaevola saligna

   Höhe 30–50 cm

Die fächerförmigen Blüten

Aussehen Die ausdauernde Pflanze, die bei uns einjährig gezogen wird, wächst aufrecht buschig bis leicht überhängend.

Pflege Der Klassiker hat mittlere bis hohe Nährstoffansprüche und liebt durchlässiges, leicht saures und humoses Erdreich. Gleichmäßige Bodenfeuchtigkeit ist von Vorteil, Staunässe sollte vermieden werden. Frühzeitiges Entspitzen der Triebe bewirkt einen kompakteren und buschigeren Wuchs. Die Pflanze ist selbstreinigend und daher ist der Pflegeaufwand gering. Will man die Pflanze überwintern, wird die Düngung ab August eingestellt.

Überwinterung Heller Platz bei mindestens 5 bis 7 Grad, Gießmenge der verringerten Temperatur anpassen.

Gestaltung Die sehr beliebte Balkonpflanze ist wetterfest und passt sowohl in dekorative Ampeln als auch in gemischte Kästen. In Töpfen, Kübeln und Balkonkästen wird sie als Begleitpflanze verwendet. Sie passt sehr gut in Gärten mit Bauerngarten-Charakter.

Nachbarn Ist mit allen Balkonpflanzen kombinierbar.

BLÜTENFARBE

 auch zweifarbig

BLÜTEZEIT

Jan	Feb	März	April	Mai	Juni	Juli	Aug	Sept	Okt	Nov	Dez
				Mai	Juni	Juli	Aug	Sept	Okt		

Die typischen Blätter des Silberblattes

Silberblatt
Senecio cineraria

  Höhe
25–60 cm

Aussehen Die Pflanze wächst aufrecht und buschig.

Pflege Das pflegeleichte Silberblatt hat niedrige bis mittlere Nährstoffansprüche. Eine gleichmäßige Bodenfeuchtigkeit ist wünschenswert, auf keinen Fall zu nass halten. Durchlässiges Erdreich ist vorteilhaft. Wenn die Pflanze überwintert werden soll, darf nur bis August gedüngt werden. Entspitzen Sie die Triebe frühzeitig, dann entwickelt die Pflanze einen gewünschten buschigen Wuchs.

Überwinterung An einem hellen, kühlen, frostfreien Standort möglich, Gießmenge verringern und den niedrigeren Temperaturen anpassen.

Gestaltung Diese Blattschmuckpflanze hat je nach Sorte silbergraue, silbergrüne oder silberblaue Blätter, die filzig behaart sind. Die Blüten erscheinen erst im zweiten Jahr – sie sind ohne Schmuckwert. Die Pflanze passt gut in Ampeln, Kästen und als Unterpflanzung in Kübel. Außerdem dient sie der Beeteinfassung und eignet sich für die Grabgestaltung.

Nachbarn Schön sind wegen des Kontrastes blau- und rot blühende Pflanzen.

Andere Namen Greiskraut, Silber-Greiskraut

BLÜTENFARBE

BLÜTEZEIT   im zweiten Jahr

Jan	Feb	März	April	Mai	Juni	Juli	Aug	Sept	Okt	Nov	Dez

Sorte mit grüngerandeten, roten Blättern

Blattvielfalt des Buntnessel

Kupferfarbene Sorte

Buntnessel, Coleus
Solenostemon scutellarioides

Höhe
30–60 cm

Aussehen Die ausdauernde Pflanze wird bei uns einjährig auf Balkon und Terrasse gezogen. Als Zimmerpflanze kann man sie natürlich jahrelang pflegen. Buntnesseln besitzen einen aufrechten und buschigen Wuchs.

Pflege Die Buntnessel hat mittlere Nährstoffansprüche und liebt durchlässiges und humoses Erdreich. Ein frühzeitiges Entspitzen der Haupttriebe sorgt für den gewünschten buschigen Wuchs.

Überwinterung Ein heller Platz im Zimmer bei mindestens 16 Grad.

Gestaltung Früher kannte man die Buntnessel nur als Zimmerpflanze. In den letzten Jahren hat sie wegen ihrer wunderschönen Blätter Töpfe, Kästen und Kübel auf Balkon und Terrasse erobert. Auch in gemischten Blumenbeeten ist sie beliebt und setzt besondere Akzente.

Nachbarn Es sieht sehr schön aus, wenn man Pflanzen mit verschiedenen Blattschattierungen und -formen zusammensetzt.

Sorten Es gibt viele Sorten mit den tollsten Blattfarben – von Gelb über Hell- und Dunkelgrün bis Orange, Rot und Braun. Außerdem lässt sich unter vielen verschiedenen Blattformen wählen.

BLÜTENFARBE

BLÜTEZEIT   nahezu ganzjährig

Jan	Feb	März	April	Mai	Juni	Juli	Aug	Sept	Okt	Nov	Dez

Schneeflockenblume

Schneeflockenblume
Sutera diffusa

Höhe
10–25 cm

Aussehen Die ausdauernde Pflanze, die bei uns einjährig gezogen wird, wächst niederliegend bis hängend.

Pflege Die pflegeleichte Schneeflockenblume hat mittlere Nährstoffansprüche und will gleichmäßig gegossen werden. Ballentrockenheit und Staunässe muss vermieden werden. Wählen Sie durchlässiges, leicht saures und humoses Erdreich. Die Pflanze ist selbstreinigend, daher muss Verblühtes nicht ausgeputzt werden und der Pflegezeitbedarf ist gering. Zu hohe Temperaturen führen insbesondere bei den weiß blühenden Sorten zu Blühpausen.

Blüten wie Schneeflocken

Gestaltung Der Dauerblüher eignet sich als Begleitpflanze für Kästen und Töpfe sowie als Unterpflanzung im Kübel. Außerdem wird sie für die dekorative Ampelpflanzung verwendet. Im Handel werden die Pflanzen auch unter dem Namen *Bacopa* angeboten.

Nachbarn Ist mit fast allen Balkonpflanzen und durch die meist weißen Blüten mit allen Farben kombinierbar.

BLÜTENFARBE

BLÜTEZEIT

| Jan | Feb | März | April | Mai | Juni | Juli | Aug | Sept | Okt | Nov | Dez |

Gelbes Gänseblümchen

Gelbes Gänseblümchen

Thymophylla tenuiloba

   Höhe
20–30 cm

Aussehen Die einjährige Balkonpflanze wächst aufrecht buschig und wird mit bis zu 30 cm nicht sehr hoch.

Pflege Der Nährstoffbedarf des Gelben Gänseblümchens ist mittelhoch, genauso wie der Wasserbedarf. Halten Sie die Pflanzen nicht zu nass. Durchlässiges und humoses, leicht saures Erdreich ist von Vorteil. Regelmäßig sollte Verblühtes ausgeputzt werden, um die Blütezeit zu verlängern und die Blühfreudigkeit lange zu erhalten.

Gestaltung Die pflegeleichte Balkonblume wird als Begleiter in Balkonkästen und Töpfen

Sorte 'Sternschnuppe'

verwendet. Sie eignet sich außerdem zur Unterpflanzung im Kübel. Mit seinem hängenden Wuchs ist das Gelbe Gänseblümchen außerdem gut für Ampeln geeignet.

Nachbarn Mit vielen Balkonpflanzen kombinierbar, zum Beispiel Pelargonien, Pantoffelblumen und Wandelröschen.

BLÜTENFARBE

BLÜTEZEIT

| Jan | Feb | März | April | Mai | Juni | Juli | Aug | Sept | Okt | Nov | Dez |

Schöne Bauernorchidee

Bauernorchidee
Torenia fournieri

   Höhe
20–30 cm

Aussehen Die einjährige Balkonpflanze
wächst aufrecht buschig.
Pflege Die Nährstoffansprüche der Torenie
sind mittel bis hoch, genauso wie die Wasser-
bedürfnisse. Durchlässiges, humoses Erdreich
ist von Vorteil, und ein geschützter Standort
sollte gewählt werden. Frühzeitiges Entspitzen
führt zum gewünschten buschigen Wuchs.
Verblühtes wird regelmäßig ausgeputzt.
Gestaltung Diese Balkonblume wird als
Begleitpflanze in Kästen und Töpfen verwendet, außerdem dient sie der Unterpflanzung im
Kübel. Sie passt gut in gemischte Beete und

Violette Sorte

bunte Rabatten von Gärten im Bauerngartenstil.
Nachbarn Mit fast allen Balkonpflanzen
kombinierbar, schön mit weißen oder roten
Blütenpartnern.
Andere deutsche Namen Torenie, Schnapp-
mäulchen

BLÜTENFARBE

 auch zweifarbig

BLÜTEZEIT

| Jan | Feb | März | April | Mai | **Juni** | **Juli** | **Aug** | Sept | Okt | Nov | Dez |

Zweifarbige Sorte

Rosa Verbene

Rote Verbene

Verbenen, Eisenkraut
Verbena-Cultivars

		Höhe 20–70 cm

Aussehen Die Balkonpflanzen wachsen niederliegend oder überhängend.

Pflege Die Nährstoffbedürfnisse der Verbenen sind mittel bis hoch. Auf gleichmäßige Bodenfeuchtigkeit ist zu achten und Staunässe zu vermeiden. Durchlässiges Erdreich wird bevorzugt. Zur Sommerpflege gehört, dass regelmäßig verblühte „Blütendolden" ausgeputzt werden. Das verlängert die Blütezeit.

Gestaltung Der Hänger ist für dekorative Ampeln genauso geeignet wie als Begleiter in Kästen und Töpfen. Unterpflanzungen im Kübel sind möglich. In Beeten und Rabatten setzt man Verbenen in kleineren Gruppen zusammen.

Nachbarn Strauchmargeriten, Kapkörbchen.

Sorten Es gibt viele Markenserien mit verschiedenen Blumendoldengrößen und Wuchscharakter. Die Serie Tapien® besitzt feingliedrige Blätter und ist wegen des niederliegenden bis kriechenden Wuchses für Ampeln und als Bodendecker sehr geeignet. Die Sorten der Serien Temari® und Lanai® wachsen buschig überhängend, haben lanzettliche Blätter und sind robust. Die Sorten der Serie Splash® haben oft ungewöhnliche Blüten-Farbkombinationen.

BLÜTENFARBE

    auch zweifarbig

BLÜTEZEIT

Jan	Feb	März	April	Mai	Juni	Juli	Aug	Sept	Okt	Nov	Dez

Strauchmargerite

Kübelpflanzen

Oliven, Zitronenbäumchen, Granatapfel und Feigen sind einige der bekanntesten typischen Kübelpflanzen. Die meisten erinnern an Urlaub und vielleicht ist das der Grund, warum sie so sehr geliebt werden.

Natürlich kann man viele Pflanzen im Kübel pflegen. Aber damit sind nicht die Gewächse gemeint, die auf den nächsten Seiten besprochen werden. Bei den sogenannten Kübelpflanzen handelt es sich um nicht winterharte Gewächse, die nur im Sommer draußen stehen und im Winter an einem kühlen Platz im Haus überwintert werden müssen.

Kübelpflanzen lassen sich, wenn sie nicht zu groß geworden sind, leicht von einem Ort an den anderen stellen. Das ist von großem Vorteil, weil man schnell unschöne Ecken verschwinden lassen oder einen Sichtschutz schaffen kann. Für zu schwere Kübel bietet der Fachhandel unterschiedliche Arten fahrbarer Untersetzer an.

Die Pflege dieser Pflanzengruppe ist aufwändig. Den Sommer über muss oft täglich, auch mehrmals gegossen werden. Außerdem ist auf eine ausreichende Nährstoffversorgung zu achten. Für den Winter ist ein Lager nötig oder man muss die Pflanze entsorgen und im nächsten Jahr eine neue kaufen. Aber das alles ändert nichts an der Beliebtheit dieser Gruppe – und das zu Recht. Wunderschöne Blüten und das Flair von Leichtigkeit und Urlaub danken Arbeit und Mühen.

Schönmalve in Zartrosa

Sorte 'Thompsonii'

A. megapotamicum

Schönmalve
Abutilon × hybridum

| ☀ | 💧 | Höhe 1,5–4 m |

Aussehen Der immergrüne Strauch wächst aufrecht und buschig.

Pflege Die Schönmalve hat einen mittleren Nährstoffbedarf bis August, danach wird die Düngung eingestellt. Durchlässiges Erdreich ist wünschenswert, ein regengeschützter Standort von Vorteil. Auf gleichmäßige Bodenfeuchtigkeit sollte geachtet werden. Vermeiden Sie Ballentrockenheit. Im Sommer werden verwelkte Blüten regelmäßig entfernt. Für nötige Schnittmaßnahmen ist das zeitige Frühjahr die geeignete Jahreszeit. Weiße Fliegen und Blattläuse können auftreten.

Überwinterung Bei 10 Grad an einem hellen Platz; die Gießmenge muss man einschränken und den geringen Temperaturen anpassen.

Gestaltung Schönmalven mit ihren becherförmigen Blüten wirken sehr schön in Einzelstellung.

Arten und weitere Sorte *A. pictum* ist eine sehr bekannte Art, die in Pflege und Verwendung der oben genannten entspricht. Die Sorte 'Thompsonii' besitzt wunderschöne Blätter mit intensiver gelber Musterung. *A. megapotamicum* ist eine sehr hübsche Art, die von Mai bis September ihre gelbroten Blüten zeigt.

BLÜTENFARBE

BLÜTEZEIT

| Jan | Feb | März | April | **Mai** | **Juni** | **Juli** | **Aug** | **Sept** | Okt | Nov | Dez |

A. praecox 'Alba'

Schmucklilie
Agapanthus-Hybriden

Höhe
bis 1,5 m

Schmucklilie

Aussehen Die klassischen Kübelpflanzen wachsen aufrecht und horstartig.

Pflege Bis zur Blüte haben Schmucklilien einen mittleren bis hohen Nährstoffbedarf, danach wird nur noch wenig gedüngt. Sandig-humoses bis sandig-lehmiges Erdreich ist von Vorteil. Staunässe wird schlecht vertragen, daher ist auf gleichmäßige Bodenfeuchtigkeit zu achten.

Überwinterung Heller Platz bei mindestens 3 Grad, die Wassermenge reduzieren. Die einziehenden Arten, wie *Agapanthus campanulatus*, können auch dunkel stehen.

Gestaltung Am besten wirken diese ausladenden Kübelpflanzen in Einzelstellung. Sehr schön sieht es aus, wenn man je eine Pflanze rechts und links vor eine Treppe platziert. Neben den Blüten sind die Früchte dekorativ.

Weitere Arten Es gibt immergrüne, Laub abwerfende und einziehende Arten, außerdem viele Hybriden und Sorten mit weiß geranderten oder gestreiften Blättern. *A. praecox* ist eine wüchsige Schmucklilie mit blau und weiß blühenden Sorten. *A. praecox* ssp. *orientalis* entwickelt dunkelblaue Blütendolden. *A. campanulatus*, eine Laub abwerfende Art.

BLÜTENFARBE

BLÜTEZEIT

Jan	Feb	März	April	Mai	Juni	Juli	Aug	Sept	Okt	Nov	Dez

Strauchmargerite

Strauchmargerite
Argyranthemum frutescens

Höhe 30–70 cm
(120 cm als Hochstämmchen)

Aussehen Ein echter Klassiker, der aufrecht buschig bis halbrund wächst und auch als Hochstämmchen zu bekommen ist.

Pflege Die Pflanzen haben einen mittleren Nährstoffbedarf bis August. Ab Ende August muss die Düngung der Pflanzen eingestellt werden, die überwintert werden sollen. Mit dem Gießen darf man nicht zu sparsam sein. Wind wird vertragen. Mehrmaliges Entspitzen führt zu dem gewünschten, kompakten und buschigen Wuchs. Während der Wachstumszeit wird Verblühtes immer wieder ausgeputzt. Schnecken und Weiße Fliegen können auftreten.

Überwinterung Bei mindestens 3 Grad an einem hellem Standort, nur mäßig gießen.

Gestaltung Margeriten wirken sowohl als Busch als auch als Hochstämmchen sehr schön im Einzelstand. Man kann auch mehrere Kübel zusammenstellen, allerdings sollten sich die Blüten nicht berühren. Im Balkonkasten können Margeriten sowohl als Leitpflanzen als auch als Begleiter verwendet werden. Wegen der langen Blütezeit und der Blütenfülle sowie der Pflegeleichtigkeit zählen Strauchmargeriten mit zu den beliebtesten Pflanzen für Balkon und Terrasse.

BLÜTENFARBE

   ungefüllt und gefüllt

BLÜTEZEIT

Jan	Feb	März	April	Mai	Juni	Juli	Aug	Sept	Okt	Nov	Dez

Blattschmuck mit gelben Sprenkeln

Aukube
Aucuba japonica

Höhe
2–2,5 m

Blattschmuck mit weißen Sprenkeln

Aussehen Diese immergrüne Kübelpflanze wächst straff aufrecht bis ausladend.

Pflege Aukuben besitzen einen mittleren Nährstoffanspruch. Gedüngt wird aber nur bis Ende August, danach die Nährstoffgaben einstellen. Die Pflanzen lieben durchlässiges, sandig-humoses Erdreich und haben einen geringen bis mittleren Wasseranspruch. Unerwünschte Triebe und Äste schneidet man im Spätwinter heraus. Manchmal ist ein Befall mit Thripsen möglich.

Überwinterung Wählen Sie helle Räume mit einer Temperatur von etwa 5 Grad.

Gestaltung Diese schöne, immergrüne Blattschmuckpflanze wächst in Kübeln im Einzelstand oder zusammen mit anderen Topfpflanzen. Sie ist Vogelschutzgehölz und lockt Bienen an. Für einen Fruchtschmuck müssen oft männliche und weibliche Pflanzen zusammenstehen.

Sorten Eine weibliche Sorte ist 'Variegata', die dicht gelb gesprenkelte Laubblätter besitzt. Es gibt allerdings auch selbstfruchtbare Sorten. In manchen botanischen Gärten wachsen die Pflanzen frei ausgepflanzt im Beet oder am Gehölzrand.

BLÜTENFARBE

 unauffällig

BLÜTEZEIT

Jan	Feb	**März**	**April**	**Mai**	Juni	Juli	Aug	Sept	Okt	Nov	Dez

Bougainvilleen sorgen für mediterranes Flair

Bougainvillee

Weitere Art: *B. spectabilis*

Bougainvillee
Bougainvillea glabra

Höhe
1,5–3 m

Aussehen Bougainvilleen sind beliebte Klassiker, die klimmend wachsen.

Pflege Diese Kübelpflanze besitzt hohe Nährstoffansprüche bis August, darf aber nicht zu viel Stickstoff bekommen, weil ansonsten der Blütenflor beeinträchtigt wird. Sie wird nach Bedarf gegossen. Durchlässiges, sandig-humoses Erdreich ist vorteilhaft. Die Pflanze braucht ein Rankgerüst oder Stäbe im Kübel, an denen sie hochgeleitet wird. Vor der Überwinterung werden die Pflanzen in Form gebracht. Dazu schneidet man die langen Triebe zurück. Das führt zu einer vermehrten Bildung kurzer Seitentriebe, die später dann reichlich blühen.

Überwinterung Bei 3 bis 10 Grad an einem hellen Standort, trocken halten, ansonsten bilden die Pflanzen wenig Blüten und können sogar eingehen.

Gestaltung Bougainvilleen geben Balkon und Terrasse ein mediterranes Flair. Wenn die Pflanzen während der Blüte mit Weiß, Rosa oder Gelb überzogen sind, erinnern sie an Urlaub im Süden. Die Farbwirkung kommt übrigens nicht von den kleinen Blüten. Sie sind von den farbigen Hochblättern (*Brakteen*) umgeben, die die große Leuchtkraft hervorrufen.

BLÜTENFARBE

   die Hochblätter sind weiß, gelb, rosa, rot oder violett

BLÜTEZEIT

Jan	Feb	März	April	Mai	Juni	Juli	Aug	Sept	Okt	Nov	Dez
						Juli	Aug	Sept			

Engelstrompeten brauchen viel Platz.

Engelstrompete
Brugmansia suaveolens

Höhe
1,5–4 m

Weiße Blüte

Aussehen Engelstrompeten sind Klassiker und wachsen aufrecht strauchförmig.

Pflege Daturen haben hohe Nährstoffansprüche bis August. Eine durchlässige Topferde ist von Vorteil. Setzen Sie die Pflanze wegen des sehr hohen Wasser- und Nährstoffbedarfes in einen großen Kübel. Darin ist auch der sichere Stand gewährleistet. Vor der Überwinterung wird die Krone auf die Hälfte bis zwei Drittel zurückgeschnitten. Das starke Wachstum lässt sich durch den Rückschnitt etwas begrenzen.

Überwinterung Bei 5 bis 7 Grad an einem hellen Standort. Die Wassergaben den geringeren Temperaturen und Ansprüchen anpassen.

Gestaltung Engelstrompeten brauchen einen Einzelplatz. Sie haben oft einen beeindruckenden Wuchs, außerdem wunderschöne, trompetenartige, duftende Blüten. Die Pflanzen sind sehr giftig!

Weitere Arten Es gibt schwach, mittelstark und stark wachsende Arten. Beispiele sind *B. sanguinea* (schmale, orangerote Blüten), *B. aurea* (cremefarbene, hellgelbe Blüten), *B. candida* (30 cm lange, weiße Blüten, in den Abend- und Nachtstunden intensiv duftend).

Andere deutsche Namen Stechapfel, Datura

BLÜTENFARBE

ungefüllte und halb gefüllte Trompetenblüten

BLÜTEZEIT

Jan	Feb	März	April	Mai	**Juni**	**Juli**	**Aug**	**Sept**	Okt	Nov	Dez

C. rigidus

Zylinderputzer
Callistemon citrinus

   Höhe 1,2–3 m

C. citrinus

Aussehen Zylinderputzer wachsen aufrecht und strauchförmig.

Pflege Der Nährstoffbedarf der Pflanze ist mittelhoch bis August, danach wird die Düngung eingestellt. Durchlässiges bis sandig-humoses Erdreich ist von Vorteil. Gießen Sie regelmäßig. Lassen Sie den Boden nicht austrocknen und vermeiden Sie Staunässe. Die verwelkten Blüten werden weggeschnitten. Der Rückschnitt kann im Frühjahr erfolgen. Blattläuse und Weiße Fliegen können vorkommen.

Überwinterung Hell, bei mindestens 5 Grad, dabei trockener halten, aber nicht austrocknen lassen.

Gestaltung Zylinderputzer wirken schön in Einzelstellung. Die zauberhaften und flaschenbürstenartigen Blüten von Mai bis Juli sind sehr auffällig und laden von weither zum Anschauen ein.

Weitere Arten Die Arten *C. speciosus*, *C. rigidus* und *C. macropunctata* sind in Verwendung und Pflege der beschriebenen Art ähnlich. Alle werden unter dem deutschen Namen Zylinderputzer gehandelt.

Anderer deutscher Name Schönfaden

BLÜTENFARBE

BLÜTEZEIT

Jan	Feb	März	April	Mai	Juni	Juli	Aug	Sept	Okt	Nov	Dez

Canna-Indica-Gruppe 'Gold Ader'

Blumenrohr-Blüte

Canna-Indica-Gruppe 'Sevilla'

Blumenrohr
Canna indica

   Höhe 120–220 cm

Aussehen Diese aufrechte Staude bildet Rhizome, wächst schnell und ist nicht frosthart.

Pflege Das Blumenrohr liebt durchlässiges, frisches bis feuchtes Erdreich mit mittlerem bis hohem Nährstoffgehalt. Verwelkte Blüten müssen regelmäßig entfernt werden, um die Blühdauer zu verlängern. Vor dem ersten Frost schneidet man die Pflanzen 15 cm über dem Boden ab. Die Rhizome werden ausgegraben und frostfrei sowie fast trocken und in Sand eingelegt überwintert.

Pflanzung Die Rhizome werden im Frühjahr geschützt im Haus etwa 10 cm tief in einen Topf gelegt. Ab Mitte Mai können die Pflanzen nach draußen.

Gestaltung Nachdem die letzten Fröste vorbei sind, können diese auffälligen Pflanzen nach draußen – entweder im Kübel oder ausgepflanzt im Beet. Einige Sorten haben sehr dekoratives Laub in verschiedenen Grün- oder Rottönen.

Nachbarn Am besten Einzelstellung im großen Topf, aber auch in bunten Beeten und gemischten Rabatten. Schön in Kombination mit Gräsern.

Anderer deutscher Name Canna

BLÜTENFARBE

     auch zweifarbig

BLÜTEZEIT

| Jan | Feb | März | April | Mai | Juni | Juli | **Aug** | **Sept** | **Okt** | Nov | Dez |

Zitronen-Bäumchen

Zitrone
Citrus limon

 Höhe
2–4 m (7 m)

C. myrtifolia

Aussehen Die Zitrone wächst breit strauchförmig bis ausladend.

Pflege Bis August haben die Zitronen einen mittleren bis hohen Nährstoffbedarf, danach wird die Düngung eingestellt. Die Pflanzen lieben durchlässiges, schwach saures Erdreich, am besten ist käufliche Zitrus-Erde. Kein kalkhaltiges Gießwasser verwenden (sonst Eisenmangelsymptome möglich)! Sammeln Sie Regenwasser und gießen Sie gleichmäßig. Staunässe und Bodentrockenheit sind zu vermeiden. Ein Schutz vor starker Sonneneinstrahlung ist wichtig. Alle *Citrus*-Arten werden im Winter oder Frühjahr in Form geschnitten.

Überwinterung Bei mindestens 5 bis 7 Grad an einem hellen Standort, trocken halten.

Gestaltung Zitronenbäumchen und auch die anderen *Citrus*-Arten wirken sehr schön im Einzelstand. Die Früchte und die Blüten entwickeln sich gleichzeitig an einer Pflanze.

Weitere Arten Es gibt viele Arten, zum Beispiel Limette (*Citrus aurantiifolia*), Mandarine (*Citrus reticulata*), Orange (*Citrus sinensis*), Grapefruit (*Citrus × paradisi*), Martenblättrige Sauerzitrone (*Citrus myrtifolia*) und Kumquat (*Fortunella margarita*, und *F. japonica*).

BLÜTENFARBE

 duftend

BLÜTEZEIT ganzjährig

| Jan | Feb | März | April | Mai | Juni | Juli | Aug | Sept | Okt | Nov | Dez |

Ensete ventricosum

Musa basjoo

Zierbanane
Ensete ventricosum

   Höhe 2–6 m

Aussehen Die Staude wächst aufrecht in der typischen Bananenform.

Pflege Zierbananen haben einen mittleren Nährstoffbedarf bis August, danach wird nicht mehr gedüngt. Sie lieben durchlässiges, sandig-humoses Erdreich und haben einen mittleren bis hohen Wasserbedarf. Sie dürfen nicht austrocknen. Spinnmilben können auftreten.

Überwinterung Bei 5 bis 7 Grad an einem hellen Standort. Im Überwinterungsraum wird nur wenig und nicht ins Herz gegossen.

Gestaltung Schön ist ein Einzelstand. Die Pflanzen brauchen wegen ihre überhängenden Blätter Platz um sich herum. Zierbananen sind echte Blattschmuckpflanzen, die auch sehr gut in den Wintergarten passen. Die Blüten entwickeln sich erst im Alter von sechs bis acht Jahren.

Sorte und Art 'Maurelii' ist eine Sorte mit roten Blättern. Sie gilt als besonders robust. Die Japanische Faser-Banane (*Musa basjoo*) gehört zu einer anderen Gattung, ist also keine direkte Verwandte. Sie bleibt mit 2 bis 4 m kleiner als die oben genannte Zierbanane. Auch sie wirkt am schönsten, wenn sie einen Einzelplatz bekommt.

BLÜTENFARBE

 mit dunkelroten Hochblättern (Brakteen)

BLÜTEZEIT

Jan	Feb	März	April	Mai	Juni	Juli	Aug	Sept	Okt	Nov	Dez

Korallenstrauch

Korallenstrauch
Erythrina crista-galli

  Höhe 1,5–2,5 m

„Bewehrte" Triebe des Korallenstrauches

Aussehen Dieses Laub abwerfende Gehölz wächst locker strauchförmig.

Pflege Der Korallenstrauch hat einen mittelhohen Nährstoffbedarf bis August. Durchlässiges, sandig-humoses Erdreich wird bevorzugt. Auf gleichmäßige Bodenfeuchtigkeit sollte geachtet werden, und Staunässe ist zu vermeiden. Alte Blütentriebe werden im Herbst oder Frühjahr herausgeschnitten.

Überwinterung Ruheperiode nach Laubabwurf bei etwa 5 Grad einhalten, dabei werden ältere Pflanzen trocken gehalten. Helle und dunkle Überwinterung ist möglich.

Gestaltung Der Korallenstrauch kommt einzeln am besten zur Geltung. Er besticht durch auffällige Blüten am Ende der Jahrestriebe. Je älter die Pflanze ist, desto mehr Blütentriebe entwickeln sich und desto schöner ist die gesamte Pflanze. Die Äste und auch die Blattstiele besitzen kräftige Stacheln, die einen gewissen dekorativen Aspekt haben.

Weitere Arten Gattung mit 100 Arten an Laub abwerfenden, halb immergrünen und immergrünen Bäumen und Sträuchern. Die Sämlinge des Korallenstrauches blühen erst nach Jahren.

BLÜTENFARBE

BLÜTEZEIT

Jan	Feb	März	April	Mai	Juni	Juli	Aug	Sept	Okt	Nov	Dez

Feigenbaum

Echter Feigenbaum
Ficus carica

    Höhe
2–3 m

Aussehen Die Feige entwickelt sich im Laufe der Jahre zu einem breit strauchförmigen bis ausladenden Baum. Das Laub kann fotoallergische Reaktionen verursachen (Hautreizungen).

Pflege Der Nährstoffbedarf der Feige ist bis August mittelhoch, der Wasserbedarf hoch. Auf gute Bodenfeuchtigkeit sollte geachtet werden. Damit junge Pflanzen einen schönen, verzweigten Aufbau entwickeln können, müssen sie mehrfach gestutzt werden. Spinnmilben können auftreten.

Überwinterung Nach Laubabwurf dunkler Platz bei 0 bis 10 Grad. In milden Regionen können die Pflanzen an einem geschützten Standort mit Winterschutz im Freien gehalten werden (besonders die Sorte 'Violetta', die auch Bayernfeige genannt wird).

Gestaltung Feigenbäume brauchen einen Einzelstand. Je älter sie werden, desto mehr Platz müssen Sie den Bäumen zur Verfügung stellen. Die Feige ist wegen der sehr dekorativen Blätter eine Blattschmuckpflanze. Die Blüten sind unscheinbar, die Feigenfrüchte in Grün und Violett hübsch und auffällig.

Andere deutsche Namen Feige, Feigenbaum

FRUCHTFARBE

FRUCHTZEIT

| Jan | Feb | März | April | Mai | Juni | Juli | **Aug** | **Sept** | Okt | Nov | Dez |

Klassiker Wandelröschen

Weiße Sorte

Wandelröschen, Lantane

Lantana camara

   | Höhe 30–100 cm (140 cm)

Gelbe Form

Aussehen Dieser Klassiker wächst aufrecht buschig bis rundlich und ist auch als Hochstämmchen erhältlich. Wandelröschen sind starkwüchsig, die Früchte giftig.

Pflege Lantanen haben bis August einen hohen Nährstoffbedarf. Durchlässiges und humoses Erdreich ist gut geeignet. Wählen Sie einen windgeschützten Platz. Der Boden wird gleichmäßig feucht gehalten, der Wasserbedarf ist mittel bis hoch, aber Staunässe wird schlecht vertragen. Am besten ist ein großer Topf oder Kübel. Verblühtes muss regelmäßig und frühzeitig entfernt werden, um Blütenfülle und eine lange Blütezeit zu erzielen. Vor dem Einräumen ins Winterquartier können Wandelröschen zurückgeschnitten werden. Der Formschnitt findet im Frühjahr statt.

Überwinterung Bei 5 bis 10 Grad an einem hellen Standort, hier nur wenig gießen.

Gestaltung Im Kübel können Wandelröschen einzeln stehen oder in Kübelgruppen zusammen. Im Kasten werden sie als Begleitpflanze verwendet. Schön sind die Blütenstände, die von außen nach innen aufgehen.

Weitere Art *Lantana montevidensis* besitzt fliederfarbene Blütenköpfchen.

BLÜTENFARBE

BLÜTEZEIT

| Jan | Feb | März | April | Mai | Juni | Juli | Aug | Sept | Okt | Nov | Dez |

Echter Lorbeer

Echter Lorbeer
Laurus nobilis

Höhe
1,5–4 m (12 m)

Fruchtschmuck

Aussehen Das immergrüne Gehölz wächst aufrecht buschig bis kegelförmig. Es gibt männliche und weibliche Pflanzen. Die schwarzen Früchte entwickeln sich nur, wenn beide Pflanzen zusammenstehen.

Pflege Der Lorbeer hat mittlere Nährstoff- und Wasseransprüche. Er kommt auch mit etwas weniger Wasser aus, der Ballen darf aber nicht austrocknen. Ab August muss die Düngung eingestellt werden. Die Pflanze ist gut schnittverträglich und eignet sich auch für Formschnitte, zum Beispiel als Kugel oder Kegel. Die Blätter dürfen dabei nicht beschä-

digt werden, weil das unschöne Ränder gibt. Wollläuse und Schildläuse kommen vor.

Überwinterung Bei mindestens 3 Grad an einem hellen Standort. Die Wassergaben sind den verminderten Temperaturen anzupassen.

Gestaltung Der Lorbeer ist eine Blattschmuckpflanze, aber auch die Blüten, die von April bis Mai erscheinen, und insbesondere die schwarzen Früchte an weiblichen Pflanzen machen ihn zu einer dekorativen Kübelpflanze. Schöne Pflanze für den Einzelstand.

Andere deutsche Namen Lorbeer, Lorbeerbaum

BLÜTENFARBE

 Duft, Fruchtschmuck

BLÜTEZEIT

Jan	Feb	März	**April**	**Mai**	Juni	Juli	Aug	Sept	Okt	Nov	Dez

Schopf-Lavendel

Schopf-Lavendel

Schopf-Lavendel
Lavandula stoechas

| | | Höhe bis 60 cm |

Aussehen   Dieser Kleinstrauch, mit den auffälligen Blüten wächst aufrecht buschig und erfreut sich seit einiger Zeit ständig wachsender Beliebtheit.

Pflege   Durchlässige, mäßig trockene Erden, die einen mittleren Nährstoffgehalt aufweisen, sind für diese Pflanzen geeignet. Der Schopf-Lavendel hat nur einen geringen Wasserbedarf. Er ist nur mäßig frosthart und braucht einen guten Winterschutz oder muss frostfrei, zum Beispiel in einem Wintergarten, überwintert werden. Die Pflanze kann durch Stecklinge vermehrt werden.

Gestaltung   Der Schopf-Lavendel ist eine Duftpflanze und passt in bunte Beet- und Staudenpflanzungen. Außerdem wächst er in Steingärten, im Steppenbeet und kann sehr gut im Kübel auf Balkon und Terrasse gepflegt werden. Hier wird man ihn auch am häufigsten antreffen.

Die ungewöhnlichen Blüten, die von Juli bis Oktober die Pflanze zieren, locken Bienen und andere Insekten an.

Sorte   Eine sehr bekannte Sorte ist 'Red Kew', die in Purpurrot blüht.

BLÜTENFARBE

BLÜTEZEIT

| Jan | Feb | März | April | Mai | Juni | Juli | Aug | Sept | Okt | Nov | Dez |

Blüten des Enzianstrauchs

Weißer Schwan,
Solanum jasminoides

Enzianstrauch

Enzianstrauch, Enzianblume
Lycianthes rantonnetii (syn. *Solanum rantonnetii*)

    Höhe 1–2 m

Aussehen Der Strauch wächst aufrecht bis ausladend und schnell.

Pflege Der Nährstoffbedarf während der Wachstumszeit ist mittel bis hoch. Genauso wie die Wasseransprüche. Ab August muss die Düngung eingestellt werden, um die Pflanzen auf den Winter vorzubereiten. Durchlässiges, humoses Erdreich ist wünschenswert. Um eine gute Verzweigung zu erreichen, müssen die Triebe junger Pflanzen im Winter und auch während der Wachstumsphase öfter gestutzt werden.

Überwinterung Bei mindestens 5 bis 7 Grad an einem hellen Standort. Dort wird nur wenig gegossen.

Gestaltung Diese reich und zuverlässig blühende Pflanze kann man an einem Topfspalier hochziehen. Schön sind auch die Stämmchen, die man entweder selbst zieht oder schon fertig kauft.

Weitere Art Der Weiße Schwan oder Kartoffelwein (*Solanum jasminoides*) ist eine verwandte Art, die in Weiß von Juni bis September reich und viel blüht. Sie wird ähnlich gepflegt wie der oben genannte Enzianstrauch, kann allerdings deutlich höher werden.

BLÜTENFARBE

BLÜTEZEIT

| Jan | Feb | März | April | Mai | Juni | Juli | Aug | Sept | Okt | Nov | Dez |

Oleander ist sehr beliebt, aber leider giftig.

Rosa, ungefüllte Oleander-Blüte

Weiße, ungefüllte Sorte

Oleander
Nerium oleander

Höhe
2–5 m (6 m)

Aussehen Der immergrüne Kübel-Klassiker wächst locker aufrecht. Er kann mit zunehmendem Alter sehr ausladend werden und braucht dann einen großen Kübel und entsprechend viel Platz.

Pflege Der Oleander besitzt bis August einen mittleren Nährstoffbedarf. Danach nicht mehr düngen. Fruchtbares und durchlässiges Erdreich ist vorteilhaft. Im Sommer muss oft gegossen werden, am besten über den Untersetzer. Dort kann auch Wasser stehen bleiben, aber eben nur im Sommer. Verblühte Blütenstände werden regelmäßig entfernt. Uner-

wünschte Triebe können im zeitigen Frühjahr herausgenommen werden. Der Oleander kann von Blattläusen, Spinnmilben, Schildläusen und vom Oleander-Krebs befallen werden.

Überwinterung Bei 5 bis 10 Grad an einem hellen, gut gelüfteten Standort. Dort wird nur wenig gegossen.

Gestaltung Der Oleander besticht durch seine Blütenfülle, die man schon von weitem sehen kann. Er verlangt einen Einzelstand und braucht im Alter viel Platz und einen großen Kübel. Die Pflanze ist giftig.

Sorten Es gibt ungefüllte und gefüllte Sorten.

BLÜTENFARBE

   ungefüllt und gefüllt

BLÜTEZEIT

Jan	Feb	März	April	Mai	Juni	Juli	Aug	Sept	Okt	Nov	Dez
						Juli	Aug	Sept			

Oliven-Blüte

Echte Olive
Olea europaea

   Höhe 3–5 m

Oliven-Bäumchen

Aussehen Ein Baum mit rundlichem und aufrechtem Wuchs. Er wächst zwar am Anfang schnell in die Höhe, aber nur sehr langsam entwickelt sich ein richtiger Baum. Deshalb sind alte Pflanzen auch wertvoll und, wenn sie gekauft werden, entsprechend teuer.

Pflege Oliven haben von März bis August einen mittleren Nährstoffbedarf. Ab August wird nicht mehr gedüngt. Der Ölbaum ist pflegeleicht und gedeiht noch befriedigend, wenn man ihn vernachlässigt. Er verträgt einen Schnitt gut, den man in der Regel im zeitigen Frühjahr vornimmt. Schildläuse kommen vor.

Überwinterung Bei 10 Grad an einem hellen Standort. Dort wird er nur leicht feucht gehalten und auf jeden Fall muss Staunässe vermieden werden.

Gestaltung Olivenbäume vermitteln eine mediterrane Stimmung. Sie brauchen insbesondere im Alter eine Einzelstellung, um voll zur Wirkung zu kommen.

Das graugrüne, unterseits silbrig grüne und immergrüne Laub passt gut zu Terrakottatöpfen.

Andere deutsche Namen Olivenbaum, Ölbaum, Olive

BLÜTENFARBE

BLÜTEZEIT

| Jan | Feb | März | April | Mai | Juni | Juli | Aug | Sept | Okt | Nov | Dez |

Blaue Sorte

Hellblaue Form

Bläulich weiße Sorte

Bleiwurz
Plumbago auriculata

Höhe
1,5–3 m

Aussehen Die Kübelpflanze wächst überhängend strauchförmig bis klimmend und verzweigt sich sehr. Auch als Hochstämmchen erhältlich.

Pflege Der Nährstoffbedarf ist bis August niedrig bis mittelhoch, danach wird die Düngung eingestellt. Sandig-humoses bis sandig-lehmiges Erdreich ist vorteilhaft. Wählen Sie einen möglichst windgeschützten Platz. Verblühtes muss regelmäßig entfernt werden. Lange Triebe können Sie während der Wachstumszeit einkürzen. Im Januar werden die Triebe bei Bedarf kräftig zurückgenommen.

Überwinterung Hell, bei mindestens 3 Grad. Halten Sie dort die Pflanze fast trocken.

Gestaltung Die Kübel mit der Bleiwurz sollten möglichst einzeln stehen, ob als Hochstämmchen oder als Kletterpflanze. Man kann die Pflanze auch in Balkonkästen pflanzen. Hier wird sie als Leitpflanze und Hänger verwendet. Die Bleiwurz hat sich als Dauerblüher mit ihren kleinen Blütchen einen Namen gemacht. Sie erfreut uns mit ihrem wunderbaren Blütenschmuck mit endständigen, himmelblauen, violetten oder weißen Blütentrauben vom Sommer bis in den Herbst hinein.

BLÜTENFARBE

BLÜTEZEIT

| Jan | Feb | März | April | Mai | Juni | Juli | Aug | Sept | Okt | Nov | Dez |

Granatapfel

Granatapfel
Punica granatum

   Höhe 2–4 m

Aussehen Das Laub abwerfende Blüten- und Ziergehölz wächst aufrecht strauchförmig.

Pflege Granatäpfel haben einen mittleren Nährstoffbedarf. Doch schon Ende Juli muss die Düngung eingestellt werden, damit das Gehölz ausreifen kann. Ein durchlässiges Erdreich wird gewünscht. Außerdem ist bis Anfang September auf eine gleichmäßige Bodenfeuchtigkeit zu achten. Das Gehölz toleriert allerdings auch eine kurzzeitig trockenere Haltung. Der Rückschnitt wird meist vor dem Einwintern vorgenommen, kann aber auch im zeitigen Frühjahr stattfinden.

Sorte 'Nana'

Überwinterung Bei mindestens 5 bis 10 Grad an einem dunklen Platz möglich, die Pflanzen brauchen hier kaum Wasser.

Gestaltung Im Kübel kann man dem Granatapfel einen Einzelplatz geben oder in kleinen Kübelgruppen zusammenstellen.

Sorten Es gibt auch Sorten, die mit 20 bis 50 cm deutlich kleiner bleiben.

BLÜTENFARBE

BLÜTEZEIT

| Jan | Feb | März | April | Mai | Juni | Juli | Aug | Sept | Okt | Nov | Dez |

Gewürzrinde, *S. corymbosa*

Gewürzrinde

Senna corymbosa var. *corymbosa*
(*Cassia corymbosa*)

  Höhe 1,5–4 m

S. didymobotrya

Aussehen Dieses hübsche Blütengehölz wächst breit strauchförmig bis ausladend.
Pflege Die Gewürzrinde besitzt mittelhohe Nährstoffansprüche bis August. Durchlässiges, sandig-humoses Erdreich ist vorteilhaft. Der Boden darf nicht austrocknen, die Pflanze reagiert darauf mit Blütenabwurf. Verwelktes ab und zu entfernen. Unerwünschte Äste und Triebe werden im Spätwinter herausgeschnitten. Blattläuse und Weiße Fliegen können auftreten.
Überwinterung Bei 5 bis 10 Grad an einem hellen Standort, hier wird nur mäßig gegossen.

Gestaltung Die immergrüne Gewürzrinde wirkt am schönsten im Einzelstand. Sie ist eine pflegeleichte und lang blühende Kübelpflanze. Die Blätter sind nachts in Schlafstellung gefaltet.
Weitere Art Der Kerzenstrauch, *S. didymobotrya*, ist eine verwandte Art. Sie besitzt ausgesprochen auffallende, nach oben stehende, goldgelb schwarzbraune Blüten. Die Fiederblätter duften bei Berührung nach Erdnussbutter. Die Pflege entspricht etwa der oben genannten Art.
Anderer deutscher Name Kassie

BLÜTENFARBE

BLÜTEZEIT

| Jan | Feb | März | April | Mai | Juni | Juli | Aug | Sept | Okt | Nov | Dez |

Hanfpalme, *T. fortunei*

Hanfpalme
Trachycarpus fortunei

     Höhe 5–10 m

Washingtonia

Aussehen Die Palme wächst mit aufrechtem Stamm und verzweigt sich im oberen Teil. Das jährliche Wachstum ist gering, daher sollten Sie nicht zu kleine Pflanzen kaufen.

Pflege Während der Hauptwachstumszeit sind die Nährstoffansprüche gering. Durchlässiges Erdreich ist gewünscht. Immer wieder können Sie trockene Blätter vorsichtig entfernen. Ein Befall mit Schildläusen ist möglich.

Überwinterung Kann in milden Regionen mit Winterschutz auch im Freiland gehalten werden. Oder man überwintert die Pflanzen frostfrei und hell. Im Überwinterungsraum müssen die Wassergaben vermindert und den tieferen Temperaturen angepasst werden.

Gestaltung Die Hanfpalme kommt im Einzelstand erst richtig zur Geltung. Sie ist eine Blattschmuckpflanze, die aber auch bei uns blühen und fruchten kann.

Weitere Arten Viele Palmenarten sind für Kübel geeignet. Die Priesterpalme (*Washingtonia filifera*) für sonnige bis halbschattige Standorte und die Echte Dattelpalme (*Phoenix dactylifera*) für die Sonne sollen hier genannt werden. Beide müssen hell bei 5 bis 10 Grad überwintern.

BLÜTENFARBE

 klein und in 30 cm langen, herabgebogenen Rispen

BLÜTEZEIT

Jan	Feb	März	April	Mai	**Juni**	**Juli**	Aug	Sept	Okt	Nov	Dez

Klassiker Seerose

Pflanzen für Teiche

Gartenteiche erfreuen sich seit vielen Jahren steigender Beliebtheit. Man findet hier Ruhe und Erholung, kann Tiere beobachten und sich an ungewöhnlichen Pflanzen erfreuen.

Ein Wassergarten bietet den verschiedensten Tieren Lebensraum und Nahrung. Libellen und Teichläufer stellen sich oft ein, aber auch Frösche und Erdkröten können rasch den Weg zum Teich finden. Und vor allen Dingen suchen viele Vögel immer wieder das Wasser auf.

Man unterteilt die Pflanzen nach der Zone, in der sie wachsen. Es gibt Gewächse für die Tiefen-, die Schwimmblatt-, Flachwasser-, Sumpf- und Uferzone. Auf Wasserpflanzen spezialisierte Gärtnereien bieten für diese Bereiche zahlreiche wunderschöne Gewächse an.

Wassergärten sollten nur an Plätzen angelegt werden, an denen während der Wachstumszeit täglich fünf bis sechs Stunden Sonne herrschen. Es sollten keine flach wurzelnden oder großkronigen Bäume in der Nähe stehen, weil die Wurzeln schnell ein Leck in den Teich „graben". Teiche im Gleichgewicht brauchen nur wenig Pflege. Je größer ein Gewässer ist, desto schneller stellt sich dieses Gleichgewicht ein. Bei kleinen Gartenteichen sollten vor allen Dingen wuchernde Pflanzen in Körbe gesetzt werden, damit sie nicht schnell alles zu- und überwachsen.

Gewöhnlicher Froschlöffel, blühend

Gewöhnlicher Froschlöffel

Alisma plantago-aquatica

  Höhe
20–70 cm

Gewöhnlicher Froschlöffel

Aussehen Die auch wild vorkommende Pflanze wächst aufrecht. Blätter und Wurzelstock sind giftig.

Pflege Der Gewöhnliche Froschlöffel liebt sumpfige Stellen und das Flachwasser am Teichrand. Es verträgt wechselnden Wasserstand.

Gestaltung Diese hübsche Sumpfpflanze bildet viele Samen und kann sich so durch Selbstaussaat schnell ausbreiten. Das muss man im Auge behalten. Gegebenenfalls werden die Samen entfernt, bevor sie ausgereift sind. Die Pflanze eignet sich für mittlere und große Wasserflächen und auch für eine Einzelstellung. Die Fruchtstände sind lange zierend.

Arten Der Grasblättrige Froschlöffel (*A. gramineum*) entwickelt – wie der Name schon sagt, grasähnliche, schmale Blätter. Das Laub des Lanzettfroschlöffels (*A. lanceolatum*) ist breiter. Beide sind zwei weitere wichtige Arten und verlangen einen ähnlichen Standort wie die oben genannte Art. Sie wachsen aus einer verdickten Grundachse. Der Amerikanische Froschlöffel kommt im Sumpf- und Flachwasserbereich bis ungefähr 10 cm Wassertiefe vor.

Anderer deutscher Name Froschlöffel

BLÜTENFARBE

BLÜTEZEIT

| Jan | Feb | März | April | Mai | Juni | Juli | Aug | Sept | Okt | Nov | Dez |

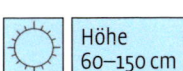

Schwanenblume

Schwanenblume
Butomus umbellatus

Höhe
60–150 cm

Aussehen Die beliebte Teichpflanze wächst aufrecht und bildet Horste.
Sie entwickelt ein kriechendes Rhizom (Wurzelstock), was nach und nach immer mehr Raum am Teich „erobern" kann. Die dekorativen Blüten schieben sich zur Blütezeit auf hohen Stängel über die langen, schmalen, grundständigen Blätter.
Pflege Die Schwanenblume liebt sumpfige Stellen und das Flachwasser am Teichrand. Sie ist anspruchslos, anpassungsfähig und pflegeleicht.
Gestaltung Diese hübsche Wasserpflanze wird während der Blütezeit gerne von Insekten besucht.
Sie entwickelt dekorative Doldenblüten mit vielen kleinen, sternförmigen Einzelblütchen und ist leider etwas windgefährdet. Daher setzen Sie sie zwischen hohe Stauden, die sie schützen.
Die Pflanze eignet sich sowohl für kleine als auch für große Wasserflächen.
Andere deutsche Namen Blumenbinse, Wasserliesch

BLÜTENFARBE

in Dolden

BLÜTEZEIT

| Jan | Feb | März | April | Mai | Juni | Juli | Aug | Sept | Okt | Nov | Dez |

Schlangenwurz, Blüte

Schlangenwurz
Calla palustris

  Höhe 15–25 cm
giftig

Unreifer Fruchtstand

Aussehen Die bekannte Gartenteichpflanze wächst kriechend und kompakt und bildet dickfleischige lang kriechende Rhizome aus, die in ihrer gewundenen Form an Schlangen erinnern (deutscher Name).
Pflege Die Schlangenwurz liebt sumpfige Stellen am Teichrand. Sie möchte in kalkarmem Wasser wachsen. Das Rhizom wird im Korb gepflanzt. Eine Vermehrung ist durch die Teilung der Wurzelstöcke im Frühjahr möglich.
Gestaltung Die *Calla palustris* besitzt dekorative, herzförmige Blätter, hübsche Blüten mit weißen Hochblättern und auffällige, rote, bee-

renartige Früchte im Spätsommer. Leider sind alle Teile dieser Pflanze giftig. Daher sollte sie so gepflanzt werden, dass sie von Kindern und auch Haustieren nicht erreicht werden kann. Wenn dies nicht zu gewährleisten ist, sollten Sie lieber auf die Pflanze verzichten. Die Schlangenwurz eignet sich für kleine und große Gartenteiche, die mit Regenwasser gefüllt sind. Geeignete Nachbarn sind Sumpfdotterblume, Kalmus, Fieberklee und Binsen.
Andere deutsche Namen Sumpf-Calla, Wasserschlangenwurz, Schlangenkraut, Drachenwurz, Schweinsohr, Fetter Michl

BLÜTENFARBE

die dekorativen Hochblätter sind weiß

BLÜTEZEIT

| Jan | Feb | März | April | Mai | **Juni** | **Juli** | Aug | Sept | Okt | Nov | Dez |

Sumpf-Wasserstern

Sumpf-Wasserstern, Frühlings-Wasserstern

Callitriche palustris

  5–35 cm
lange Triebe

Aussehen Die Unterwasserpflanze, die fest im Untergrund einwurzelt, wächst unter der Wasseroberfläche mit dünnen, kleinen linealen Tauchblättchen. Auf der Oberfläche bilden sich hellgrüne, spatelförmige, rosettige Schwimmblätter. Wenn sich die Blätter über das Wasser erheben, werden sie derber und liegen am Stängel an. Die unscheinbaren Blüten wachsen untergetaucht in den Achseln der Unterwasserblätter und werden daher meistens nicht bemerkt.

Pflege Der Sumpf-Wasserstern ist eine Wasserpflanze, auch für tiefe Teiche oder leicht fließendes Gewässer. Sie wird in Gruppen gepflanzt, ist pflegeleicht und anspruchslos. Das Wasser sollte kalkarm sein. Wenn Sie Goldfische in Ihrem Teich pflegen, ist diese Pflanze wenig geeignet, weil sie gerne gefressen wird.

Gestaltung *Callitriche palustris* ist ein wichtiger Sauerstoffproduzent in Teichen. Die Unterwasserblätter sind auch im Winter grün und produzieren selbst unter einer Eisschicht noch Sauerstoff. Der Sumpf-Wasserstern eignet sich für kleine und große Gartenteiche gleichermaßen. Gut geeignete Nachbarn sind Sumpfvergissmeinnicht und Pfeilkraut.

BLÜTENFARBE

 untergetaucht, winzig

BLÜTEZEIT

| Jan | Feb | März | April | Mai | Juni | Juli | Aug | Sept | Okt | Nov | Dez |

Sumpfdotterblume

Blickfang am Teich

Sumpfdotterblume
Caltha palustris

  Höhe
30–40 cm

Aussehen Die bekannte Sumpfpflanze wächst niederliegend bis flach aufstrebend.
Pflege Die Sumpfdotterblume liebt einen Platz an sumpfigen Stellen im Uferbereich. Wechselnasse bis feuchte Standorte sind geeignet. Das Erdreich sollte sauer bis schwach sauer und humos sein. Die Pflanze ist anpassungsfähig und pflegeleicht. An zusagenden Orten sät sie sich auch selbst aus. Die Sumpfdotterblume ist einheimisch und kommt wild vor. Die Vermehrung ist durch eine Teilung nach der Blüte möglich.
Gestaltung Wenn die Sumpfdotterblume

blüht, sieht man die schönen, gelben Blüten schon von weither leuchten. Sie ist ein echter Frühlingsblüher, auf den man nicht mehr verzichten möchte, hat man sich einmal an der Blütenpracht erfreut. Die Blüten locken Insekten aller Art an. Pflanzen Sie das hübsche Gewächs in Gruppen in den Vordergrund. Die Sumpfdotterblume wurde ausgezeichnet als „Staude des Jahres 1999".
Rosenprimel und Sumpfvergissmeinnicht sind gute Nachbarn.
Andere deutsche Namen Butterblume, Schmalzblume, Eierrosen

BLÜTENFARBE

 ungefüllt und gefüllt

BLÜTEZEIT

| Jan | Feb | März | April | Mai | Juni | Juli | Aug | Sept | Okt | Nov | Dez |

Hornkraut

Hornkraut, Gemeines Hornkraut
Ceratophyllum demersum

 bis 100 cm lange Triebe, zum großen Teil unter Wasser

Aussehen Diese Schwimmpflanze bildet freischwimmende, lange Triebe unter Wasser und besitzt quirlig stehende Blätter. Sie wurzelt nicht im Teichboden, kann sich aber mit Teilen des Sprosses im Untergrund verankern.

Pflege Das Gemeine Hornkraut wächst gerne in kalkreichem, warmen Wasser. Es braucht viele Nährstoffe und das „Blattdickicht" bietet unzähligen, kleinen Tieren Lebensraum. Im Herbst entstehen Endknospen, die man auch Winterknospen nennt. Sie sinken zu Boden und überwintern am Teichgrund. Aus ihnen entstehen im nächsten Jahr die neuen Pflanzen. Die anderen Pflanzenteile sterben oft ab, können aber auch überwintern.

Gestaltung Die Pflanze bildet schnell dichte Bestände durch ungeschlechtliche (vegetative) Vermehrung. Sie wird nicht auf Grund der Ästhetik, sondern wegen des ökologischen Gleichgewichtes im Teich gepflanzt. Sie ist ein Sauerstoffproduzent und hemmt den Algenwuchs, da sie stark nährstoffzehrend ist. Die Pflanze eignet sich sowohl für kleine als auch für große Wasserflächen und für langsam fließende Gewässer.

Anderer deutscher Name Raues Hornblatt

BLÜTENFARBE

 unscheinbar, blüht unter Wasser

BLÜTEZEIT

Jan	Feb	März	April	Mai	Juni	Juli	Aug	Sept	Okt	Nov	Dez

Schmalblättriges Wollgras, *E. angustifolium*

Breitblättriges Wollgras
Eriophorum latifolium

 | Höhe
40–60 cm

Breitblättriges Wollgras, *E. latifolium*

Aussehen Dieses bekannte Wollgras wächst aufrecht und etwas überhängend.

Pflege Das Breitblättrige Wollgras ist eine hübsche Pflanze für den Teich- und Uferrand sowie für sumpfige Stellen und das Flachwasser (bis etwa 10 cm Wassertiefe). Es liebt eher nährstoffarme und saure Böden, daher kann es auch in Moorbeete gepflanzt werden. Wenn die Standortbedingungen stimmen, gedeihen diese Gräser prächtig und erfreuen jahrelang durch ihre hübschen, weißen „Köpfchen". Achten Sie darauf, dass die Nachbarpflanzen nicht zu stark wachsen, denn sonst verschwinden die konkurrenzschwachen Wollgräser schnell.

Gestaltung Das Wollgras bekam seinen Namen durch die weißen, wolligen Samenstände, die sehr dekorativ sind. Setzen Sie die Pflanze immer in Gruppen und nicht einzeln, denn es sieht einfach sehr schön aus, wenn sich die „Wollköpfe" im Wind wiegen.

Weitere Arten Das Scheidige Wollgras (*E. vaginatum*) blüht etwas später von Mai bis Juni und wird meistens nicht ganz so hoch. Das Schmalblättrige Wollgras (*E. angustifolium*) kann durch seine Ausläufer stark wuchern.

BLÜTENFARBE

 zierend sind die weißen Samenstände

BLÜTEZEIT

| Jan | Feb | März | April | Mai | Juni | Juli | Aug | Sept | Okt | Nov | Dez |

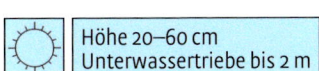
Gemeiner Tannenwedel

Gemeiner Tannenwedel
Hippuris vulgaris

Höhe 20–60 cm
Unterwassertriebe bis 2 m

Aussehen Diese ausdauernde Sumpfpflanze wird oft verwendet. Der waagerecht im verschlammten Substrat wachsende Wurzelstock bildet sehr viele Stängel, die aufrecht nach oben wachsen. Die Unterwasserblätter sind weicher als das Laub oberhalb des Wasserspiegels und schlaff herabhängend.

Pflege Der Gemeine Tannenwedel wächst am Wasserrand und im flachen Wasser. Er ist anspruchslos und kommt fast überall gut zu Recht, bevorzugt allerdings eher kalkhaltiges Wasser. Wenn die Pflanze sich zu üppig ausgebreitet hat, kann man sie zurückschneiden.

Wegen des starken Wuchses ist jedoch eine Korbpflanzung empfehlenswert.

Gestaltung Ihre ganze Schönheit entfalten Tannenwedel in der Sumpfzone. Ist das Wasser zu tief, bilden sich schnell lange Unterwassertriebe aus. Diese heimische Pflanze ist für den Teich und die Tierwelt ein echter Gewinn. Sie hemmt wegen ihres hohen Nährstoffbedarfes das Algenwachstum, ist Sauerstoffspender und Versteck sowie Nahrung für viele Tiere. In kleineren Teichen sollte der Tannenwedel nur im Korb gepflanzt werden.

Anderer Name Gewöhnlicher Tannenwedel

BLÜTENFARBE

 unscheinbar, werden vom Wind bestäubt

BLÜTEZEIT

| Jan | Feb | März | April | Mai | **Juni** | **Juli** | **Aug** | Sept | Okt | Nov | Dez |

Froschbiss

Froschbiss
Hydrocharis morsus-ranae

  Höhe
10–30 cm

Aussehen Diese Schwimmblattpflanze schwimmt meist frei im Wasser, in Ufernähe kann sie sich aber auch verankern. Der Froschbiss bildet während der Wachstumszeit ständig neue Ausläufer mit Blattrosetten. Auffällig sind seine nahezu kreisrunden oder herzförmigen Schwimmblätter. Im Herbst entwickeln sich kleine Winterknospen, die zu Boden sinken und im nächsten Frühjahr neu austreiben. Die Blüten erscheinen zwischen den glänzenden Blättern.

Pflege Der Froschbiss liebt kalkarmes Wasser. Er ist etwas windempfindlich, aber ansonsten anspruchslos und pflegeleicht. Immer einmal wieder muss man auslichten, weil die Pflanze ansonsten die gesamte Wasseroberfläche zuwächst.

Gestaltung Diese Schwimmpflanze eignet sich für kleine und für große Teiche. Sie kommt mit jeder Teichtiefe zu Recht. Der Froschbiss wird vor allem wegen seiner dekorativen, olivgrünen bis bronzefarbenen Blätter sehr gerne gepflanzt.

Anderer deutscher Name Gewöhnlicher Froschbiss

BLÜTENFARBE

 einhäusig, die größeren sind die männlichen, die kleineren die weiblichen Blüten

BLÜTEZEIT

Jan	Feb	März	April	Mai	Juni	Juli	Aug	Sept	Okt	Nov	Dez

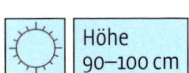
Gelbe Schwertlilien

Gelbe Schwertlilie
Iris pseudacorus

I. sibirica in Weiß

☀ | Höhe 90–100 cm

Aussehen Die schöne und beliebte Sumpfpflanze wächst aufrecht und entwickelt auffällige Blüten. Sie wächst aus einer verdickten, verzweigten Grundachse.

Pflege Pflanzen Sie die Gelbe Schwertlilie an Teichränder, sumpfige Stellen oder ins Flachwasser (Wasserstand bis 20 cm). Der Boden muss feucht bis dauernass sein. Empfehlenswert ist eine Korbpflanzung, besonders in kleinen Teichen, weil die Pflanzen stark wuchern.

Gestaltung Gelbe Schwertlilien gehören zur Blütezeit mit zu den auffälligsten Pflanzen am und im Gartenteich. Sie können in kleineren und großen Teichen gepflanzt werden. Durch ihren hohen Nährstoffbedarf hemmt die Pflanze das Algenwachstum. Am besten ist es, wenn man mehrere Exemplare in Gruppen zusammensetzt. Die Pflanze ist giftig.

Sorte und weitere Art 'Variegata' blüht weiß und besitzt weiß-grüne Blätter. Die Japanische Sumpf-Iris (*I. laevigata*) blüht Violett, aber auch Weiß, Rosa, Rot und Blau von Juli bis August. Und ein Klassiker ist die Sibirische Schwertlilie, *Iris sibirica*.

Andere deutsche Namen Heimische Sumpfschwertlilie, Wasser-Schwertlilie

BLÜTENFARBE

BLÜTEZEIT

| *Jan* | *Feb* | *März* | *April* | **Mai** | **Juni** | **Juli** | **Aug** | *Sept* | *Okt* | *Nov* | *Dez* |

Flatter-Binse, *J. effusus*

Flatter-Binse
Juncus effusus

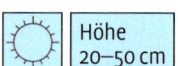
Höhe
20–50 cm

Zwerg-Binse, *J. ensifolius*

Aussehen Die typische Pflanze für Wassergärten wächst aufrecht, horstbildend und dicht rasenartig. Sie breitet sich gerne aus.

Pflege Flatter-Binsen möchten am Wasserrand (bis 10 cm Wassertiefe) wachsen. Sie lieben kalkfreies Substrat und Wasser. Achtung, sie können wuchern und müssen daher immer etwas im Auge behalten werden. Ab und zu muss man den Bestand auslichten. Eine Korbpflanzung ist empfehlenswert und sinnvoll. Hübsche Nachbarpflanzen sind Schwanenblume und Sumpfvergissmeinnicht.

Gestaltung Diese Binsen-Art passt in kleinere und größere Teiche. In Ersteren ist eine Korbpflanzung wegen der starken Wüchsigkeit wichtig. Besonders hübsch ist die Pflanze, wenn sie sich im Juli und August mit ihren bräunlichen Ähren schmückt.

Weitere Arten Die Korkenzieher-Binse (*J. effusus* 'Spiralis') wächst mit korkenzieherartig gedrehten Zweigen. Die Zwergbinse (*Juncus ensifolius*) wird nur 30 cm hoch, hat aber ansonsten die Ansprüche der oben genannten Art. Die Blaubinse (*Juncus inflexus*) trägt ihren Namen wegen der schönen blauen Farbe der Blätter.

BLÜTENFARBE

BLÜTEZEIT

| Jan | Feb | März | April | Mai | Juni | **Juli** | **Aug** | Sept | Okt | Nov | Dez |

Fieberklee

Fieberklee
Menyanthes trifoliata

  Höhe 15–25 cm

Die Blüte des Fieberklees wird gerne von Bienen aufgesucht.

Aussehen Die Sumpfpflanze ist eine alte Heilpflanze. Die Blüten erheben sich aufrecht über die Blätter und wachsen an langen Stielen über die Wasseroberfläche hinaus. Sie erinnern etwas an Kleeblätter. Der walzenförmige Wurzelstock verzweigt sich und kann über 2 m lang kriechen.

Pflege Der Fieberklee liebt sumpfige Plätze oder seichtes (bis etwa 30 cm Wassertiefe) und kalkarmes Wasser. Wenn ihm der Platz zusagt, kann er sich durch Rhizome schnell ausbreiten. Insgesamt ist das dankbare Gewächs pflegeleicht. Es blüht besonders üppig und schön an

vollsonnigen Standorten. Eine Vermehrung ist durch Teilung des Wurzelstockes außerhalb der Blütezeit möglich.

Gestaltung Die hübsche Pflanze für Teich- und Uferrand lockt Insekten an. Etwas Besonderes sind die gefransten Blattinnenseiten der Blütenkrone. Die Sumpfpflanze kann in kleineren und größeren Teichen gepflegt werden. In Ersteren muss man den Fieberklee wegen seiner Wüchsigkeit in Körbe setzen. Gute Nachbarpflanzen sind Sumpfdotterblume, Froschlöffel und Sumpfschwertlilie.

Anderer deutscher Name Bitterklee

BLÜTENFARBE

BLÜTEZEIT

| Jan | Feb | März | April | Mai | Juni | Juli | Aug | Sept | Okt | Nov | Dez |

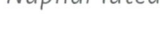

Gelbe Teichrose

Gelbe Teichrose, Heimische Mummel
Nuphar lutea

 | Höhe 5–20 cm

Aussehen Diese oft verwendete Pflanze wächst ähnlich wie eine Seerose mit auf dem Wasser liegenden Blättern und Blüten, die sich etwas darüber erheben. Sie wirkt sehr natürlich im Vergleich zu den großen Seerosensorten. Ihr Wurzelstock ist dick und kann bis 3 m lang werden.

Pflege Gelbe Teichrosen tolerieren Wassertiefen zwischen 50 und 200 cm. Setzen Sie sie nicht in die Nähe von Wasserspielen oder spritzendem Wasser, weil die Blätter und Blüten das nicht vertragen. Mindestens fünf, besser sechs Stunden Sonne sind für eine üppige Blüte erforderlich. Eine Korbpflanzung ist empfehlenswert. Der besondere Wert dieser Pflanze liegt in ihren Unterwasserblättern, die unter Eis und Schnee wertvollen Sauerstoff liefern.

Gestaltung Diese hübschen Blüher eignen sich für große Teiche. Sie haben, obwohl die Blüten deutlich kleiner sind als die von Seerosen, einen besonderen Charme.

Weitere Art Die Kleine Teichmummel (*N. pumila*) bleibt kleiner als die oben genannte Art und eignet sich für kleinere Teiche. Sie verlangt eine Wassertiefe zwischen 25 und 80 cm.

Andere Namen Mummel, Seekanne

BLÜTENFARBE

 Duft

BLÜTEZEIT

Jan	Feb	März	April	**Mai**	**Juni**	**Juli**	**Aug**	Sept	Okt	Nov	Dez

Seerosen sind die Stars im Gartenteich.

Zwergseerose, *N. tetragona*

N. pumila in Gelb

Seerosen
Nymphaea-Arten und Sorten

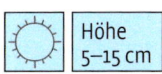

Höhe
5–15 cm

Aussehen Diese Klassiker entwickeln große Blätter und wunderbare Blüten, die auf dem Wasser schwimmen oder sich etwas über das Wasser erheben. Die Pflanze bildet ein Rhizom.
Pflege Seerosen tolerieren – je nach Sorten und Art – Wassertiefen zwischen 30 cm und 2 m. Sie wollen nicht in der Nähe von Wasserspielen, Speiern oder Wasserfällen wachsen, da sie Wasser auf den Blättern und Blüten nicht vertragen. Die Pflanzen brauchen einen Platz mit fünf bis sechs Stunden Sonne täglich. In kleinen Teichen werden die Pflanzen in Körbe gesetzt.

Gestaltung Seerosen sind die Stars unter den Wasserpflanzen. Die tollen Blüten in vielen Farben und Größen sind der Augenmagnet im Teich schlechthin. Bei der Auswahl ist auf die Teichgröße zu achten. Es gibt kleine, mittelgroße, große und sehr große Sorten.
Sorten und Arten Sie können zwischen sehr vielen Sorten und Arten wählen. Empfehlenswerte Arten sind zum Beispiel die Zwerg-Seerose (*N. tetragona*), die Kleine Seerose (*N. candida*) und die Duft-Seerose (*N. odorata* var. *minor*). Die Weiße Seerose (*N. alba*) gehört zu den heimischen, geschützten Arten.

BLÜTENFARBE

    auch mehrfarbig, ungefüllt und gefüllt

BLÜTEZEIT

| Jan | Feb | März | April | Mai | Juni | Juli | Aug | Sept | Okt | Nov | Dez |

Seekanne

Seekanne
Nymphoides peltata

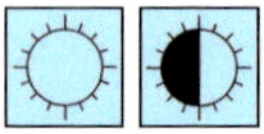

 Höhe 80 bis 150 cm, größtenteils unter Wasser, etwa 10 cm über Wasser

Aussehen Dieser hübsche, kleine Blüher ist im Wuchs einer Seerose ähnlich. Sie wachsen aus peitschenförmigen Stängeln. Die Blätter liegen auf dem Wasser, die Blüten erheben sich etwas über die Oberfläche hinaus. *Nymphoides peltata* kommt in Mitteleuropa auch wild vor, besonders an stehenden oder langsam fließenden Gewässern.

Pflege Seekannen sind insgesamt unkomplizierte und pflegeleichte Pflanzen, die allerdings Wärme und ein nährstoffreiches Gewässer lieben. Wegen der Wüchsigkeit ist eine Korbpflanzung anzuraten. Ab und zu kann es

nötig werden, die Ausläufer einzukürzen. Die Pflanzen können gut in der Nachbarschaft von Seerosen oder Teichrosen wachsen.

Gestaltung Diese heimische Pflanze bezaubert zur Blütezeit durch die trichterförmigen, gelben Blütchen, die viel von Bienen und Hummeln besucht werden. Sie wird gerne verwendet und passt in kleine sowie große Teiche gleichermaßen. In kleinen Wassergärten ist allerdings eine Korbpflanzung wichtig. Die Schwimmblattpflanze eignet sich für das Flachwasser und ist pflegeleicht, daher auch für Einsteiger zu empfehlen.

BLÜTENFARBE

BLÜTEZEIT

Jan	Feb	März	April	Mai	Juni	Juli	Aug	Sept	Okt	Nov	Dez
						Juli	Aug	Sept			

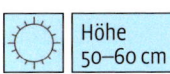

Hechtkraut

Hechtkraut
Pontederia cordata

Höhe
50–60 cm

Aussehen Diese oft verwendete Sumpfpflanze entwickelt Blätter und Blüten, die aufrecht wachsen.

Pflege Das Hechtkraut wächst am Teichrand an sumpfigen Stellen und kommt mit Wassertiefen zwischen 10 und 50 cm zu Recht. Empfehlenswert ist eine Pflanzung im Korb. Die Pflanze ist nicht überall winterhart, daher sollte man die Körbe vor den ersten Frösten zur Überwinterung aus dem Teich holen. Überwintert wird an einem kühlen und hellen Ort. Die oberirdischen Teile werden abgeschnitten und der Rest in ein feuchtes Substrat gesteckt, das über die gesamte Zeit auch feucht gehalten werden muss. Ab 50 cm Wassertiefe kann man davon ausgehen, dass man die Pflanze über Winter im Freien lassen kann.

Gestaltung Hechtkräuter sind besonders wegen der frischgrünen, glänzenden Blätter und der wirklich schönen Blüten eine Bereicherung für viele Gartenteiche. Sie sorgen für eine gewisse Ruhe. Sie eignen sich für kleine und große Teiche.

Andere deutsche Namen Herzblättriges Hechtkraut, Herzförmiges Hechtkraut

BLÜTENFARBE

BLÜTEZEIT

| Jan | Feb | März | April | Mai | **Juni** | **Juli** | **Aug** | **Sept** | Okt | Nov | Dez |

Die auffälligen Blätter des Pfeilkrautes

Gewöhnliches Pfeilkraut
Sagittaria sagittifolia

  Höhe 60–80 cm

Sagittaria latifolia

Aussehen Die Sumpfpflanze wächst aufrecht. Besonders dekorativ sind die pfeilförmigen Blätter, die der Pflanze ihren deutschen Namen gegeben haben.

Pflege Das Gewöhnliche Pfeilkraut wächst im Ufer- und Flachwasserbereich von Gartenteichen. Es ist pflegeleicht und eignet sich auch für Anfänger. Die oberirdischen Teile sterben im Winter ab. Vorher bilden sich am Ende der Ausläufer stärkereiche Winterknospen, mit denen die Pflanzen die kalte Jahreszeit überdauern. An zusagenden Standorten kann sich die Pflanze selbst aussäen. Eine gezielte Vermehrung ist durch eine Teilung des Wurzelstockes im Frühjahr oder Herbst möglich.

Gestaltung Die Blattschmuckpflanze verwendet man besonders wegen der ungewöhnlichen Form und der Formenvielfalt ihrer Blätter. Sie wird in Gruppen gepflanzt und erfreut auch durch hübsche, weiße Blüten, die schon im Frühling erscheinen.

Weitere Art Das Pfeilkraut (*Sagittaria latifolia*) ist der oben genannten Art in Ansprüchen und Verwendung ähnlich. Es besitzt weiße Blüten mit gelben Staubgefäßen.

Anderer deutscher Name Pfeilkraut

BLÜTENFARBE

  männlich, mit purpurrotem Gaumenfleck

BLÜTEZEIT

Jan	Feb	März	April	Mai	Juni	Juli	Aug	Sept	Okt	Nov	Dez

Rohrkolben, eine klassische Teichpflanze

Schmalblättriger Rohrkolben
Typha angustifolia

| Höhe |
| 150–180 cm |

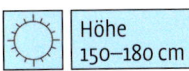

Zwerg-Rohrkolben, *T. minima*

Aussehen Diese Klassiker wachsen aufrecht, bilden Horste und wuchern. Sie entwickeln sich schnell und bestechen durch ihre braunen „Kolben", die für natürlich vorkommende Gewässer so typisch sind.

Pflege Der Schmalblättrige Rohrkolben wächst im Sumpfbereich von Teichen, kommt aber auch mit Wassertiefen bis 1 m zu Recht. Er ist insgesamt pflegeleicht, wächst aber – wie alle Rohrkolben – sehr stark. Er muss daher in Körbe gesetzt und immer einmal wieder eingedämmt werden.

Gestaltung Wegen der starken Wüchsigkeit eignen sich Rohrkolben insgesamt nicht für kleine Teiche. Man kann sie in großen Anlagen einzeln oder in Gruppen setzen. Sie sind ideal für die Seiten und den Hintergrund. Gerne werden die dekorativen braunen Kolben in der Trockenfloristik verwendet.

Weitere Arten Der Breitblättrige Rohrkolben (*T. latifolia*) eignet sich nur für Teiche, die 25 m² und größer sind. Auch er kann wuchern und muss in Körbe gesetzt werden. Der Zwerg-Rohrkolben (*T. minima*) bleibt mit 0,70 m kleiner und kann in kleineren Teiche wachsen. Dennoch ist eine Korbpflanzung angebracht.

BLÜTENFARBE

 braune Rohrkolben, dekorativ, groß

BLÜTEZEIT

| Jan | Feb | März | April | Mai | **Juni** | **Juli** | **Aug** | Sept | Okt | Nov | Dez |

Von Experten: die besten Tipps

Throll/Kiermeier (Hrsg.)
Das Kosmos Handbuch Gartengehölze
256 Seiten, über 800 Abbildungen
€/D 24,90; €/A 25,60; sFr 44,90
ISBN 978-3-440-09700-7

- Gesammeltes Expertenwissen zu 1.500 Bäumen und Sträuchern – die neuesten, beliebtesten und robustesten Arten und Sorten im Porträt.

- Prächtige Blüten und ungewöhnliche Blattformen, leuchtende Herbstfärbung und interessante Rinden.

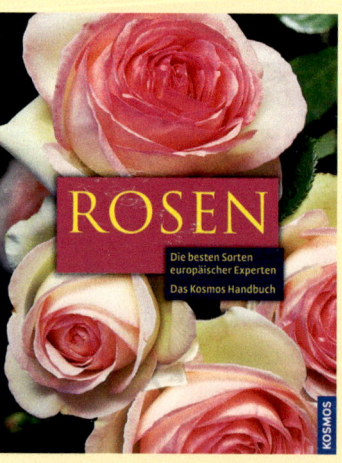

Throll/Wolff (Hrsg.)
Das Kosmos Handbuch Rosen
256 Seiten, über 1.000 Abbildungen
€/D 24,90; €/A 25,60; sFr 44,90
ISBN 978-3-440-11107-9

- Verwandeln Sie Beete in Blütenmeere, Sitzplätze in Duftoasen und Wände in Märchenträume.

- Mit den 750 besten und gesündesten Sorten – von europäischen Züchtern und namhaften Rosenexperten für Sie ausgewählt.

KOSMOS

www.kosmos.de

Preisänderungen vorbehalten